教育部人文社会科学研究青年基金项目资助

清代环太湖流域才女结社研究 19YJC751023

脂粉英雄

明清环太湖流域文学家族
女性群体研究

娄欣星　著

ZHEJIANG UNIVERSITY PRESS
浙江大学出版社
·杭州·

图书在版编目(CIP)数据

脂粉英雄：明清环太湖流域文学家族女性群体研究 /
娄欣星著. —杭州：浙江大学出版社，2020.6(2024.3重印)
ISBN 978-7-308-20322-7

Ⅰ.①脂… Ⅱ.①娄… Ⅲ.①女作家－人物研究－中
国－明清时代②中国文学－古典文学研究－明清时代
Ⅳ.①K825.6②I206.4

中国版本图书馆 CIP 数据核字(2020)第 107617 号

脂粉英雄
——明清环太湖流域文学家族女性群体研究

娄欣星　著

责任编辑	吕倩岚	
责任校对	吴　庆	
封面设计	周　灵	
出版发行	浙江大学出版社	
	（杭州市天目山路 148 号　邮政编码 310007）	
	（网址：http://www.zjupress.com）	
排　　版	浙江大千时代文化传媒有限公司	
印　　刷	广东虎彩云印刷有限公司绍兴分公司	
开　　本	710mm×1000mm　1/16	
印　　张	13.5	
字　　数	228 千	
版 印 次	2020 年 6 月第 1 版　2024 年 3 月第 3 次印刷	
书　　号	ISBN 978-7-308-20322-7	
定　　价	68.00 元	

目　录

绪　论

一、选题缘由及意义

（一）为什么要选择女性文人和女性文学？

女性文人的创作重心与男性文人不同。"当女性成为言说主体的时候，她们所表达的就不仅仅是男性想让她们表达和诉说的，而是或多或少地表露了某些女性的真实——某些男性不可能体验到也不可能去关注的真实"①，相较于男性在文学创作中普遍存在的追求仕途功名的动机和倾向，历代女性文人从事文学创作更多的是出于对文学的热爱，通过文学作品表达自己内心丰富而又真实的情感体验。虽然女性由于生活空间的相对狭小，在题材选择上比男性更容易受到限制，但正是这个原因，才使她们对细微事物和稍纵即逝的情感更为敏感，更容易注意到被男性忽视的领域和细节。

中国古代女性文学的创作与发展源远流长，最早可追溯到《诗经》，《召南·行露》、《卫风·硕人》、《邶风·柏舟》、《墉风·载驰》等篇是中国古代女性文学创作的滥觞。春秋战国时，亦有鲁漆室女《处女吟》、陶婴《黄鹄之歌》、赵简子夫人《河激之歌》、越王勾践夫人《乌鸢之歌》等以歌谣为主要形

---

① 王萌：《禁锢的灵魂与挣扎的慧心——晚明至民国女性创作主体意识研究》，开封：河南大学出版社，2009年，65页。

式的文学创作。汉魏时期是古代女性文学发展的第一个高潮,涌现了卓文君、班婕妤、徐淑、蔡琰、谢道韫、左芬等较有影响的女性文人,她们的创作反映了其时战争频繁、民族文化冲突的特点。唐宋时期作为古代女性文学发展的第二个高潮,出现了薛涛、鱼玄机、李冶、李清照、朱淑真等一大批女性文学巨匠,她们的作品较多表现出唐宋文学婉约的一面。明清时期,女性文学创作出现新的里程碑,为古代女性文学发展的第三个高潮。明清时期的女性文人数量众多,据胡文楷《历代妇女著作考》统计,中国古代女作家有4000多人,而明清时期高达3700多人。她们不仅在家族内吟咏,更是走向闺外结社,构建起广泛的文学交游网络,呈现出家族化、地域化、群体化的创作特征。在写作体裁上,除了诗、词、文之外,女性文人还大量参与小说、戏剧和弹词的创作,为古代女性文学的发展开辟了新的领域和发展空间。

(二)为什么要选择家族女性?

"家族"是中国传统社会的基本单位,在政治、经济、文化中的地位可谓举足轻重。钱穆在《略论魏晋南北朝学术文化与当时门第之关系》一文中指出:"欲研究中国社会与中国文化,必当注意中国之家庭。"[①]此处所说的"家庭"似偏指著姓望族。"家族"的概念有狭义与广义之分,本书所说的家族,即广义上的家族概念,指以血缘和婚姻关系联结而成的社会关系的总和,除了本家族内所有的男性后代及其配偶、子女之外,还包括男性配偶的兄弟姊妹,以及女性后代的配偶和子女等。在中国传统社会里,家族为了巩固自己的社会地位,往往以家族文学和家族文化作为教育下一代的重要内容,不同的家族背景,衍生出不同的家族文学和文化特色,成为中国古代社会独特的文化现象。家族女性,即指生活在具有家族传统、家学特色以及丰厚文化积累的家族中的女性成员。而家族女性文学的兴起和发展又是这一独特文化现象中的重要部分,为江南地域特定的文化景观。"闺秀能文,终竟出于大家。"[②]女性的家族以及家族角色,在一定程度上决定了女性文学发展的深度和广度。

家族女性与一般女性的区别在于人生状态、社会形象的多样性。文学世家生态圈,由各世家内部关系构成的"内圈"、世家与世家婚姻关系构成的

---

① 钱穆:《中国学术思想史论丛》第三册,合肥:安徽教育出版社,2004年,186页。
② 〔清〕袁枚:《随园诗话》卷三,北京:人民文学出版社,1982年,47页。

"中圈"、世家与其他各种社会关系构成的"外圈"以及彼此间的相互作用构成①。在这样一个生态圈中,家族女性文人的成长与普通女性相比具有独特的优势。一方面,家族女性在家族文化精神特质的影响之下,在浓厚家族文化氛围的熏陶之下,具备了多种先天的成才优势。加上家族女性后天自身感悟力、艺术表达等才能的培养,成长为具有娴熟文学创作才能的文学家的可能性大大增加。同时,家族强大的实力也有足够的能力为家族女性的文学作品进行刊刻出版,为家族女性文学的传播提供了多种有效的途径。另一方面,家族女性的交际圈,不仅包括家族内的亲属,而且扩展到了邻里、地域,甚至整个社会,这是普通女性文人无法企及的。家族女性通过家族内部亲友、家族联姻以及其他各种社会关系等渠道,逐渐扩大自己的交游范围,可以在地方甚至整个社会提高自身及家族的影响力,使其声名远播成为必然。此外,士大夫阶层在社会中享有的文化优势和权威也是一般女性文人无法获取的。

(三)为什么要选择明清环太湖流域家族女性?

在中国历史上,世家望族与所在地及国家的政治、经济、文化有着重要的联系。明清两代环太湖流域(苏州、松江、常州、杭州、嘉兴、湖州、太仓六府一州)著姓望族发展鼎盛,涌现的众多著姓望族本质上是文化型家族,即"家族以实现本家族的文化性为自己的追求目标,家族成员具有强烈的文化意识,他们所从事的职业也以文化型为主,或具有文化特征;家族具有良好的文化环境和文化习惯,充满浓厚的文化气氛;家族具有相当的文化积累,并有一定的文献储存;家族内进行着广泛的文化交流"②,以仕宦和学术为家族发展的核心要素。文化型家族中特以文学擅长者,我们称之为文学家族。学术或文化皆以家族为基础发展,家族依靠科举入仕,世代的积累,造就了不少文学家和思想家,同时也培育了诸多优秀的女性文人。科举制度下,士人获取的功名和官职均不能世袭,而每个家族的后代必须依靠自身的努力才能维持其门第,否则其家族就会衰落。因此家族为了巩固社会地位,对于子女的文化教育和学术教养更是不遗余力,这也使得女性文学主要集中于所谓的名门巨族之中。所以,明清时期家族女性的发展在古代女性文学发展中具有突出特点和重要地位。

---

① 梅新林、崔小敬:《论文学世家的生命周期》,《苏州大学学报(哲学社会科学版)》,2014年第1期,149—156页。

② 江庆柏:《明清苏南望族文化研究》,南京:南京师范大学出版社,1999年,39页。

明清时期环太湖流域文化型家族及其中女性文人群体的兴旺有其历史、经济、文化基础。明清时期，江南经济发达、文化繁荣，而此时江南的心脏，恰在跨浙苏两省的环太湖流域，其中苏州、常州、嘉兴和湖州等府为江南的核心地区。

在环太湖流域，世家大族有着悠久的历史。汉魏时期，有顾、陆、朱、张等土著大族；六朝时期，王谢等北方大族避战乱而迁入；宋元时期，武进管氏、毗陵吴氏、无锡秦氏、常州周氏、常熟屈氏、武进赵氏等迁入。环太湖流域"江乡隐僻，远于城郭，四顾皆水，里人老死不见兵革"①，这种独特的自然、社会环境吸引世家大族聚集。

明清时期，特别是明中叶以后，江南是全国经济最为繁荣的地区，"江南田赋之供，当天下十之三；漕稻，当天下十之五；又益以江淮之盐策，关河之征榷，是以一省当九州之半未已也"②，可以说江南经济是明清国家经济的命脉。"仓廪实则知礼节，衣食足则知荣辱"③，江南的学术文化在丰厚的物质基础上也达到了空前的繁荣。"东南财赋地，江浙人文数"④，自古以来江南地区又是中国古典文学创作的重镇。"冠盖京华，凡登揆席，而跻九列者，半属江南人士。"⑤"吴为人才渊薮，文字之盛，甲于天下。其人耻为他业，自髫龀以上皆能诵习，举子应主司之试，居庠校中，有白首不自已者，江以南其俗尽然。"⑥

明清时代的江南望族普遍将"文化性"作为家族精神的理想，崇仰诗书文化、重视家族教育。他们鼓励子弟读书、参加科举，追求并拥有丰富的家族藏书，且热衷于进行家族文献整理、学术研究、文学创作、著述、出版等各种文化学术活动，进而带动了江南文化与教育的发达。生长在这个地区，尤其是出身望族家庭的女性，也相对有较多的机会接受教育，获得诗词书画的陶养。江南鼎盛的文风、社会的富庶安定，使得这里的女子饱受熏陶并拥有较大的学习空间，因此清代文士大张旗鼓招收女弟子，女性集体的文学从师、结社之风，便由此而发展起来。

---

① 〔清〕彭方周、顾时鸿：《吴郡甫里志·风俗》，清乾隆三十年刻本，441 页。

② 《江南通志·原序》，《四库全书》第 507 册，上海：上海古籍出版社，1987 年，11 页。

③ 黎翔凤：《管子校注》，梁运华整理，北京：中华书局，2004 年，2 页。

④ 〔清〕冯桂芬：《同治苏州府志·卷首一》，清光绪九年刻本，8 页。

⑤ 〔清〕陈夔龙：《梦蕉亭杂记》卷二，北京：中华书局，2007 年，107 页。

⑥ 〔明〕归有光：《震川先生集·送王汝康会试序》，清光绪元年常熟归氏刻本，136 页。

文学家族中女性文人的出现和家族女性文学的发展以明清时期最为突出。据学者统计,明清时期全国文学家族中,70余家出现女性文人群体①,其中尤以环太湖流域分布最为密集。这一批女性文人,她们不只数量远远超过此前的任何时代,而且在血缘和地缘的基础上形成了不少女性文人群体,形成了一个特殊的女性文化圈。明清以前,女性文学创作也有一定的规模,但基本上没有什么群体意识。她们的创作更多是个人内心情感的倾诉,并无明确的价值追求。明清以后则不然,女性文人普遍表现出较强的社交意愿,其目的即是在社会规范允许的情况下,寻找志同道合的朋友,使自己的才华得到充分施展。家族中姊妹、母女、夫妻、妯娌、婆媳、姑嫂、祖孙同为文人的现象在明清环太湖流域表现得尤为突出。

作为中国古代女性文学较为重要的一部分,环太湖流域文学家族中的女性文学不仅创作成果丰富,而且在文体选择、题材内容和风格类型等方面呈现出一定的特点和规律。但迄今为止,对于明清时期环太湖流域文学家族女性群体,还没有专著或论文对其做完整的论述和研究,现有的研究多以探讨明清女性作家及其社会文化背景、女性结社的活动与创作特征为主。环太湖流域文学家族女性群体还没有作为一个整体成为研究的对象,所以相关理论的总结和个案研究还尚未成型。因此,研究此课题的意义在于,通过研究分析女性群体的时空变迁、书写方式、文学生活与诗学观念、传播态势等,为古代女性文学的研究做进一步的补充。

二、学术史回顾

近些年,对于文学家族的研究成果可谓雨后春笋,蓬勃涌现,仅以梅新林、陈玉兰主编,中国社会科学出版社出版的《江南文化世家研究丛书》为例,此系列丛书已相继出版八本专著,包括《两晋南朝琅琊王氏与陈郡谢氏比较研究》、《宋代开封—金华吕氏文化世家研究》、《宋代范浚及其宗族考论》、《明清湖州董氏文学世家研究》、《明清常州恽氏文学世家研究》、《明清以来苏州文化士族与社会变迁》、《清代杨沂孙家族研究》、《长洲文氏文化世家研究》等,侧重于对某个特定文学家族的家族特征、创作成就的研究和总结,而对于文学家族中的女性文学创作较少涉及。

---

① 李贵连:《试论明清女性文学创作主体的家族化及其根本原因》,《内蒙古大学学报(哲学社会科学版)》,2011年第4期,92—93页。

(一)明清女性文学研究学术历程回顾

20世纪前半叶,中国古代女性文学的研究,主要表现在对古代女性创作的搜集整理和初步探讨。一方面,中国古代女性文人及其创作的整理取得了明显进展,产生了一批古代女性作品的总集、别集、选本以及女性艺文志,其中以《清代闺阁诗人征略》①和《清闺秀艺文略》②为代表。施淑仪《清代闺阁诗人征略》收录了清代自顺治至光绪近300年间1200余名女诗人的生平和创作,堪称一部清代女性诗歌史。单士厘《清闺秀艺文略》记录了3000多种女性文人的作品,涵盖文学创作、文论、史学、经学、音韵、训诂、医学、算学等方面。另一方面,在古代女性文学史料搜集整理的基础上,初步探讨了中国古代女性文学创作活动的历史轨迹。谢无量《中国妇女文学史》③,梁乙真《清代妇女文学史》④、《中国妇女文学史纲》⑤,谭正璧《中国女性的文学生活》⑥等著作从女性文学发展史的角度,整理了各历史时期女性文学的创作特点和发展情况,对女性文学活动及其作品的特点进行了初步总结,开始注意古代女性文学创作与其思想文化背景、生活经历之间的联系。

从20世纪下半叶开始,有关古代女性生活及其文学创作的研究在广度和深度上都得到了较大的拓展,较为集中地出版了一批中国历代女性创作的选本。其中胡文楷《历代妇女著作考》⑦被认为是20世纪中国古代女作家文献整理的标志性成就,该书汇集整理了自汉魏至近代共4000多位女作家的简要介绍以及著作的流传情况。此外,众多中国古代女性文学的研究论文,也深度拓展了对于古代女性文学的研究。李小江《中国妇女文学的历史踪迹》总结了中国古代女性文学在形式、内容、艺术上不同于其他民族女性文学的特点,同时指出明末清初由于资本主义因素的萌发、商品经济的发展以及思想文化领域的活跃,"在大家族体制庞大而完善的士宦阶层中,出现了以家族为单位的妇女创作现象,文史上称之为'一门联吟',这个风气起自

---

① 施淑仪:《清代闺阁诗人征略》,台北:明文书局,1985年。
② 单士厘:《清闺秀艺文略》,民国抄本。
③ 谢无量:《中国妇女文学史》,上海:中华书局,1916年。
④ 梁乙真:《清代妇女文学史》,上海:中华书局,1927年。
⑤ 梁乙真:《中国妇女文学史纲》,上海:开明书店,1932年。
⑥ 谭正璧:《中国女性的文学生活》,上海:光明书局,1930年。
⑦ 胡文楷:《历代妇女著作考》,北京:商务印书馆,1957年。

江浙,在京都(南京)周围蔓延开来"①,注意到了明清时期江南地区家族女性文学的发展情况。乔以钢《中国古代女性文学创作的文化反思》②从文化的角度反思了古代女性文学的创作,指出观照人生的现世性、情感表达的压抑迂回、审美情趣的趋同倾向等特定的思想文化背景对古代女性文学创作产生了深刻影响。王之江《古代妇女文学散论》③将中国古代妇女文学置于具体的历史、社会、民族与个人的诸多文化条件中,指出古代妇女文学发展到明清时已有许多本质上的变化,除了诗文,在小说、戏剧和弹词等方面都有诸多创作。杜珣《中国妇女文学的成就、特点和意义》④较为全面地总结了中国古代妇女文学在文体、题材以及艺术上的特点和取得的成就。虞蓉《中国古代妇女的文学批评》⑤从文学批评的角度探讨古代妇女文学,指出明清两代妇女的文学批评在理论形态上较以往更为成熟,表现为序文的数量大大增加,开始出现以女性为编者的文学选集,产生了像《名媛诗话》这样的专门论著,代表了古代女性文学批评的最高成就。值得一提的是,近年来女性文学在文献目录方面也得到了学者的关注。谢玉娥等人编著的《女性文学研究与批评论著目录总汇(1978—2004)》⑥按学科内容或主题分类排列组织条目,将所著录文献的主题内涵以简明的语言进行总结和揭示。对于大体了解、掌握女性文学的研究进展及状况,有一种"史"的把握,"是女性/性别学术研究和学科建设不可或缺的资料工具书"。⑦

(二)明清女性文学研究的热点问题

对于明清女性文学,研究热点主要集中于女性创作主体的家族化特征、女性创作环境和文学生活、女性作品的文学传播与接受、特定区域女性研究以及女性的结社问题等方面,从多个角度反映了明清时期女性文学繁荣的

① 李小江:《中国妇女文学的历史踪迹》,《文艺评论》,1986 年第 5 期,62—66 页。

② 乔以钢:《中国古代女性文学创作的文化反思》,《天津社会科学》,1988 年第 1 期,72—75 页。

③ 王之江:《古代妇女文学散论》,《社会科学辑刊》,1993 年第 3 期,116—120 页。

④ 杜珣:《中国妇女文学的成就、特点和意义》,《焦作大学学报》,1997 年第 2 期,3—8、15 页。

⑤ 虞蓉:《中国古代妇女的文学批评》,四川大学 2004 年博士学位论文。

⑥ 谢玉娥:《女性文学研究与批评论著目录总汇(1978—2004)》,开封:河南大学出版社,2007 年。

⑦ 谢玉娥:《论女性/性别研究文献目录的价值、作用和意义——以〈女性文学研究与批评论著目录总汇(1978—2004 年)〉为例》,《河南图书馆学刊》,2009 年第 1 期,70 页。

原因和表现。

　　1. 女性创作主体的家族化和群体化

　　明清两代是才女文化发展的鼎盛时期。文学家族中的女性在家族男性的支持之下，一门中形成了一代或数代的女性文学群体，甚至出现了以女性文学创作为主要特色的文学家族，这种现象称之为女性创作主体的家族化和群体化。

　　郭延礼《明清女性文学的繁荣及其主要特征》①一文指出明清女性文学现象的第一大特点就是创作主体的家庭化："一家之中，祖孙、母女、婆媳、姊妹、姑嫂、妯娌，均系诗人、词人、文学家。"而这种现象又在江南尤为多见。王萌《明清女性创作群体的地理分布及其成因》②从全国、州府和家族三个视角分析总结了明清女性创作群体的分布主要集中在南方，尤其是江浙一带，且集中于官宦人家、书香门第。李贵连《试论明清女性文学创作主体的家族化及其根本原因》③则进一步分析了明清女性文学出现创作主体家族化倾向的原因：明清女性经济地位的适度上升促使其家庭乃至社会地位提高，从而使得家族中的女性获得文学教育及传承上的更多权益，同时让女性具有才识也成为社会共同的需要。常娟《明清之际的才女群及其家族化》④则详细地探讨了明清之际才女群形成的社会文化背景、才女群类型、才女群家族化的表现和原因以及明清之际女性主体意识的自觉等相关问题。陆草在《论清代女诗人的群体性特征》⑤一文中指出清代女诗人的群体特征主要体现在五个方面：由空间分布不均而形成的地域性，由血缘关系或婚姻关系而形成的家族性，由传承关系形成的师徒性，由不幸遭遇形成的悲剧性，以及柔弱哀艳的艺术风格。

　　明清女性词人的群体性特征是学界重点研究的方向之一。严迪昌在《清词史》中说过："清代词人群体的地域和家属性特征，在妇女词领域内尤为明显。姊妹、妯娌、姑嫂、婆媳以及母女构成一个个小型群体，在清代普遍

　　①　郭延礼：《明清女性文学的繁荣及其主要特征》，《文学遗产》，2002 年第 6 期，68—78 页。

　　②　王萌：《明清女性创作群体的地理分布及其成因》，《中州学刊》，2005 年第 6 期，216—220 页。

　　③　李贵连：《试论明清女性文学创作主体的家族化及其根本原因》，《内蒙古大学学报（哲学社会科学版）》，2011 年第 4 期，88—93 页。

　　④　常娟：《明清之际的才女群及其家族化》，西南大学 2012 年硕士学位论文。

　　⑤　陆草：《论清代女诗人的群体性特征》，《中州学刊》，1993 年第 3 期，77—81 页。

存在于南北。"①可以说,清代女性词最大的特点在于地域和家族内的群体性。王细芝《论清代闺阁词人及其创作》②指出了清代闺秀词人以群体出现的原因和她们所具有的群体性特征,即她们的作品很少反映现实的广泛性和深刻性,在诗词中塑造出来的抒情主人公通常是多愁善感、柔情似水的,更多地沉积了儒家的伦理道德要求,创作风格也趋于深层次的含蓄等。王秋文《明代女词人群体关系研究》③以《全明词》所收录的女词人为研究对象,探讨了明代女词人的创作背景,并将她们划分为三种类型——家庭式女词人群、亲戚式女词人群以及社交式女词人群——进行分类研究。张宏生《清代妇女词的繁荣及其成就》④从题材拓展、风格多样、手法丰富三方面探讨了清代妇女词的繁荣,指出相对宽松的社会环境以及世家大族丰厚传统的文化氛围,使得特定地域或家族内女作家的出现更加具有普遍性。汪青云《清代女性词人研究》⑤认为清代女性词繁荣的原因不仅在于词体的发展和清词中兴,更重要的是一些有识之士的大力扶持以及清代女性词人自我意识的觉醒和创作自主意识的萌芽。在此基础上,作者进一步总结了清代女性词人的数量、分布以及创作主体在家族和社会中的群体性特征。从外部环境和内在精神世界分析清代女性词人的生存状况。

2. 女性文人的创作环境和文学生活

研究明清女性文学,离不开对女性文人所处的创作环境,即社会环境以及家庭环境的研究。在创作过程中,女性作家的文学生活成为研究的重点。钟慧玲《清代女诗人研究》⑥从清代女诗人兴盛的原因、文学活动、写作态度、文学理论几方面对清代女诗人做了一个总体分析和探讨,然后对清代不同时期具有代表性的女诗人进行了个案研究。崔琇景《清后期女性的文学生活研究》⑦主要探讨了女性作家的交游生活关系,指出清后期女性与男性文士的主要交游形态是女性作家的入门从师,并进一步研究了女性作家形象与她们所处生存环境的关系等问题。徐雁平《清代文学世家联姻与地域文

---

① 严迪昌:《清词史》,南京:江苏古籍出版社,1999 年,592 页。
② 王细芝:《论清代闺阁词人及其创作》,《中国韵文学刊》,2001 年第 1 期,63—68 页。
③ 王秋文:《明代女词人群体关系研究》,台北:花木兰文化出版社,2012 年。
④ 张宏生:《清代妇女词的繁荣及其成就》,《江苏社会科学》,1995 年第 6 期,120—125 页。
⑤ 汪青云:《清代女性词人研究》,安徽大学 2007 年硕士学位论文。
⑥ 钟慧玲:《清代女诗人研究》,台北:里仁书局,2000 年。
⑦ 崔琇景:《清后期女性的文学生活研究》,复旦大学 2010 年博士学位论文。

化传统的形成》①指出文学世家之间的多重或世代联姻,不仅有利于文学世家的发展,而且也促使了家族女性文人群体的出现。林玫仪《卷葹心苦苦难伸,始信红颜命不辰——晚晴女作家左锡璇、左锡嘉在战乱中的情天遗恨》②,通过对二人诗歌的研究,展现了战乱年代中左锡璇、左锡嘉姐妹煎熬痛苦的孤独生活。

3. 女性文学的地域研究

地域和家族对文学的影响,在江南表现得相当突出,可以说"江南"是文学研究中特具典型意义的地域文化、家族文化样本。③ 胡文楷《历代妇女著作考》一书收录的明清两代江浙两省的女性文人就占全国总数的 63%,远远超过其他各省的总和。由此可见,明清时期的女性文学,以江南地区的发展最为兴盛和典型。从研究的角度来看,也以研究江南地区女性文学的成果占较大比例。

以江苏为例,史梅认为江苏女学繁荣的重要原因在于江南地域特有的经济文化环境,世家大族良好的文化环境和文化习惯、浓郁的文化氛围、相当的文化积累、一定的文献储藏以及家族间的联姻,具有号召力的士大夫文人的支持以及妇女自觉的创作意识等。④ 蒋明宏《清代苏南女性在家族教育中的作用探析》⑤探讨了清代苏南女性在家族教育中的作用,认为清代苏南女性在家族子弟教育中具有突出的作用,其中折射出苏南重文兴教的文化内涵、开放流动的社会内涵、开明进步的历史内涵以及家族制度的特色内涵。

常州府和苏州府作为明清江苏文学家族的两大渊薮,两地女性文学的发展和繁荣吸引了众多研究者的关注。常州作为"中吴要辅,八邑明都",一向人才辈出,无论是南朝齐梁的萧氏家族,还是清代的常州画派、毗陵诗派,

① 徐雁平:《清代文学世家联姻与地域文化传统的形成》,《华南师范大学学报》,2011年第 3 期,25—31 页。

② 林玫仪:《卷葹心苦苦难伸,始信红颜命不辰——晚晴女作家左锡璇、左锡嘉在战乱中的情天遗恨》,《中国文哲研究通讯》,2010 年第 2 期,121—141 页。

③ 罗时进:《在地域和家族视野中展开清代江南文学研究》,《苏州教育学院学报》,2010 年第 3 期,16—19 页。

④ 史梅:《地域文化、家族文化与清代江苏女学的繁荣》,《古典文献研究》,2003 年第 1 期,417—439 页。

⑤ 蒋明宏:《清代苏南女性在家族教育中的作用探析》,《河北师范大学学报》,2011 年第 1 期。

阳湖文派、常州词派,均给世人留下了深刻的印象。明清时期的常州府也涌现了诸多文学家族,正如徐珂所言:"毗陵多闺秀,世家大族,彤管贻芬,若庄氏、若恽氏、若左氏、若张氏、若杨氏,固皆以工诗词著称于世者也。"①以常州词学的发展为例,常州词派作为清代三大词派之一,是常州文学的重要组成部分,反映在女性文学中,主要表现为常州女性词的繁荣。纪玲妹《论清代常州词派妇女词的繁荣及其原因》②、《论清代常州词派女词人的家族性特征及其原因》③指出常州词派女词人的家族性特征表现为姐妹词人、母女词人、夫妻词人、妯娌词人、姑嫂词人等。明清两代的吴中闺秀往往以才名著称,以《清代闺阁诗人征略》收录情况来看,在清代顺治至光绪年间 1200 余名女诗人中,属苏州府人士有 199 名之多,约占总数的 1/6,可见苏州一府女性文学之盛。李炳华《明清之际吴江女诗人》④、戴庆钰《明清苏州名门才女群的崛起》⑤主要对明清苏州名门才女群的崛起及其原因进行了探讨,认为父辈的精心教养,家族底蕴深厚的园林文化,吴中浓郁的文化气息,相对开明自由的社会风习,闺友间切磋琢磨、互为师友,是苏州名门才女涌现之必不可少的条件。

对于浙江范围内的女性文学研究,康维娜《清代浙江闺秀文章研究》⑥较为全面地整理和研究了清代浙江闺秀的文章创作。不仅论析了清代闺秀文集的数量、类型与地域分布,而且以清代闺秀书简、诗词文序跋与小说戏曲序跋三方面作为研究对象,探讨了清代浙江闺秀的文学交际与生活婚姻、文学观念之变迁以及闺秀戏曲小说批评之关注点与参与度等问题。徐鹏《典范女性的重构——明清浙江地方志中的才女书写》⑦从地方志书写的角度探讨女性作家的社会评价以及女性文学创作的著录情况。从社会性别视角,对明清浙江地方志中的才女书写进行系统梳理与阐释,分析这一文化现象

①　徐珂:《清稗类钞》,北京:中华书局,1986 年,4094 页。

②　纪玲妹:《论清代常州词派妇女词的繁荣及其原因》,《江苏石油化工学院学报(社会科学版)》,2001 年第 4 期,51—54 页。

③　纪玲妹:《论清代常州词派女词人的家族性特征及其原因》,《聊城师范学院学报(哲学社会科学版)》,2000 年第 6 期,54—58 页。

④　李炳华:《明清之际吴江女诗人》,《江苏地方志》,2001 年第 4 期,57—58 页。

⑤　戴庆钰:《明清苏州名门才女群的崛起》,《苏州大学学报》,1996 年第 1 期,130—133 页。

⑥　康维娜:《清代浙江闺秀文章研究》,南开大学 2010 年博士学位论文。

⑦　徐鹏:《典范女性的重构——明清浙江地方志中的才女书写》,《江苏地方志》,2013 年第 2 期,63—71 页。

背后的现实动因,解读修志者怎样通过重构典范女性,传达具有地域时代特色的性别观念。徐燕婷《清代钱塘闺阁词人研究》①《清代钱塘闺阁词人文学生活探论》②总结了清代钱塘闺秀文学生活的三个突出特征:一门风雅、彼此唱酬、结集英华。贾慧《清代杭州女诗人研究——以〈国朝杭郡诗辑〉系列为中心》③,以《国朝杭郡诗辑》系列、《两浙輶轩录》系列、《正始集》系列、《晚晴簃诗汇》、《清代闺阁诗人征略》、《历代妇女著作考》等为研究对象,考察了清代近 300 年杭州女诗人的发展历史和基本特征,并对杭州女诗人做了进一步的补遗工作。高万湖《清代湖州女诗人概观》指出清代湖州女诗人不少是以家族关系为纽带的群体,如归安叶家、乌程戴家等,并简要介绍了清代初期及中期湖州女诗人的创作情况。

4.女性文人结社研究

在研究江南女性文学的时候,学界已注意到家族和结社是女性文人群体得以形成和发展的两大重要载体。一方面,在世家大族中,家学的传承、家族教育的发展以及文化的积累等诸多因素使一门风雅、同门唱和成为可能,家族女性文人群体也应运而生;另一方面,明清之际的女性开始从闺内吟咏走向了闺外结社,在相似文学旨趣的引导之下,诸多女性文人——包括家族女性文人——通过雅集诗会的形式,交换诗作,切磋诗艺。付优《明清女性结社综论》④将闺秀诗社划分为家庭型女性诗社、地区型女性诗社、师门型女性诗社和社交型女性诗社四种类型,指出女性社诗的主题集中于歌咏自然风光、人文景物,寄赠社友、怀念离人,咏史怀古三方面。段继红、高剑华《清代才女结社拜师风气及女性意识的觉醒》⑤将女性结社的风气与女性意识的觉醒联系起来,认为女性自我意识的觉醒促使了女性结社这一现象的产生和发展。祁高飞《清代杭嘉湖地区文学社群研究》⑥则是重点研究了

---

① 徐燕婷:《清代钱塘闺阁词人研究》,华东师范大学 2007 年硕士学位论文。

② 徐燕婷:《清代钱塘闺阁词人文学生活探论》,《新疆大学学报(哲学·人文社会科学版)》,2003 年第 2 期,126—129 页。

③ 贾慧:《清代杭州女诗人研究——以〈国朝杭郡诗辑〉系列为中心》,浙江大学 2011 年硕士学位论文。

④ 付优:《明清女性结社综论》,《北京化工大学学报(社会科学版)》,2011 年第 2 期,56—63 页。

⑤ 段继红、高剑华:《清代才女结社拜师风气及女性意识的觉醒》,《天津师范大学学报(社会科学版)》,2008 年第 3 期,35—38 页。

⑥ 祁高飞:《清代杭嘉湖地区文学社群研究》,苏州大学 2013 年博士学位论文。

清代杭嘉湖地区的文学社群,从文学社群与文学家族的角度探讨了两者的关系,指出家族是文学社群结构的基本单位,其中家族女性作家突破传统限阈为结社提供了富有特色的群体活动。

5.女性作品的文学传播与接受

明清时期女性文学的突起,与此时期女性诗文总集、选集、别集,诗话,诗评,传记等相关著作的大量出版有较大关系。出版不仅使明清女性作者和读者得以突破性别、地域、时间的限制,参与文化的产生、传播和接受,而且也有益于女性作品的保存和声名的宣传。连文萍《诗史可有女性的位置? ——以两部明代诗话为论述中心》①认为长期以来,女性在诗史上一直居于附庸的位置,女性诗作极少被许为"典范",得到更多被阅读与流传的机会。但自明末开始,这种僵化的观念与阅读模式开始松动,主要表现为女性诗歌选集或总集的陆续出版,评论女性诗作的诗话及由女性自己担任品评任务的女性诗话的产生。论文以《闺秀诗评》与《宫闺诗评》两部诗话为论述中心,探讨了二书的采辑策略,展现女性在诗史上的不同位置。张聆雨《清代女性著述出版途径考》②即探讨了清代女性诗集的出版问题,包括支持者、支持的原因以及出版后给诗人带来的影响等问题。

女性诗文集的出版,一方面体现了女性创作自觉意识的增强,突破了"内言不出于阃"的旧观念;另一方面也表现了女性的作品得到了社会,特别是其时文人的认可和接受。对于明清时期女性文学作品的传播状况和接受程度的研究也是女性文学研究的重要角度之一。张雁《选集与作品的经典化——晚明女性文学之接受研究初探》③主要对明末清初出现的 12 种女性作品进行研究,从选集的选录对象及选录风格角度进行分析,总结出了晚明女性作家及其作品最初的接受状态和传播面貌。蔡菡《明清才女文史飘香》④从男性文人视角、大众接受等方面,对明清才女创作的传播和接受进行了初步梳理,涉及对女性文人个人事迹的接受、对女性文学作品中故事情节的接受、对"才女情结"这一审美文化的认同等问题的研究。

---

① 连文萍:《诗史可有女性的位置? ——以两部明代诗话为论述中心》,《汉学研究》,1999 年总第 17 卷第 1 期,177—200 页。

② 张聆雨:《清代女性著述出版途径考》,《古典文学研究》,2012 年第 1 期,146—167 页。

③ 张雁:《选集与作品的经典化——晚明女性文学之接受研究初探》,《古典文献研究》,2004 年第 1 期,322—339 页。

④ 蔡菡:《明清才女文史飘香》,暨南大学 2006 年硕士学位论文。

6. 女性意识的觉醒

汪青云《清代女性词人研究》、常娟《明清之际的才女群及其家族化》、穆薇《论清代中叶妇女诗话繁荣的特征及成因》①、史梅《地域文化、家族文化与清代江苏女学的繁荣》、纪玲妹《论清代常州词派妇女词的繁荣及其原因》等文，从才女群形成、繁荣原因和表现特征方面探讨女性意识的觉醒，提出明清才德观的变化既体现了明清时期社会大众对才媛生活环境及其行为的理解、要求和愿望，也展现了才媛的社会意识由关注自我转向女性意识，再转向独立个体意识的发展脉络。并且指出女性意识觉醒主要表现为明清之际的才女十分重视女子诗文作品的编辑、出版、保存。部分女性甚至不满足于被男性鉴赏，开始凭借自己的眼光品位和价值标准去选辑女性的作品，从事诗话、诗评活动。

(三)海外汉学界对于女性文学的研究状况

海外汉学界对于中国女性文学的研究，以明清时期具有群体特征的家族女性为主要关注对象，在研究上多采用跨学科、跨领域的方式，具有代表性的学者有孙康宜、魏爱莲、高彦颐、曼素恩等人，他们的研究成果在学界形成了一定程度的回响。

具体而言，孙康宜的研究重在重构明清时代造成女性纷纷投入文学活动的文化氛围，相关研究成果已结集出版《古代与现代的女性阐释》②、《文学经典的挑战》③等书。《明清女诗人选集及其采辑策略》④认为明清时代女性专著选集的大量出现是男性和女性合力重构的结果。《明清诗媛与女子才德观》⑤探讨了明清时期的才德之辩问题，提出明清时期对于才德关系的论战，不论男女因人而异，并不是男性文人的一味欺压，某些女性文人也同样持有才德对立的观点，这就需要我们深入分析各种论调的立足点。《妇女诗歌的"经典化"》、《明清文人的经典论和女性观》⑥二文，则提到当时男性多利用《诗经》、《楚辞》等古代经典策略，企图把女性作品典律化。

---

① 穆薇：《论清代中叶妇女诗话繁荣的特征及成因》，《齐鲁学刊》，2011年第6期，126—130页。

② [美]孙康宜：《古代与现代的女性阐释》，台北：联合文学出版社有限公司，1998年。

③ [美]孙康宜：《文学经典的挑战》，天津：百花文艺出版社，2002年。

④ [美]孙康宜、马耀民：《明清女诗人选集及其采辑策略》，《中外文学》，1994年第2期。

⑤ [美]孙康宜、李奭学：《明清诗媛与女子才德观》，《中外文学》，1993年第11期。

⑥ [美]孙康宜：《明清文人的经典论和女性观》，《江西社会科学》，2004年第2期。

魏爱莲(Ellen Widmer)对明清女性与文化的研究与孙康宜多有相似之处,都以明清两代女性从事文学活动的文化背景为主。其《十九世纪中国女性的文学关系网络》①、《十七世纪中国才女的书信世界》②试图通过阅读《尺牍新语初编》、《尺牍新语二编》及《尺牍新语广编》,重建明清之交闺阁作家彼此联系的网络,指出明代覆亡后,女性诗人开始在家庭背景外进行写作并希冀获得声名,通过结社交游等方式,形成一个超越地域、血缘的文学关系网络,不仅丰富了家族女性的文学生活内容,而且在文学作品的题材内容、情感内涵、艺术手法等方面取得了新的突破和发展。

另外,高彦颐(Dorothy Ko)《"空间"与"家"——论明末清初妇女的生活空间》一文,以明末清初江南的闺阁名媛与名妓作为研究对象,从性别的角度,探究其起居生活及旅游活动范围,从中了解她们共处的外在环境与多才的内在世界。其《闺塾师——明末清初江南的才女文化》③一书,则承前文的观察背景,以探索上层社会的女性为主,尝试从都市文化、两性角色、生活空间的角度,探讨才女所处的时空环境,借由不同的角度突出有别于以往女性的生活面貌。而曼素恩(Susan Mann)《缀珍录——十八世纪及其前后的中国妇女》④一书,则结合史学及文学的观点,探讨明清两代社会、政治、经济上的变化与性别关系。依地区之分,统计了清代女作家的分布情况,指出江南培育了超过70%的清代女作家,其中,杭州及其周边地区高居首位,其次依序是常州(包括武进、阳湖)、吴县(以苏州为中心)、嘉兴等地。其《张门才女》⑤一书则以片段刻画的方式构建了张氏女性——包括汤瑶卿、张绷英、张㛃英、张纶英、张纨英、王采苹等人——在常州、济宁、馆陶、北京、武昌以及禹州的生活图景。

国外还有两部大型的女性文学选集,一是孙康宜与魏爱莲合编的《明清女作家》,收录了美国13位学者讨论女性写作问题的文章;二是孙康宜与苏源熙(Haun Saussy)合编的《中国传统女作家选集》,收录了63位美国汉学

① [美]魏爱莲、云妍:《十九世纪中国女性的文学关系网络》,《清华大学学报(哲学社会科学版)》,2008年第3期。

② [美]魏爱莲:《十七世纪中国才女的书信世界》,《中外文学》,1993年第6期。

③ [美]高彦颐:《闺塾师——明末清初江南的才女文化》,李志生译,南京:江苏人民出版社,2005年。

④ [美]曼素恩:《缀珍录——十八世纪及其前后的中国妇女》,定宜庄、颜宜葳译,南京:江苏人民出版社,2005年。

⑤ [美]曼素恩:《张门才女》,罗晓翔译,北京:北京大学出版社,2015年。

家翻译的中国古代女性诗歌,希望通过这些翻译和评介,使中国古代女性文学作品进入世界女性作品经典化的行列。

(四)已有研究成果的得失以及今后突破的方向

现有的明清女性文学研究,总结了明清时期女性文学发展家族化和群体性的两大突出特征,开始从家族的角度研究女性文学,指出家族的文化积累和家学传承培养了诸多女性文人,使得家族女性以群体的姿态出现在女性文学史上,较为全面地总结了她们在诗词方面的创作特点和成绩。此外,研究女性文人群体分布情况,发现家族女性文人群体多出现在江南地区,并对其进行了特定区域的研究,指出江南独特的文化地理意义对于文学家族的形成以及家族女性文人群体的出现和发展有重要影响。在个案研究方面也取得了一定的研究成果。但对于明清家族女性群体的研究还存在许多不足之处,主要表现在以下两点:

第一,现有研究成果多以整个明清女性文学作为研究对象,总结明清时期女性文学的总体特点和成就,而没有以家族女性作为研究对象,探讨在文学家族视野之下,家族女性文人群体发展独有的特点和取得的成就。而明清时期整个女性文学的研究不能代表环太湖流域女性文学发展的独特之处,也不能代表家族女性文人这一群体的发展情况和创作特点。

第二,重个案研究,轻系统考察和理论总结。纵观近些年的研究成果,以明清江南女性文人的个案研究成果居多。一方面,对黄媛介、王端淑、商景兰、汪端、顾若璞、恽珠、钱孟钿、张允滋、左锡嘉等个人的研究成果丰硕。这些女性都是其所在文学家族中重要的女性创作者,在这些文学家族女性创作群体中具有重要的地位和影响。但现有的研究成果大多是个案研究,以她们的作品作为研究对象,着重探讨她们的诗学观念、创作特征等问题,较少涉及家族其他女性文人或与之相关的其他女性群体,只在论及文学交游或家庭文化环境对其创作的影响时,提到家族中或其他家族女性文人的相关情况,并没有深入探讨家族女性群体存在和发展的诸多理论问题。另一方面,是对吴江沈氏家族女性、叶氏家族女性、随园女弟子等较为典型突出的女性群体的研究。在这些女性群体的个案研究中,集中讨论了家族文化特征的传承,家族中女性作家生平事迹、文学交游考述,文学作品的题材内容、艺术特征及成就等问题,缺少对于整个家族女性文人群体纵向及不同家族女性文人群体横向的系统考察。

针对以上研究存在的不足之处,我们首先需要对明清环太湖流域文学家族女性群体做一个相对严谨的范围界定,以明清为时间范围,以环太湖流域为地域范围,以家族为关系范围,涉及诗、词、文、散曲等众多文体的女性文学的研究,是对家族女性群体进行特定时代、特定地域的贯通性研究。研究这一问题,首先要勾勒出一个女性群体成员血缘和姻亲关系的网络,并通过表格直观展示各个文学家族中女性作家创作队伍的构成情况。在此基础上探讨女性群体的构成规律,进而对明清环太湖流域文学家族女性群体这一庞大的集团有一个整体的认识和把握。

在构建文学家族中女性作家网络的同时,不能忽视对女性作家作品的研究。文学作品是女性文人存在的重要依据和价值体现。对文学作品的研究,是以文学为本位的研究,包括作品的文献考证、文本内容的阅读理解以及艺术特点的分析等内容。通过文学作品的研究,不仅能够反映女性文人的创作特点、深化作家主体意识、家族独特个性等深层次内容的研究,而且能够较为清晰地表现出女性文人在男性主导的社会中,在特定的地域内,在家族内外的地位及产生的影响,通过家族间横向与纵向的比较,帮助我们把握明清环太湖流域文学家族女性群体的整体风貌和不同家族的个性差异,为相关理论研究奠定坚实的基础。

明清时期环太湖流域文学家族中的女性以群体姿态出现有诸多深层次的原因。简单勾勒群体成员的血缘和姻亲关系网络,仅能从表面描述这一群体的存在现象,并不能解释这一群体存在的诸多理论问题。这就要求我们加强关于女性文学生成环境、文学生活、交游活动等问题的理论性研究。通过以上对作家网络的梳理和作品的辨析研究,我们可以从中总结出家族女性发展的内在规律,并升华为指导家族女性研究实践的理论观点。文学家族所在地域自然和人文环境的影响和熏陶,家族内部的文学传承和家族教育的发展,家族成员间的文学交游创作活动,家族成员共性和个性的变化,家族男性成员的奖掖以及女性个体意识的觉醒等等,此类理论问题的研究能深化明清江南家族女性群体的研究。

除了将明清环太湖流域文学家族女性群体研究推向深度研究,我们还应该进一步将这一研究推向广度研究。我们不能局限于家族内部女性群体的考察,应该以开放的态度,将家族女性置于环太湖流域范围内,将家族与家族、家族与社会、家族与地域联系起来,探讨不同文学家族之间女性群体的交游和联系,以及家族女性群体对社会文化、地域文化带来的影响等问题,还可进一步展开区域间文学家族的流动性研究,以此推动家族与地域文学的研究,以更加广阔的角度研究环太湖流域文学家族女性群体。

三、相关概念的说明

据《太湖备考》记载：

> 太湖跨苏、常、湖三郡（按，今太湖边境，属苏州者十之五，为吴县、长洲、吴江、震泽四县界；属常州者十之三，为无锡、阳湖、宜兴、荆溪四县界；属湖州者十之二，为乌程、长兴二县界），广三万六千顷，周回五百里。东西二百里，南北一百二十余里。中有七十二山。东南之泽，此为最大。①

太湖横跨苏州、常州、湖州三地，而本书所要讨论的环太湖流域，除苏、常、湖三地外，还包括嘉兴。

对于一个地域来说，其文化发展的程度取决于该地域内社会环境和地理环境的发展状况。环太湖流域虽然不是纯自然意义上的地理区域，但它是一个不可分割的具有多层内涵的人文空间，具有深厚的文化地理意义。环太湖流域以"太湖"作为依托，在地理环境和社会环境上都具有明显的优势。一方面，"水之利，即人之利；水之生态，即人之环境"，太湖流域充足的水源、湿润的气候、肥沃的土地、丰饶的物产，为人口的繁衍成长以及地区经济的发展提供了有利条件。另一方面，明清时期相对稳定的社会环境也为地区经济、文化、教育的发展提供了可能，造就了太湖地区知识密集的文化环境以及较强的文化凝聚力。环太湖地区的自然环境对环太湖文化产生了潜移默化的影响，而环太湖文化又反作用于环境，形成了良好的生态环境系统。

"环太湖文化"正是在这一生态与人文环境的相互作用中逐渐积累产生的。作为唯一的内陆湖水文化②，环太湖文化为文化家族的发展提供了良好的发展空间。"江浙巨族，多因宋室南迁，即已聚族，至今五六百年，祠墓具存，传世多者，至三二十世，少者亦十有余世，非若欧、苏之不出五六辈也。"③由北南迁的士族家族也好，环太湖流域土生土长的文化家族也罢，他们在太湖流域的聚集和发展已经成为中国古代文学发展的一个重要特征。特别是

---

① 〔清〕金友理：《太湖备考》，南京：江苏古籍出版社，1998 年，33—34 页。

② 罗时进：《太湖环境对江南文学家族演变及其创作的影响》，《社会科学》，2011 年第 5 期，179 页。

③ 〔清〕章学诚：《文史通义新编·家谱杂议》，上海：上海古籍出版社，1993 年，374 页。

明清时期,环太湖地区政治的稳定、经济的发展、教育文化的繁荣以及逐渐开放的社会意识等多方面因素,造就了诸多连绵明清两代的文学家族。在太湖这一思想意识相对开放的地域文化孕育之下,在家族文化的熏陶中,文学家族中不仅产生了诸多男性文人,女性文人的出现和发展也成为家族文学发展的重要部分,家族女性文学的发展已成为衡量明清时期文学家族影响力的重要指标之一。这一特殊现象,不仅反映了环太湖地区独特人文环境的塑造之功,同时又反过来作用于太湖的地域文化,使太湖流域孕育了一个与其他区域具有较大差别的独特的文化性格,即家族女性群体的发展。这一现象同时也成为环太湖流域新的文学发展力和创造力。

文学家族,即指在直系血缘关系中出现两代及以上知名文学家的家族。以"文学"与"家族"合称为"文学家族",旨在突显特定家族的文学积累、家学传承与贡献,以及在直系血缘中存在的代际延续关系。一家之中,祖孙、母女、婆媳、姊妹、姑嫂、妯娌,均系诗人、词人、文学家的现象,就可以称作是女性创作的群体化。

明清环太湖流域文学家族女性群体的界定:

1. 本书所用的是广义上的家族概念,为方便讨论,文学家族女性群体的成员,除本家族的女性后代外,亦包含与本家族有姻娅关系的女性亲属在内。如江苏吴江沈氏、叶氏家族联姻,女性文人之间存在多重联系,本书将两家女性文人合并为一个整体。

2. 在人数上,文学家族女性群体应当包含 3 个及以上女性成员。

3. 文学家族女性群体成员在时间上必须具有连续性,即在家族代际发展中,女性群体成员之间必须存在共同生活的时间交集。有些大型文学家族的发展历经 20 世以上,前后出现女性文人的时间相隔数代,甚至十几代,虽在人数上超过 3 个,但成员间活动时间断代的,不在本书的论述范围内。

4. 在时间连续性的基础上,文学家族女性群体的界定不局限于家族代际延续的长度,即在文学家族中只在某一世出现女性文人,在数量上超过 3 人即可成为本书研究的对象。

5. 在空间上,环太湖流域文学家族中出现的女性文人,因为出嫁、随宦、谋生等,离开原有家族群体,与其他地域的女性文人群体产生联系,或成为其他地域女性文人群体的一员,或创建新的地域女性文人群体,亦在本书的讨论范围之内。但研究的重点仍集中于环太湖流域这一典型的空间领域。

6. 文学家族中的女性群体成员，必须在文学上有所创建。即需要有文学作品传世，或以别集的形式，或散见于各文学选集、诗话中。如无作品传世，应至少在相关典籍的著录中有其参与文学创作或交流活动的记录和证明。

7. 以上所提到的相关典籍指与女性文学相关的著作，包括文学史、地方志、艺文志、家谱、作品集、诗话、词话、传记等，如《清闺秀艺文略》、《历代妇女著作考》、《清代闺阁诗人征略》、《国朝闺秀正始集》、《清代家集丛刊》、《江苏艺文志》、《江苏诗征》、《撷芳集》等，在此不一一赘述。本书附表1《明清环太湖流域文学家族女性群体一览》末栏亦有相关人物著录和作品收录情况的说明，可作为本书文学家族女性群体搜集的依据。

8. 收录文学家族女性人物自明代洪武元年(1368)始，迄于1911年清亡。女性文人生于清末的，自是本书讨论的对象。有些文学家族的发展持续至现代，如海宁查氏、常熟宗氏等，不乏生于1911年以后的家族女性文人，但此种情况已超出明清界限，亦不属本书讨论的范围。

基于以上的界定，据统计，环太湖流域内文学家族中，出现女性文人群体的共有40家，其中苏州20家，常州10家，嘉兴6家，湖州4家。

四、框架及创新点

本书采用重点问题研究与个案研究相结合的研究方式，分为上下编。上编部分，重点探讨女性群体时空变迁、书写方式、文学生活与诗学观念、传播态势等普遍性问题。在此基础上，下编部分是针对清代不同类型的3个个案——常熟屈氏、阳湖左氏以及归安叶氏女性群体结社活动——的具体研究。探讨各个女性群体在各自时代背景、家族传统、生活经历以及文学创作、交游活动等方面的独特性；同时探讨动乱社会现实对于女性文人生活方式与创作内容风格的影响，揭示女性群体文学创作社会化和现实化的趋势。

本书的创新点在于将环太湖流域这一江南核心地区内的文学家族女性群体作为研究对象，以家族之间的亲缘与地缘关系为重点，既有对普遍性存在、发展与传播等问题的探讨，也有对独特性，即专题个案的分析。从地域空间横向和纵向的角度，力图真实还原明清时期环太湖流域文学家族女性群体结社创作的现场以及发展的状况，揭示女性群体在精神空间与地域空间的互相作用之下，在文学创作上取得的成就以及给自身、家族、地域和社会带来的影响。

上　编

第一章　环太湖流域女性群体的时空变迁

时间与空间是人类赖以生存和发展的双重维度,在文学地理学上,即表现为"空间中的文学"与"文学中的空间"的内外互动与交融。各区域开放性和封闭性的差异,导致文学地理统一与多样并存。因此文学板块的鲜明区域特点并非人为主观意志的空间划分,而是客观存在的,是基于一定地理环境,对文学地理的空间结构、表现形态等内容的系统把握和准确定位。

不同的时空环境可以孕育不同的人格特质,不同地区有不同的地域特性。受共同文化影响而形成的群体思维方式和文化心理,影响创作者的精神品格、气质内涵、价值取向、表达方式,形成相似的性格特点和文化心理,他们的文学创作也必然会呈现出这个地区的独特风貌,同时也影响文学作品中人物形象的塑造以及文学个性化风格的形成。"无论何派之学术、艺术,殆皆以兹域为光焰发射之中枢焉。然其学风所衍,又自有分野,大抵自江以南之苏常松太,自浙以西之杭嘉湖,合为一区域,江宁淮扬为一区域,皖南徽宁广池为一区域,皖北安庐为一区域,浙东宁绍温台为一区域,此数域者,东南精华所彼聚也。"[①]环太湖流域特殊的地理环境和文化环境孕育了诸多世家大族,而家族中女性文人群体的出现更是时空环境孕育出的独特产物。同时这一女性文化圈的形成,又推动了女性创作空间的社会化,提高了整个社会空间对于女性文学的接受程度。

---

① 梁启超:《饮冰室全集·近代学风之地理的分布》第 14 册,北京:中华书局,1989 年,11 页。

第一节　时间流程

文学家族女性群体发展的时间流程,即女性群体生命周期之长短,完全取决于家族内"人才链"能否有效形成。一个人数众多、代代相传的人才群体,是文学家族女性群体长期累积与培育的重要成果,也是保障这一群体生命力不断延续的主体条件。

据笔者统计,环太湖流域内共有 40 个文学家族女性群体。其中绵延明清两代的有 6 家。

明末至康熙年间太仓王氏家族女性文人群体。"母吴夫人及三女,咸工诗。家庭无事,辄命诸子女拈题分咏。夫人为第其高下,以为笑乐。既嫁,至老犹诗简往来不绝。"①王慧,字韫兰,学道王长源女,常熟诸生朱方来室,著有《凝翠楼集》。其母吴氏有《遗香集》,姊妹王莹、王芳亦工诗,并擅风藻。

长洲许氏家族三代女性文人群体。许季通妻顾道喜,字静帢,吴江人,明万历二十年(1592)进士顾自植女,著有《松影庵词》。女许定需,字硕园,许竹隐妹,孝廉陆素丝妻,著有《锁香楼词》、《绿窗诗稿》。孙女许心榛,字山有,幼字阿秦,永州知州虬长女,陆升枚妻。许心碧,字阿尊,永州知州虬二女。许心檀,字阿苏,永州知州虬三女。许心澧,字阿芬,永州知州虬四女。姊妹四人舅母张蘩,著有《衡栖集》。部分作品收录于《小檀栾室闺秀词》、《众香词》、《林下词选》等选集中。

太仓赵氏家族女性文人群体由明代一直延续到清代。赵宧光妻陆卿子,名服常,字卿子,长洲人,尚宝少卿陆师道女,著有《考槃集》、《玄芝集》、《云卧阁集》、《寒岩剩草》。赵灵均妻文俶(1595—1634),字端容,衡山先生女孙,善画工诗。文俶女赵昭,字子惠,适平湖文学马仲子班,著有《侣云居》。

明代万历年间至清初秀水黄氏家族女性文人群体。一支以沈纫兰为首,由黄淑德、黄双蕙、项兰贞、周慧贞等人组成。司谏黄承昊室沈纫兰,字闲静,约生活于明万历年间(1573—1620),秀水人。著有《效颦集》、《浮玉亭词》、《助隐宾庐诸稿》。黄承昊女黄双蕙,字柔嘉,著有《禅悦剩稿》。黄承昊从妹黄淑德,字柔卿,屠耀孙妻,著有《遗芳集》。项兰贞,字孟畹,黄卯锡孝廉室,著有《裁云草》、《月露吟》、《咏雪斋遗稿》。周慧贞,字艳芬,周文亨女,

---

① 〔清〕俞樾:《荟蕞编》卷四,《中国笔记丛刊》,上海:文明书局出版社,1911 年,11 页。

黄凤藻室,著有《剩玉篇》。另一支以黄媛介为首,由黄媛贞、黄德贞、孙兰媛、孙蕙媛、屠苣佩、桑贞白、周兰秀、陆宛椒等人组成。黄媛介,字皆令,杨世功室,著有《南华馆古文诗集》《越游草》《湖上草》《如石阁漫草》《离隐词》《梅市唱和诗钞》。黄媛贞,字皆德,知府朱茂时继妻,著有《云卧斋诗集》。黄德贞,字月辉,曾楠室,著有《冰玉稿》《蕉盃稿》《避叶稿》《擘莲词》《名闺诗选》《雪椒草》《彤奁词选》。孙兰媛,字介畹,黄德贞女,陆渭室,著有《砚香阁稿》。孙蕙媛,字静畹,黄德贞次女,孝廉庄国英室,著有《愁余草》。屠苣佩,字瑶芳,成烈女,孙渭璜室,著有《咽露吟》《钿奁遗咏》。周兰秀,字弱英,江苏吴江人,应懿女,平湖诸生孙愚公室,著有《粲花遗稿》。桑贞白,号月窗,处士周履靖继室,著有《香奁诗草》。

　　海宁查氏家族自明崇祯至清道光年间的女性文人群体,包括朱氏、蒋宜、钟韫、查惜、钱复、查蕙缠、浦氏、虞瑶洁、查昌鹓、查惠芬、吴慎、查淑顺、查映玉、张常熹、查若筠、李明、陆丰等十余人。作品有朱氏《壶训集》,蒋宜《蕊阁闲吟》《悟真录》,钟韫《梅花园诗余》《长绣楼集》,查惜《南楼吟香集》,钱复《桐花阁诗钞》《拾瑶草》,查昌鹓《学绣楼名媛诗选》《学绣楼吟稿》,查蕙芬《枕涛庄焚余草》,吴慎《琴腾轩诗》,查淑顺《览秀轩稿》,查映玉《梅花书屋诗稿》,查瑞杼《如是斋吟草》,张常熹《静宜楼吟稿》,查若筠《佩风阁焚余》《曼陀雨馆诗存》,李明《棠苑春吟诗草》,陆丰《芝佩阁诗存》。

　　其余 34 家为清代文学家族中的女性群体,多形成于康熙年间,乾嘉道时期盛极一时,咸同、光宣时逐步走向衰微。正如梁乙真所言:"乾嘉之际,国运方盛,士大夫多优游于文学,而仓山碧城诸人,又复提倡风雅,故妇女作家,亦多如过江之鲫。"[①]清代乾嘉时期,环太湖地区政治经济的繁荣稳定,思想环境的开放和自由为女性文人群体的涌现提供了良好的生存环境。在家庭教育积极培养和推动下,文学家族内女性文人群体创作活动格外繁荣。可以说,乾嘉时期出现了众多家族女性文人群体是清代历史上独特的文学现象、文化现象和社会现象,向我们呈现了女性生活的真实面貌和文学创作的发展特性。同时,女性文人从师与结社行为的大量出现,使得她们的文学活动开始走向社会和现实。而咸同后,家族女性文人群体的逐渐减少亦与动乱的社会现实有很大关系。

　　乾嘉道时期涌现的文学家族女性群体有乾隆至道光年间吴县计氏家族女性文人群体。计嘉禾妻金兑,字泽娥,号栟生,吴县人,贵州臬司金祖静

---

　　①　梁乙真:《中国妇女文学史纲》,上海:上海书店出版社,1990 年,374 页。

女,著有《湘芷存稿》、《栉节小草》。金兑母杨珊珊,字佩声,浙江山阴人,著有《佩声诗稿》。长女计捷庆,字心度,金怀曾妻;次女计趋庭,字南初,常州汤贻吉室;三女计小鸾,字青睞,长洲陈璞室。计嘉痡室丁阮芝,著有《白燕诗》。计嘉诒妻沈清涵,沈德潜次女,长洲人,著有《沈氏遗诗》。计嘉诒女计瑞英,字芝仙,吴模室。计洵妻宋静仪,字琴史,宋简长女,著有《绿窗吟草》。同族计宠绥女计氏,字七襄,闵仰承室。计光瓒长女计珠仪,字月如,号蕊仙,秀水陶震元妻;次女计珠容,号芸仙,秀水沈兆珩妻;从女计瘾,秀水王某室。

乾隆至道光年间归安叶氏家族女性文人群体。叶佩荪妻周映清,字皖眉,浙江归安人,著有《梅笑集》。继妻李含章(1744—?),字兰贞,云南晋宁人,侍郎李因培长女,著有《繁香诗草》。长女叶令仪,字淑君,钱慎妻,著有《花南吟榭遗草》。次女叶令嘉,字淡宜,沈昌培妻。叶令昭,字苹渚,侍讲学士丘庭潍妻。叶绍楏妻陈长生(1757—?),字嫦笙,浙江钱塘人,太仆寺卿陈兆仑女孙,著有《绘声阁遗稿》。叶绍菜妻周星薇,浙江乌程人。叶绍本妻何若琼,字阆霞,浙江山阴人。诸人作品合刻为《织云楼诗合刻》。

乾嘉时期宜兴汪氏家族女性文人群体。汪文月、汪彩书姊妹,汪彩书女戴佩金,子妇徐贞宜皆工诗词。汪文月有《静好轩吟稿》,汪彩书有《双梧轩诗》、《联吟集》,戴佩金有《槐荫轩诗草》,徐贞宜有《同声吟草》。

乾嘉时期吴县张氏家族女性文人群体。张允滋,字滋兰,号清溪,别号桃花仙子,匠门女史,震泽诸生任兆麟室,著有《潮生阁集》。张蕴,字桂森,亦工诗,著有《别雁吟草》。张芬,字紫縈,号月楼,云南学政学库女孙,举人曾汇女,同知夏清和室,著有《两面楼诗词》。

梅新林师依据代际延续的长度将文学世家划分为四种类型:2世以上、5世以下者为小型文学世家,前后历时仅数十年;6世以上、9世以下者为中型文学世家,前后历时通常超过百年;10世以上、30世以下者为大型文学世家,前后历时通常超过500年;30世以上者可称为巨型文学世家,前后历时近千年甚至在千年以上。而本书所要讨论的女性文人群体与文学世家处于同一时空范围内,但研究的主体、视角由整个家族成员变为其中女性。考虑明清女性文学发展的现状,通过观察和衡量这些文学家族女性群体在代际延续长度上展现的生命力,可以将这些群体分为以下三类:2世及以下者为小型群体;3世以上、5世以下者为中型群体;6世以上、10世以下者为大型群体。

环太湖流域文学家族内共有24个小型女性文人群体,如康熙至乾隆年间长洲周氏家族两代女性文人群体。周五瑞室翁静如，号珠楼，长洲洞庭山人，著《珠楼余草》。女周月贞，长洲洞庭山翁德和室。子周莲洲妻朱雪英，字韵梅，江苏吴江人，著有《冰心集》，与周月贞合作《联珠集》。

乾隆至道光年间德清许氏家族两代女性文人群体。许宗彦室梁德绳（1771—1847），字楚生，钱塘人，工部右侍郎梁敦书女，著有《古春轩诗钞》。女许延礽，字云林，休宁贡生孙承勋室，著有《福连室集》。许延锦，字云姜，阮福室，著有《鱼听轩诗抄》。

乾隆至嘉庆年间乌程戴氏家族两代女性文人群体。戴璐妻沈芬，字左娇，归安人，知县作霖女。继妻莫兆椿，字兰芳。戴璐女戴佩荃，字苹南，一字春淳，仁和赵日照妻，著有《苹南遗草》。戴佩蘅，字蕴芳，戴璐侄女，编修闵悙大妻，著有《戴佩蘅遗诗》。

乾隆至咸丰年间昆山余氏家族两代女性文人群体。余桓斋室陈治筠，字淇园，江苏昆山人，著有《淇园诗草》。女余希婴，字筠雪，号澹如，著有《味梅吟草》。余希芬，字朗仙，著有《朗仙吟稿》。《余氏五稿》（又题《玉山连珠集》）汇余希婴祖、父、弟、妹及己之作。

文学家族女性群体只有一代或只在一朝出现的有 5 家，如乾隆年间长洲曹氏家族，曹兰秀、曹芝秀、曹贞秀三姊妹。曹贞秀（1762—1822），字墨琴，自署写韵轩，王芑孙妻，著有《写韵轩小稿》。姊曹兰秀亦有《静好楼诗》。

道光年间秀水杨氏家族四姊妹。杨素中，自号青田生，杨文淳长女，太学生刘文煜妻，著有《石轩诗稿》。杨素华，杨文淳三女，山阴王德昭妻，著有《香雪楼吟稿》。杨素书，自号种竹人，杨文淳四女，会稽宾德辉妻，著有《静宜阁诗钞》。杨素英，杨文淳五女，山阴钱景超妻，著有《墨香阁诗》。

中型女性文人群体 14 个，如康熙至同治年间太仓毕氏家族五代女性文人群体，"自太夫人以下，闺阁俱工吟咏"①。毕沅外祖母顾英，字若宪，长洲人，印江知县张之顼妻，著有《挹翠阁诗钞》。母张藻，字于湘，江苏青浦人，著有《培元堂集》。侧室周月尊，字漪香，长洲人；张绚霄，字霞城，号望湖，长洲人，著有《四福堂稿》、《绿云楼诗编》。妹毕汾，字晋初，沈恭妻，著有《梅花绣佛斋草》。毕湄，字眉士，号云溪，周石兰妻，著有《荻画草堂稿》。女毕慧，字智珠，号莲汀，陈曒妻，著有《远香阁吟草》。毕还珠，上元举人秦耀会妻，著有《绛雪斋诗稿》。孙女毕景桓亦工诗。

康熙至道光年间桐乡孔氏家族四代女性文人群体。孔素瑛，字玉田，诸

①　〔清〕袁枚：《随园诗话补遗》卷八，北京：人民文学出版社，1982 年，10 页。

生毓楷女,知县金尚东室,著有《飞霞阁诗集》、《兰斋题诗画》。孔传莲,奉化训导毓瓒女,宜川县丞冯锦继室,著有《礼佛余吟》。孔继孟,字隐德,解州知州传忠次女,乌程夏祖勤室,著有《桂窗小草》。孔继瑛,字瑶圃,传志女,沈廷光室,著有《南楼吟草》、《瑶圃集》、《慎一斋诗集》。孔继坤,字芳洲,继瑛妹,家学高士敦室,著有《听竹楼偶吟》。孔广芬,字映左,西宁观察景和柏室,著有《从桂轩诗稿》。孔昭蕙,字树香,贡生广南女,嘉兴朱万均室,著有《桐华书屋诗钞》。孔昭蟾,字月亭,贡生广南次女,上舍钱璜室,著有《月亭诗钞》。另有孔昭燕、孔昭莹。

顺治至道光年间秀水钱氏家族五代女性文人群体。陈书(1660—1736),字南楼,晚号南楼老人,适海监钱纶光,善花鸟、草虫,著有《绣余闲课》、《复庵吟稿》。陈尔士(1785—1821),字炜卿,一字静友,余杭人,刑部员外郎陈绍翔之女,钱仪吉妻,著有《听松楼遗稿》四卷。沈善宝赞其"诸著作议论恢宏,立言忠厚,诗犹余事耳"①。李纫兰,陈尔士儿媳,秋红吟社成员之一。钱聚瀛(1809—?),字斐仲,号餐霞,别号雨花女史,钱载曾孙女,山西布政使钱昌龄女,德清戚士元妻,能诗文及填词,"无闺房儿女态"②,"作花卉清秀超逸,论者谓有(曾祖)南楼老人之遗风"③,著有《雨花庵诗余》、《雨花庵词话》。

道光至光绪年间德清俞氏家族三代女性文人群体。俞樾妻姚文玉,浙江仁和人,上虞教谕姚光晋女,著有《含章集》。俞樾女俞绣孙(1849—1882),字采裳,赣州知府许佑身室,著有《慧福楼词》。俞樾孙女俞庆曾(1865—1897),字吉初,著有《绣墨轩词》。俞樾外孙女许之雯(1867—1898),字修梅,王孝亮室,著有《缃芸馆诗钞》。

石门徐氏家族三代女性文人群体自嘉庆时期开始,一直绵延到近代。徐珂《清稗类钞》"徐氏一门能诗词"条载:"石门徐迓陶太守宝谦工诗文辞,一门风雅,论语溪门望者,当首推之。太守尝与其妇蔡氏唱和于月到楼,女孙畹贞、蕙贞、自华、蕴华咸侍侧,分韵赋诗,里巷传为盛事。自华、蕴华尤著

---

① 〔清〕沈善宝:《名媛诗话》卷五,《续修四库全书》第 1706 册,上海:上海古籍出版社,1995—2002 年,601 页。

② 钱聚瀛:《雨花庵词·题辞》,清同治七年刻本。

③ 张鸣珂:《寒松阁谈艺琐录》卷六,《续修四库全书》第 1088 册,上海:上海古籍出版社,1995—2002 年,383 页。

称于时。"①徐自华(1873—1935),字寄尘,号忏慧,著有《听竹楼诗稿》、《忏慧词》、《秋心楼诗词》。徐蕴华(1884—1962),字小淑,号双韵,侯官林亮奇文学景行之室,有诗词,著有《双韵轩诗词稿》。徐蕙贞,字兰湘,徐蓉史季女,著有《度针楼遗稿》。

　　大型女性文人群体两个,即康熙至同治年间阳湖庄氏家族八代20余人的女性文人群体和海宁查氏第十世至第十七世共八代近20人的女性文人群体。

　　三者比较,小型女性文人群体为数最多。这与明清时期,能延续两三百年的世族数量十分有限这一大背景有很大关系。生命周期越长,人才群体数量就越多。这在吴江沈氏、阳湖张氏以及海宁查氏家族内得到了很好体现。而人才群体中不免会出现一位或数位导向性或关键性的人物,将群体的成就和贡献推向高峰,这也是文学家族女性群体研究中值得探讨的问题之一。

第二节　空间分布

　　在确定环太湖流域内文学家族女性群体兴起与发展的时间流程基础上,我们还需要确定这一群体在环太湖流域内的空间分布情况。"文学版图的中心定位,需要综合考量文学家的籍贯地理、活动地理与传播地理的分布与流向等要素,准确找到整个文学版图聚集度最高且对周边发挥辐射作用的核心位置。"②经笔者统计,环太湖流域文学家族女性群体分布中心位于苏州府的吴江县与常熟县,以及常州府的阳湖县与武进县,占总数的一半。文学家族女性群体的分布以此四县为中心,进而向周边扩展,辐射至整个环太湖流域。

(一)苏州府常熟县六家

　　乾隆至道光年间常熟李氏家族两代女性文人群体。李心敬,字一铭,梧州知府李宗袁女,常熟观察归朝煦妻,著有《小窗杂咏》、《蠹余草》。归懋仪,字佩珊,自号虞山女史,常熟人,归朝煦女,上海李学璜妻,著有《绣余小草》、《绣余续草》、《听雪词》,母女合集《二余草》。杨香苹,李心耕室,著有《鸿宝

---

　　①　〔清〕徐珂:《清稗类钞》第八册,北京:中华书局,1984年,3988页。

　　②　梅新林:《文学地理学:基于"空间"之维的理论建构》,《浙江社会科学》,2015年第3期,126页。

楼集》。

乾隆至道光年间常熟邵氏家族两代女性文人群体。邵齐芝,字季兰,昭文人,吴蔚元室,著有《同心室小咏》。邵广仁,字秋士,常熟人,钱廷烺室,著有《吟秋阁吟稿》。邵广融原配赵同曜,著有《停云楼稿》、《月桂轩存稿》。继室鲍印,字尊古,常熟人,捷勋女,著有《藏翰轩诗稿》、《绿筠亭草》。女邵渊润,字琬章,常熟人,赵元成室,著有《话月楼遗诗》。媳王谢,字絮柳,常熟人,邵元亮室,著有《韵兰室遗稿》。

雍正至乾隆年间常熟苏氏家族五姊妹。苏瑛,字若修,常熟人,兴化太守苏本洁长女,邵太史齐烈室。苏瑶,字若和,瑛从妹,监生蒋照室。苏琬,字若柔,苏本洁次女,陈融照室。苏琇,字若莹,苏本洁三女,沙市巡检张守素室,著《河梁集》。苏瑗,字若涵,号屿筠,苏本洁四女,太守邵齐然室,著《漱琼集》。

乾嘉时期常熟屈氏家族两代女性文人群体。屈保钧室钱珍(1770—1789),字温如,长洲人,著有《小玉兰遗稿》。继妻叶婉仪(1764—1815),长洲人,涵斋明经女。屈秉筠(1767—1810),字婉仙,屈保钧姊,赵子梁室,著有《蕴玉楼集》。屈颂满妻季兰韵(1793—1850),字湘娟,著有《楚畹阁集》。屈凝,字苣湘,叶婉仪长女,举人杨希镛聘妻,著有《心闲馆小草》。屈敏(?—1816),字梦蟾,叶婉仪次女,诸生陶尚贤聘妻,著有《松风阁小草》。屈静垫,屈德基女,俞照妻,著有《留余书屋诗文集》。

常熟宗氏家族自乾隆至近代四代女性文人群体。宗德润妻钱念生,字咀霞,常熟人,布政使銮孙女,著有《绣余词》。宗婉(1810—?),字婉生,萧某妻,著有《梦湘楼诗稿》、《梦湘楼词稿》、《梦湘楼余草》、《桐叶吟》、《蔗根词》。宗粲,字倩宜,一字茝生,宗婉妹,长洲陆清泰妻,著有《茧香馆吟草》。《梦湘楼诗稿》、《梦湘楼词稿》、《茧香馆吟草》、《绣余词》合刊为《湘茧合稿》。宗秀松(1888—1928),字绮琴,俞可师继妻,著有《彤管遗芬录》、《词稿》。宗福慧亦有《澹香吟稿》。

光绪年间常熟姚氏家族四姐妹。姚鸿玉,字蓝生,道光壬辰(1832)进士、御史姚福增孙女,杨同珍室,著有《三多室集》。姚鸿慧,字素瑜,宗之威继室,著有《群玉山房集》。姚鸿倩,字倩君,言征继室,著有《萝香室诗词集》,与姚鸿茝合作《南湘室诗艸》。姚鸿茝,字婉莹,俞承莱妻,著有《纫芳集》;女俞树蘩有《丽红阁诗稿》。姚鸿慧、姚鸿倩、姚鸿茝合作《联珠集》。樊增祥《联珠集》题诗云:"姚女儿家三朵花,肉身同苗水仙芽。红闺手写联珠集,不独诗佳婿更佳。"

(二)苏州府吴江县五家

吴江沈氏家族五代女性文人群体 20 余人，绵延明清两代。六世：沈宜修(1590—1635)，字宛君，副使沈珫女，叶绍袁妻，著有《鹂吹集》《伊人思》；沈智瑶，字少君，沈珫幼女，陈国琏室，著有《绣香阁集》；张倩倩(1594—1627)，字无为，沈自徵室，著有《寄外词》；李玉照，字洁尘，会稽人，沈自徵继室，著有《无垢吟》；顾孺人，沈自南妻；沈大荣，沈璟长女，自号一行道人，太仓王士骕室；沈倩君，沈璟次女，乌程范信臣室；沈静专，沈璟季女，嘉兴吴昌莲室，著有《适适草》；沈媛，字文姝，沈瓒长女，周邦鼎室。七世：叶纨纨(1610—1632)，字昭齐，沈宜修长女，归赵田袁氏，著有《愁言》(一名《芳雪轩遗集》)；叶小纨，字蕙绸，沈宜修次女，沈永祯室，著有《鸳鸯梦传奇》《存余草》；叶小鸾(1616—1632)，字琼章，沈宜修季女，著有《返生香》(一名《疏香阁遗集》)；叶小繁，字千璎，沈宜修五女，长洲王复烈室；沈宪英，字蕙思，号兰友，沈自炳长女，叶世偁室，著有《蕙思遗稿》；沈静筠，字玉霞，太史沈位曾孙女，石门吕元洲室，著有《橙香亭集》；沈关关，字宫音，沈自继女，乌程王玱室；沈华鬘，字端容，号兰余，沈自炳次女，诸生丁彤室，著有《绣香阁集》；沈少君，沈自友女，著有《绣香阁集》；沈蕙端，字幽馨，沈自旭女，嘉兴顾必泰室，著有《晞发集》《幽芳遗稿》；周兰秀，字弱英，沈媛女，平湖诸生孙愚公室，著有《粲花遗稿》；吴玉蕤，沈静专女。八世：沈树荣，字素嘉，沈永祯、叶小纨女，叶舒颖室，著有《希谢稿》《月波词》；沈友琴，字参荇，沈永启长女，周钰室，著有《静闲居词》；沈御月，字纤阿，沈永启次女，皇甫锷室，著有《空翠轩词》；沈苣纫，字蕙贞，沈永令次女，诸生吴梅室。九世：沈咏梅，字默林，澍女，著有《学吟稿》；金法筵，诸生金人瑞季女，吴江沈重熙室，著有《惜春轩稿》。十世：沈绮，字素君，自征裔孙女，诸生殷塼室，有《环碧选集》。"于是诸姑伯姊后先娣姒，靡不屏刀尺而事篇章，并组纫而共子墨，松陵之士，汾湖之滨，闺房之秀，代兴彤管之诒，交作也。"①

雍正至乾隆年间吴江宋氏家族两代女性文人群体。宋景和妻戴素蟾，字月卿，一字柔斋，别号魏塘内史，浙江嘉善人，著有《彤管汇编》《清风泾杂咏》《续闻川棹歌》。长女宋贞琇，字孟娴，号香溪，又号璧人。次女宋贞佩，字仲衡，号珠浦，又号雅君。三女宋贞球，字叔谐，号琅腴，又号韵士。四女宋贞琬，字季英，号玉遮，又号茗仙。"每当绣余春倦，家庭之间，分韵联吟，

---

①　〔清〕钱谦益：《列朝诗集小传·闰集》，上海：上海古籍出版社，1983 年，451 页。

一时罕有其匹。"①

乾隆年间吴江周氏家族女性文人群体。周霞妻陈敏媛,字葆文,江苏布政使、山东历城方昂女。周光纬妻王淑,字畹兰,号长生,江西道监察御史王祖武女,著有《竹韵楼诗钞》、《琴趣词》。周兆勋继妻陶馥,字兰娟,秀水人,候选同知陶管女,著有《吉羊室遗诗》。周宪曾继妻蒯学诗,字咏之,吴江蒯关保女。

咸同年间吴江邱氏家族两代女性文人群体。邱璇妻吴德馨,字心香,吴江震泽人,著有《遗诗》。邱璇继妻许琼思,字宛怀,号西湖,钱塘人,砀山知县许慎女,著有《宛怀韵语》。邱孙梧妻丁筠,字念慈,号竹君,丁日镐女。邱孙梧继妻周古云,字紫烟。邱玉麟女邱碧云,自号镜湖内史,周云妻;女周宝生有《红山馆吟草》。邱冈女邱慰陶,字晚香,吴载室。邱孙锦女邱宝庆,字葵仙,号锡卿。邱丽仙,晚号锄经,女农彭寿女,殷某室。族女邱宝琳、邱宝龄、邱双庆、邱兰卿亦工诗。

嘉道年间吴江吴氏家族三姊妹。吴淑巽,字君嘉,号柔卿,吴应铨女。吴淑随,字安卿,吴应铨女,奉贤袁修瑾妻,著有《来帆阁诗集》。吴淑升,字允卿,震泽县学生蔡绍熙妻,著有《梦兰阁诗钞》。

(三)常州府阳湖县五家

阳湖恽氏是名副其实的科举世家,自明弘治年间至清末,共涌现了17名进士,而乾隆至道光年间,恽氏家族女性文人群体的出现,以及她们在诗歌创作与诗集编纂方面显示的才华更是恽氏家族文学实力的重要展现。恽冰,字清於,诸生锺隆次女,毛鸿调室。恽珠(1771—1833),字珍浦,号星联,晚号蓉湖道人,典史恽毓秀女,知府完颜廷鏴妻,著有《红香馆诗词草》、《国朝闺秀正始集》、《续集》、《兰闺宝录》。恽毓留,字选芬,翁顺孙室,著有《絮吟楼诗稿》。恽毓湘,字锜苹,庞树楷室,著有《瘦篁吟馆诗稿》。恽元箴,字婉如,俞承修妻,著有《靖宇室诗草》。恽幼晖,字亚芬,著有《篆香阁吟稿》。恽怀娥,字纫兰,源浚女,淮扬观察宛平曹恒室。恽怀英,号兰陵女史,源浚女,吕光亨室。恽氏,江苏武进人,丹阳吴维伯妻,著有《集唐咏怀集》。戴青(1826—1906),字书卿,晚号洗蕉老人,归安人,恽世临继室,著有《洗蕉吟馆诗词钞》、《云圃秋吟》。

乾隆至道光年间阳湖陆氏家族两代女性文人群体。陆继辂妻钱惠尊,

① 〔清〕仲廷机:《乾隆盛湖志·列女》,民国十三年刻本,76页。

字诜宜，阳湖人，著有《五真阁吟稿》。女陆采胜、陆兑贞皆擅词能诗。

康熙至同治年间阳湖庄氏家族女性文人群体。"毗陵庄氏闺秀工诗词……自康熙以迄同治，凡得二十二人，皆以诗词名于时，而盘珠尤著。"[①]第十世：庄同生室沈恭人，著有《松石轩遗稿》。庄同生长女庄静芬，太学生刘维章室，著有《咏兰稿》。庄同生季女庄贲孙，字宜三，孙师俭室，著有《玉照堂集句》《悟香阁诗草》。庄仪生室卓媛，字紫素，著有《琴友堂遗稿》。第十一世：庄柱室钱太夫人，著有《有斐轩诗钞》。庄定嘉室荆安人，长女庄德芬，字端人，武进董儵室，著有《晚翠轩遗稿》。第十二世：庄存与次女庄氏，有《操缦室诗稿》。庄暎季女庄玉芝，汪如鼎继妻，著有《兰荪阁遗稿》。庄培因长女庄环珙，内阁中书钱中铣妻，著有《深柳堂诗钞》。第十三世：庄高骊室李摸人，著有《永晖堂诗钞》。庄述祖室倪孺人，有《蕴玉轩诗钞》。庄蓉缥长女庄玉珍，次女庄玉嘉，汤雄业室，著有《联香集》《翠香吟草》《南还草》。庄逢原次女庄芬秀，字柔芝，又字静媛，同里丁履恒妻，著有《宛芬楼诗钞》。庄关和女庄盘珠，字莲佩，举人吴轼室，著有《莲佩诗钞》《秋水轩词钞》《紫微轩集》。庄文和长女庄如珠，县丞常熟蒋继鳌室，著有《凝晖楼稿》。第十四世：庄隽甲室汪孺人，著有《佩香斋诗稿》。庄钧次女庄素馨，字少卿，崔景俨室，著有《蒙楚阁遗诗》。庄炘次女庄婉娴，著有《筠怀小草》。庄述室夏孺人，著有《诗词稿》。庄玮长女庄宝珠，著有《翠环仙馆诗钞》。第十五世：庄映垣季女庄若韫，台湾县知县管裕畴室，著有《遗微集》。第十七世：庄翊昆室杨孺人，著有《冷香阁诗钞》。[②]

乾隆至光绪年间阳湖张氏家族四代女性文人群体。张琦妻汤瑶卿（1763—1831），阳湖人，修业女，著有《蓬室偶吟》。张䌌英（1792—1863），字孟缇，张琦长女，主事吴廷鉁室，著有《澹菊轩集》《国朝列女诗录》。张䌌英（1795—1824），字纬青，张琦次女，章政平室，著有《纬青遗稿》。张纶英（1798—？），字婉紃，张琦三女，同邑监生孙劼室，著有《绿槐书屋集》。张纨英（1800—？），字若绮，张琦四女，太仓诸生王曦室，著有《餐枫馆文集》《邻云友月之居诗》。张曜孙妻包孟仪（1807—1844），名令媛，初名淑娣，包慎伯女甥，与女张祥珍（1830—？）俱工诗。王采苹（1826—1893），字涧香，张纨英长女，无锡举人程培元室，著有《读选楼诗稿》。王采蓝（1832—？），字少婉，

① 〔清〕徐珂：《清稗类钞》第八册，北京：中华书局，1984 年，4094 页。

② 丁蓉：《科举、教育与家族：明清常州庄氏家族研究——以毗陵庄氏族谱文献为中心》，华东师范大学 2012 年博士学位论文。

张纨英三女,后从母孙劫妻张纶英,抚为女,遂更名为孙嗣徽,归安知县吕懋荣妻,著有《春晖草堂诗》。王采藻(1839—?),字锜香,张纨英次女,武进吕懋荣继室,著有《仪守斋诗存》。王采蘩,字笤香,张纨英四女,魏骥妻,著有《慕伏班之室讲诗集》。张纨英孙女吴兰畹,字宛之,著有《灌香草堂诗稿》、《沅茞词》。吴兰泽亦有《职思居姑存稿》。《棣华馆诗课》亦收录张氏六女王采苹、王采蘩、王采藻、孙嗣徽(王采蓝)、张祥珍和李变的唱和之作。"一庭之内,既损米盐井臼之劳,又无膏粱文绣之好,遂日以读书为事,相与磨切义理,陶泽性情,陈说古今,研求事物。凡读书、作诗文书画、治女红皆有定程,而中馈酒浆琐屑之事,各于其闲为之不废,日无旷晷,语无杂言。"[①]

光绪至近代阳湖左氏家族两代女性文人群体。左锡蕙,字畹香,归安姚开元室。左锡璇(1829—1895),字小桐,号芙江,左昂女,同邑袁绩懋室,著有《红蕉仙馆诗词》。左锡嘉(1831—1894),字小云,号浣芬,又号冰如,左昂三女,华阳曾永室,著有《冷吟仙馆诗稿》、《诗余》、《文存》、《曾氏家训》。曾懿(1853—1927),字伯渊,左锡嘉女,袁学昌妻,著有《古欢室诗词集》、《女学篇》、《中馈篇》、《医学篇》。曾彦,字季硕,左锡嘉女,张祥龄室,著有《桐凤集》、《虔共室遗集》。袁毓卿,字子芳,左锡璇女,金士麟室,著有《桐阴书屋词》。

(四)常州府武进县四家

乾隆至咸丰年间武进刘氏家族四代女性文人群体。刘嗣绾母虞友兰(1738—1821),字霭仙,著有《树蕙轩集》。刘琬怀,字撰芳,编修刘嗣绾女兄,典使虞朗峰室,著有《问月楼草》、《补兰词》。其女虞叶蘩亦有《藤花阁稿》。刘汝藻,字湘南,杨少芝室,著有《筠心阁诗》。其孙妇张曾慧有《红芙仙馆诗钞》,曾孙女杨寿榛有《忆蓉室诗》,杨令莪有《我慕室诗集》。

乾隆至嘉庆年间武进钱氏家族两代女性文人群体。钱孟钿(1739—1806),字冠之,号浣青,尚书钱维城女,巡道崔龙见室,著有《浣青诗余》。钱湘,字季苹,河南舞阳知县钱适女,同邑按察使赵仁基继室,著有《绿梦轩遗词》。钱孟钿媳庄素馨(1768—1790),字少青,知府庄钧女,永济崔景俨室,著有《蒙楚阁遗草》。钱氏家族亦有钱维乔、崔龙见、钱孟钿、钱维屏之子钱错以及孟钿之了崔景仪等人的唱和集《鸣秋合籁集》。

乾隆至咸丰年间武进赵氏家族两代女性文人群体。赵仁基继室钱湘,

---

① 〔清〕张晋礼:《棣华馆诗课·序》,清道光三十年武昌棣华馆刻本。

字季苹,河南舞阳知县钱适女,著有《绿梦轩遗词》。继室方荫华,字季娴,广西永康州知州方联聚女,著有《双清阁诗》。女赵纯碧,字粹媛,李岳生室,著有《微波阁诗词》,与其夫李岳生《小元池仙馆诗》合印,题曰《李氏倡和集》。赵纫珠,号慧媛,周腾虎室。赵细琼,字英媛,衡山陈钟英室,著有《听雨轩诗词》。

道光至光绪年间武进赵氏家族三女。赵云卿,字友月,著有《寄愁轩诗钞》、《词钞》。赵书卿,字友兰,王文构室,著有《澹音阁诗钞》。赵韵卿亦有《寄云山馆诗钞》、《词钞》。三人作品合刻为《兰陵三秀集》。

环太湖流域文学家族女性群体并不是孤立的存在,她们通过复杂的血缘关系、师生关系与同乡地缘的网络,共同形成了环太湖流域家族女性文化世族群。家族间存在着多重关系,如常州钱氏家族女性与武进赵氏、太仓毕氏以及毗陵庄氏家族的联系。常州钱氏钱孟钿与钱湘为姑侄关系,钱湘又为常州武进赵氏家族赵仁基的继室,婚后与赵氏家族的女性文人群体多有唱和。钱孟钿表姊为毕汾、毕沅妹,又与毕素溪相交甚深,媳妇庄素馨为庄氏家族十四世庄钧女,形成了与太仓毕氏、毗陵庄氏家族的联系。钱孟钿夫崔龙见曾从归安叶氏叶佩荪学为制举之文,亦与叶氏诸人有所交往。凡此种种,将在下文具体论述。

第三节　空间流动

人以及人的活动,本质上都具有空间性。空间不是一个凝固不变、空洞的存在,而是人类社会生产实践的结果,同时又反过来进一步影响人类世界。以不同方式形成的各种不同的空间,都与人们特定的生存方式、社会结构以及思想观念息息相关,在人自身与环境相互作用下,呈现出多样性与复杂性的特点。人的数量、活动、人与人之间的社会关系是决定空间特征的最重要因素。家族女性文人如何通过空间进行联系,又如何在空间中形成一个群体,必须通过空间实践,即空间性的生产去揭示和表现。正如勒费布尔所说:"一个社会的空间实践总是隐匿着这个社会的空间;空间实践以一种辩证的相互作用的方式预示并呈现出这个空间;它缓慢而确定地生产这个空间,就像它控制并占据这个空间一样。从分析的立场来说,一个社会的空间实践是通过对其空间的破译得到揭示的。"①文学家族女性文人不管是作为个体存在,还是作为群体存在,她们都以不同的实践方式形成某种特定的

---

① Henri Lefebvre, The Production of Space, Oxford: Blackwell, 1991:38.

空间。空间之中的流动性不仅是女性自身主体性认识、社会认同的需要,而且也有助于女性文学创作空间的建立和发展。女性文学创作群体之间交游关系的生成,并不是静态的、模式化的行为,而是在日常生活的流动中完成的。流动,是空间实践的外在特征,最直接的表现就是主体的自由流动,以及由于主体的流动而带动的空间关系的流动,最终呈现出一种充满流动性的空间实践和空间体验。

家族女性的流动性,即从空间角度,探讨不同的空间实践和体验对女性自身文学创作和传播活动带来的影响。明清时期,家族女性的流动性主要表现为以下三种类型:一是随夫赴任的"从宦游";二是纯粹以休闲娱乐为主的"赏心游";三是以补贴家用为目的的"谋生游"。① 这三种"游"的方式以女性生活的具体环境和心理状态为基础,展现了家族女性借由文学吟咏而超越家庭空间限制的多种途径。家族女性虽然限于闺阁之内,但仍然可以通过多种途径了解、接触甚至融入家庭外的世界,借由诗词等多种形式的文学创作自由表达内心的情感变化,跳出前代被儒家规范压迫和束缚的受难妇女形象,向社会展示真实个体精神的女性形象。

随夫赴任的"从宦游"是家族女性流动的最普遍形态。"三十随夫四海游,江山奇处每勾留。"这不仅意味着家族女性有更多机会走出深闺,接触社会,广泛地领略自然山水之美,而且经由不同环境的洗礼,接触不同的社会阶层以及不同的社群文化,丰富了长期坚守内闱的女性生活,催生诗词创作,将随宦生活与山水自然融为一体,进而在创作上展露活泼多样的风格特点。如梁德绳,字楚生,工部右侍郎敦书女,自幼随尊仕宦于粤、闽、荆楚等地。嫁予德清兵部主事许宗彦后,随驾步省方伯公复游粤。晚年就养于四公子任所,复游闽。"山川云物,荡涤性灵,烟墨所染,自成馨逸","身行万里半天下,且得江山之助"②,著有《古春轩诗钞》。张绹英《己丑仲秋自馆陶至京师途中阻水》云:"去亲远从宦,千里适京邑。平生处深闺,未识世途仄。山川契幽赏,朱紫那可及。"③恽珠"从宦就养所至,修葺道途祠宇,不可胜

----

① [美]高彦颐:《"空间"与"家"——论明末清初妇女的生活空间》,《近代中国妇女史研究》,1995 年第 3 期,21—50 页。

② 〔清〕梁德绳:《古春轩诗钞·传》,清道光二十九年刻本,1—2 页。

③ 〔清〕张绹英:《澹菊轩诗稿》卷八,《阳湖张氏四女集》,清道光三十年宛邻书屋刻本,5—6 页。

数"①,从宦这一活动,使女性文人得以接触到人世之百态情状与山川之秀丽风景。家族女性文人通过对这种流动性人生经历的记录和描写,"或表现因随宦游而拓展的眼界与心胸,或感慨因随宦游而经受的人生历练,或强调因随宦游而丰富的文学创作"②,都充分证明了随宦远游已成为促进与活跃女性文人交游及进行文学创作的一个行之有效的文化机制。

特别值得注意的是,环太湖流域的家族女性由于跟随男性家属上京赴任,得以与京城的女性文人结识,形成了一个跨地域的文学交友圈。其中最具代表性的是道咸时期京城女性文学交游群体——"秋红吟社"。"己亥秋日,余与太清、屏山、云林、伯芳结秋红吟社"③,诗社主要成员有 5 人:沈善宝(1808—1862),字湘佩,浙江钱塘人,州判沈学琳女,吏部郎中武凌云继室;顾太清(1799—1876),字梅仙,原姓西林觉罗氏,宗室奕绘贝勒继室;项屏山,浙江钱塘人,项赋棣女,许乃普继妻;许云林,浙江仁和人,兵部主事许宗彦女,休宁贡生孙承动妻;钱伯芳,嘉兴人,阮受卿郎中继室。其他成员有栋鄂武庄、栋鄂少如、富察蕊仙、西林霞仙、许云姜、石珊枝、李纫兰等。其中汉族成员多为江浙人士,且相互之间多有亲戚关系。如许云林、许云姜姊妹为德清许氏家族许宗彦与梁德绳之女;项屏山为兵部尚书许乃普室,梁德绳族侄妇;许云姜与钱伯芳皆为阮元子妇,云姜为阮福室,伯芳为阮祜继室;李纫兰,乃钱仪吉与陈尔士子妇,钱伯芳从嫂。由此可知德清许氏、嘉兴钱氏和仪征阮氏三个江南世家大族女性文人与京城女性文人群体之间的互动性和流动性。

沈善宝在《名媛诗话》中有一段关于她们结聚吟诗的记载:

> 庚子暮秋,同里余季瑛集太清、云林、云姜、张佩吉及余于寓园绿净山房赏菊,花容掩映,人意欢忻,行迹既忘,觥筹交错。惟余性不善饮,太清笑云:"子既不胜涓滴,无袖手旁观之理,即以山房之山字为韵,可赋七律一章,逾刻不成,罚依金谷,勿能恕也。"④

① 徐乃昌:《闺秀词钞》卷五,清宣统元年南楼小檀栾室刻本,1—2 页。

② 王力坚:《清代才媛的山水意识——以〈名媛诗话〉为考察中心》,《中国文学研究》,2008 年第 1 期,224—258 页。

③ 〔清〕沈善宝:《名媛诗话》卷八,《续修四库全书》第 1706 册,上海:上海古籍出版社,1995—2002 年,651 页。

④ 〔清〕沈善宝:《名媛诗话》卷六,《续修四库全书》第 1706 册,上海:上海古籍出版社,1995—2002 年,622 页。

诗社成员多以题画作序、雅集聚会、拟题唱和、课题品评等形式扩大彼此之间的交流,满汉才媛之间建立了深厚的交谊,同时也反映出培养女性人才以及赞助女性文化创作的新意识。这不仅是明清以来女性诗社发展成熟的标志,也是清代女性文学繁盛的重要表现之一。

"赏心游",即以休闲娱乐为目的的聚会形式。诸多家族女性都曾有与友人相约登山吟咏,泛舟湖上,欣赏景致并交流感情的活动经历。女性独自出游已成常见之事,正如恽珠《崮山驿晓发》所言:"平生多游兴,到处望烟峦。"①纪游诗即是此类"赏心游"的最好反映,如陆卿子《西湖行》、毕慧《重到武昌节署书所见》、黄媛贞《春日行》、黄德贞《望海潮·乍浦天妃宫观潮》、孔继瑛《游大明湖》、庄德芬《过青墩将游青山庄,为雨所阻》、曾懿《送孟昭大姊归新都同游桂湖时值中秋桂花正开》、刘汝藻《偕伯嫂虞霭仙游大树园》、王慧《暮春同羽卿游虞山》等等。而"女伴相邀结胜游"②(毕智珠《踏青词》)的例子更是比比皆是,如张绚霄《偕沈月舫夫人游惠山》、孔素瑛《和闺友松筠来游小园韵》、黄德贞《万斯年·偕女伴游鸳湖》等。沈宜修曾多次与表妹张倩倩同游。张倩倩既是沈宜修弟媳,又是叶小鸾的养母,加上俩人自幼情同姊妹,因而在众多女性亲友中,沈宜修与她的互动最为密切。据沈宜修《表妹张倩倩》一文记载:

> 戊午仲秋,与余同泛棹吴山,正波澄荇绕,枫冷频香,时已下瀚,更余月吐,共相登眺,烟树微茫,峰峦参碧,斜辉泻镜,清露逼衣,悄然无人,徘徊久之,倩倩飘然振袖余山崖月色之间,却疑广寒仙子不在桂树宫中,飞下我前矣。是夜,停舟对歌,共论凤昔生平,聊为快叙也。天明返棹,适仲韶自南郡秋试归。③

万历四十六年(1618)秋,叶绍袁在南京参加科考时,沈宜修和张倩倩曾离家两日,彻夜泛舟游吴山,此诗即描述两人湖上对饮畅谈之事。沈宜修的其他诗作,例如《春游有感寄赠周姊》、《舟行晚归》、《舟行即事》、《月夜舟行》、《薄暮舟行惠山》、《七夕后一日柏舟垂虹有感》、《春日舟行》、《岁暮舟行》等,都记载了自己的"赏心游"经历,这种闲游,已无四季、早晚之分,颇具

---

① 徐世昌:《晚晴簃诗汇》卷一百八十六,《续修四库全书》第1633册,上海:上海古籍出版社,1995年,409页。

② 〔清〕袁枚:《随园诗话补遗》卷八,北京:人民文学出版社,1982年,10页。

③ 〔明〕沈宜修:《鹂吹集》,《午梦堂集》,北京:中华书局,1998年,146—147页。

自主意味。

江苏太仓王氏家族的王慧,性好山水,"早岁一渡江至维扬,晚数至武林,及越州,探西湖、南屏、兰亭、禹穴之盛,并见诸留题"①。江苏昆山余氏的余希婴"每当村境闲寂,波光潋滟时,驾小舟相过从,而弟切齐亦跌宕自喜,奇情横溢,三人坐对,剪烛论诗画,及古人事,眸光紫然,辄漏五下,犹闻谭噱。声过者,初不信为从妈弟也"②,都在一定意义上呈现了家族女性游心所致的文学创作活动。流动中的空间体验成为女性文人生活与创作的重要内容,在情感和风格上自有些许新意。

传统时节如除夕、元宵、寒食、七夕、中秋等成为闺秀出游的好时机。如沈宪英《水龙吟·胥江竞渡》、曾彦《苏州七夕同子馥泛湖》、俞庆曾《清明日湖上书》等。

> 客情春佳节,理棹泛江阴。遥波澄夕霁,霞彩媚枫林。城阙霭幕光,长烟引岖嵚。芳甸散兰息,高树噪栖禽。皦皦河汉辉,脉脉双星临。眷恋来年思,嬛婉今夕心。泠泠仙风过,时闻清吹音。曾楼设华宴,皎月堕芳斟。明镫粲飞阁,列坐理瑶琴。纤纤素手弹,凄凄白头吟。繁华当此夜,欢乐轻千金。如何穷达士,独抱忧思深。即事感我怀,慨然念古今。悟彼山阿人,玄默诚可钦。(曾彦《苏州七夕同子馥泛湖》)③

> 稚柳秾桃我亦怜,新茶采得煮新泉。扁舟更爱春莼美,寒食侬家不禁烟。踏青偶过小桥西,绕树雏莺恰恰啼。独坐斜阳看归鸟,不随画舫到前溪。(俞庆曾《清明日湖上书》)④

七夕时节,张祥龄、曾彦夫妻二人泛舟湖上,观赏湖中月景,表现了二人深厚的夫妻感情,"繁华当此夜,欢乐轻千金",赋予此次游览之行更加深刻的意义。俞庆曾于寒食节出游,采茶、泛舟、踏青等一系列活动表现了其闲情逸致之雅兴。

家族女性"赏心游"已具有相当程度的自主特征。尽管传统社会规范认为,女子的生活应只局限在家内,但不出闺阁的规定在明清之际已逐渐瓦

---

① 〔清〕王慧:《凝翠楼集·跋》,清康熙四十七年常熟朱氏银槎阁刻本,1页。
② 〔清〕余希婴:《余氏五稿·昧梅吟草序》,清咸丰九年刻本,1页。
③ 〔清〕曾彦:《桐风集》,清光绪十五年受经堂刻本,29页。
④ 徐世昌:《晚晴簃诗汇》卷一百九十一,《续修四库全书》第1633册,上海:上海古籍出版社,1995年,565页。

解,大部分闺秀认为女性的美德取决于道德上的顺从和坚贞,与活动的范围和形式无关。她们的父兄或丈夫对这种形式的空间活动,多持赞同态度,视之为家中女性体面而规矩的活动,而交游的空间创作——游记诗更被看作是家族的骄傲。

"谋生游"即当闺塾师赚取家用而进行的流动活动。以归懋仪为例,归懋仪出生于一个具有深厚文化底蕴的文学世家,幼承庭训,博通经史。但自父亲归朝煦去世,公公李心耕解甲归田,归懋仪迫于生计,决定做闺塾师以补贴家用。其诸多诗歌,多写于出行途中,如《吴江舟阻》、《蓟山道中呈简田先生》、《过莫愁湖题莫愁小影次前人韵》、《舟泊泖湖望月》、《寓居蓟溪邻家李花盛开感赋》、《泛舟秦淮》等,足迹遍及江浙一带。其《王渡阻风》一诗:

> 咫尺家山路渺茫,五年陈迹费思量。孤舟一夜潇潇雨,青镜明朝鬓有霜。[1]

形象展示了归懋仪独自远游,思念家乡的心情。此种"谋生游",与"从宦游"、"赏心游"相比,更具有独立与自由性以及实际意义。其流动性的活动,因其闺塾师的身份得到社会的接受和肯定。

作为空间性流动的主要形式,"闺塾师"不仅丰富了女性文人的生命经历,同时也为女性文人的空间生产和空间实践提供了更加广阔的创作环境,即在文学创作中表现出不同空间文化地理与环境的碰撞、精神和心理的曲折等内涵。可以说,闺塾师是在最大程度上摆脱传统对女性空间束缚的绝佳方式。虽然这些女性都是因生活所迫,而走上闺塾师的道路,但这一流动过程扩展了家族女性社会活动的空间,也建立起了广泛的文学交游网络,这不仅有助于她们文学创作的精进,也有利于她们声名以及作品的传播和接受。

当空间进入流动状态时,流动就不仅仅是一种空间状态,还是一种空间属性,更是一种关于空间的认知话语,使得原本静态的空间实践开始转化为具有变化性、包含诸多状态和关系的空间实践。家族女性不管是以何种目的参与到自身或整个家族的空间流动中,她们都或多或少受到不同空间地域内不同自然地理环境以及经济文化背景的影响,反映在文学创作上,体现为审美对象的多样性、审美感受的丰富性以及诗歌境界的日益高迥等特点,并在此基础上形成对不同空间以及不同空间内自我身份的认知。家族女性

---

[1] 〔清〕归懋仪:《绣余续草》卷三,清道光十二年刻本,23—24 页。

流动性的空间经验,在某种意义上,可以说是一个对自我价值和意义重新建构的过程,具有塑造主体性认同的多种可能性。对于家族女性而言,游历不只是单纯的观看活动,而且是自我体验与环境互动的感受过程,在不同空间中,加深自我主体意识,形成对自我主体的重新塑造。由原本局限于家庭的"私领域",扩展到与社会文化结合的"公领域"层面,是女性寻求个体价值的一种积极、有益的探索,同时也是女性文学空间流动性的真正意义所在。

第二章　环太湖流域女性群体的书写方式

环太湖流域文学家族女性群体的生成离不开特定的家族文学环境。作为创作者成长的第一现场,家族文学的传承、母教传统的深化是影响家族女性群体书写方式最重要的因素。文学家族内部形成的女性创作群体在家族深厚文学环境的熏染下形成了一定的文学艺术创造力以及相似的文学创作风格,特别是在文体选择和文艺修养方面呈现出多元化的发展态势,为女性文人书写方式的确立提供了可能。

第一节　家族文学的传承和母教传统的深化

环太湖流域历来重视教育,社会普遍崇尚文教,重视文化教育。明清时期江南官学、社学、义学、书院、私塾更是星罗棋布。加之地域性的崇文特征以及较强的宗族观念,许多世家大族以"诗礼传家、尚文重教"作为家风,重视家学的传承,对于女性书写的态度较为开放。

所谓"家学",即指"家族传承的专门学术性的私学,从广义上说,更泛指诗书传家的文学艺术创造活动"①。陈寅恪论及家学与学术文化的关系时曾说:"东汉以后学术文化,其重心不在政治中心之首都,而分散于各地之名都大邑。是以地方之大族盛门乃为学术文化之所寄托。中原经五胡之乱,而

---

① 罗时进、陈燕妮:《清代江南文化家族的特征及其对文学的影响》,《江苏社会科学》,2009年第2期,155页。

学术文化尚能保持不坠者,固由地方大族之力,而汉族之学术文化变为地方化及家门化矣。故论学术,只有家学之可言,而学术文化与大族盛门常不可分离也。"①此语所指时间虽在东汉以后的一个时段,但对考察后世家学与学术及文学之关系,亦有启示意义。

无论是世家大族还是普通的书香门第,家族中女性知书达理,能够书写创作的知识结构对传播和延续家族诗书门风起到了关键作用。同时也是振兴家族,发展家族文化的重要手段,不仅益于治家相夫教子,亦有利于形成更为广泛的人际交流网络。可以说无论婚前婚后,才女们都是"家学"构成的一部分,她们的存在大大提升了家族的社会地位。基于以上认识,家族女性自幼即被授以诗书,"幼承家学"、"幼承庭训"等词常见于家谱或女性作品中,可见家族女性文人的兴起与家庭教育有着密切关系。女性的文化教育既是提高自身才情修养的途径,也是婚后生活中鸾凤和鸣、相互理解与沟通的载体。婚姻作为一种文化生成的机制,其中有文化的持守与传承,更有文化的累积和创新。文学世家之间的联姻正是基于此才得以巩固各自在地方文化上的影响力。这种爱才重才的倾向也促进了家族女性文人群体的形成以及女性文人书写方式的确立。

> 窃思闺秀之学与文士不同,而闺秀之传又较文士不易。盖文士幼即肄习经史,旁及诗赋,有父兄教诲,师友讨论;闺秀则无文士之师承,又不能专习诗文,故非聪慧绝伦者,万不能诗。生于名门巨族,遇父兄师友知诗者传扬尚易;倘生于蓬荜,嫁于村俗,则湮没无闻者不知凡几。②

可见世家女子在文学方面有得天独厚的优势。

> 大江之南,闺阁多秀,由来久矣。若乃中朝世系,名媛令族,翩如织锦之才,婉若飞鸾之貌。生小侍侧,妙解琴声二弦;长成问名,能赋《玉台》一体。灵珠抱其径寸,慧业具于三生者,尤可得而

①　〔清〕陈寅恪:《金明馆丛稿初编·崔浩与寇谦之》,上海:上海古籍出版社,1980年,131页。

②　〔清〕沈善宝:《名媛诗话》卷一,《续修四库全书》第1706册,上海:上海古籍出版社,1995—2002年,548页。

言焉。①

家族是女性成长最为重要的环境。明清两代出现的众多女性文人大多受益于自身家庭的文化资源。事实上,从明代中晚期开始,士人家庭对女子教育的重点,已渐从女德之教化转为文艺才能的培养。家庭作为知识的集纳地,极大增加了女性接受儒家经典、哲学和历史教育的机会。家族女性文人群体以家族文化为依托,在文学家族浓厚人文环境氛围的熏陶之下成长,自幼接受父辈的精心教养,和兄弟们一起接受塾师的教育;出嫁后,与夫婿唱和联吟,与闺中姐妹雅集论学,形成了良好的文学素养。"大抵为学必有师承,而家学之濡染,为尤易成就。"②与家族男性文人一样,家族女性同样也是家学传统的继承者。

家学对家族女性文人影响最突出的例子当属江苏阳湖张氏家族。张氏家族"聚居大南门德安里,丁中才数十,然十余世以儒为业"③。张惠言父亲张蟾宾"九岁而孤……家贫,日不得再食。……兄弟相厉以儒学"④,"三子皆以文行有声"⑤。张琦"四五岁,姜太孺人口授书,伯父为之讲解。稍长,好学不辍。暑夜无帐,蚊蚋群集,稍卧辄醒,醒则复读"⑥。张氏父子、兄弟励志苦学的精神,亦传染给了张氏四姐妹:

> 尽读家藏书,凡汲炊烹饪,洒扫浣濯,针线刀尺,皆置书其旁,且读且作。仲姊则尽治一日事,俟孺人寝,乃读书达旦,明日治事如故。孺人虽呵禁之,勿辍也。后姊以过劳故多疾病,恒经月处床褥,然益伏枕读书,故镜台妆匣衾枕之畔皆简册堆积。⑦

张氏四姐妹自幼濡染家学,得父张琦细心教导,时常"夜分篝灯,谈说古

① 〔清〕杨芸:《琴清阁词·叙》,《小檀栾室汇刻闺秀词》,清光绪二十二年南陵徐氏刻本,1页。

② 〔清〕钱泰吉:《曝书杂记》卷中,北京:中华书局,1985年,48页。

③ 〔清〕张琦:《宛邻集》卷后,《续修四库全书》第1486册,上海:上海古籍出版社,1995—2002年,199页。

④ 〔清〕张惠言:《茗柯文四编·先府君行实》,光绪八年刻本,23—24页。

⑤ 〔清〕张惠言:《茗柯文四编·先祖妣事略》,光绪八年刻本,26页。

⑥ 〔清〕张琦:《宛邻集》卷后,《续修四库全书》第1486册,上海:上海古籍出版社,1995—2002年,204页。

⑦ 〔清〕张纨英:《餐枫馆文集·澹菊轩初稿后序》,《阳湖张氏四女集》,清道光三十年宛邻书屋刻本,1页。

今,评骘文字"①。母亲汤瑶卿"幼敏慧,外王父猨庵先生授以四子书、《毛诗》、《女诫》,能通大义"②,亲自"授唐人诗","四女晓文义能诗,皆孺人之教也"③。在家族长辈的教育之下,四姊妹之文学成就多延承家学,深受后世称道。

　　仲远诸姊之诗,固皆能承其家法。④

　　夫人(张纚英)幼秉庭训,长习篇章。故其所作皆冲融大雅,夷犹涣汗。上规苏李,下撷唐宋,赠富之篇,怀远之什,仰慕劬劳,黾勉弟妹,劝相夫子,恩教儿女,真挚醇厚。⑤

　　纬青幽隽,婉紃排奡,若绮和雅,各得先生之一体,恭人则缠绵俳恻,不失于愚,属词比事,必达其志。节族膏泽,多所自得,被文采而能高翔矣。⑥

　　孟缇夫人以清文敏识,直夺左芬之席,婉紃夫人以篆隶章草,上接卫恒之传,当时海内包吴之伦,深于法而俭于笔,惟孟缇诗既名宗,而婉紃书尤雄出湘南。曾文正、胡文忠二公推叹标举,钦为卓绝。近时习北朝书者,又奉婉紃为昆仑墟。

张氏家族的家学传统亦影响了张纚英之女及孙女。张纚英女王采苹,"与其妹采蘩、采藻受书于姨母孟缇、婉紃二夫人"⑦,"诗以识度为主,以声词为辅。古藻取之选体,风格仍法盛唐。固非近时海内闺媛所有也。皋文、宛邻两先生诗教至夫人犹有存者,流播天下,可弗宝贵欤"⑧。张纚英孙女吴兰畹"幼时资性颇敏,女兄授之读,凡经史诸书,过目辄能记忆,及诵汉魏六朝

---

　　①　〔清〕张繟英:《纬青遗稿·序》,《美国哈佛大学哈佛燕京图书馆藏明清妇女著述汇刊》,桂林:广西师范大学出版社,2009年,118页。

　　②　〔清〕汤瑶卿:《蓬室偶吟·记》,《续修四库全书》第1486册,上海:上海古籍出版社,1995—2002年,204页。

　　③　〔清〕张琦:《宛邻集·亡室汤孺人行略》卷六,《续修四库全书》第1486册,上海:上海古籍出版社,1995—2002年,210页。

　　④　〔清〕张纚英:《邻云友月之居诗·序跋》,《阳湖张氏四女集》,清道光三十年宛邻书屋刻本,1页。

　　⑤　〔清〕张缙英:《澹菊轩初稿·题跋》,《阳湖张氏四女集》,清道光三十年宛邻书屋刻本,6页。

　　⑥　〔清〕包世臣:《艺舟双楫·澹菊轩诗稿序》,上海:商务印书馆,1945年,65页。

　　⑦　〔清〕王采苹:《读选楼诗稿·序》,清光绪二十年河东督署刻本,1页。

　　⑧　〔清〕王采苹:《读选楼诗稿》卷十,清光绪二十年河东督署刻本,6页。

诸家诗，皆能心领神会。……所著《灌香草堂诗》见示，浑灏流转神似《澹鞠轩》，而绵密过之。盖夫人即张夫人之女孙，故其诗于宛邻为再传"①。诗歌创作是张氏家学的核心，一门四代诗文相传即是明证。家族教育以及家学传承，对家族女性文人书写方式具有重要的养成之功。

海宁查氏家族一直秉承"以儒为业"、"耕读为务"、"诗礼传家"的家族教育理念，家学、祠堂、家训凝结在一起，深刻影响着家族成员的一言一行，在查氏家族长盛不衰的发展过程中起到了关键性的作用。查昌鹮，"自垂髫，承母氏命，从伯兄介莽先生受业。初授《毛诗》、《女孝经》及《内则》、《女训》，迄于小学四子书，略皆成诵；复授唐诗数百首，徒伸咕哔，未遑讲解。甫及笄，遂辍诵读，从事女红。刺绣余闲，取向所成诵者，私自研求，略晓大义"②，"幼从族兄歧昌受《小学》、《女训》、四子书，通晓大义"③。查若筠，"生秉异资，博涉经史，旁及稗官百家，咸过目成诵，尤耽吟唐人名句，案头置《全唐诗》一册，暇即披阅。等自幼就塾归，日授一律详加诂释。以为常作诗词，拈韵得句，吐属天成，即针黹米盐之际，手挥口诵，未尝偏废，卅年来积稿满筐"④。查惜，"年六岁，母氏授唐绝数章，《花间词》数阕"⑤。查氏家族女性自幼即接受来自母亲、父兄等多方面的栽培教育，在女红、刺绣外，更有诗词创作的内容，积极践行着诗礼传家的教育理念。

阳湖恽氏家族的恽珠，"年在龆龀，先大人以为当读书明理，遂命与二兄同学家塾，受四子、《孝经》、《毛诗》、《尔雅》诸书。少长，先大人亲授古今体诗，谆谆以正始为教，余始稍学吟咏"⑥，"博通经籍，兼善诗画，族党间有三绝之称"⑦。读书明理、正始为教是恽氏家族教育的重要内容和目的。

在继承家学传统的基础上，环太湖流域的家族女性在较高的文化起点上逐渐培养起对历史的感悟、对哲学的思考以及文学艺术创作和欣赏能力。家族成员之间的雅集聚会也在无形之中激发了女性的文学意识，并在家族

---

① 〔清〕吴兰畹：《灌香草堂初稿·序》，清同治五年刊本，1 页。

② 〔清〕查昌鹮：《学绣楼名媛诗选·自序》，《历代妇女著作考》卷十二，上海：商务印书馆，1957 年，311 页。

③ 查济民：《海宁查氏》，香港：中国书画出版社，2006 年，2132 页。

④ 〔清〕查若筠：《珮风阁焚余·跋》，清道光十三年刻本。

⑤ 〔清〕查惜：《南楼吟香集·自序》，清康熙二十八年马思赞清远堂刻本，1 页。

⑥ 〔清〕恽珠：《国朝闺秀正始集·弁言》，清道光十一年常州红香馆刻本。

⑦ 〔清〕钱仪吉：《清代碑传全集·完颜母恽太夫人墓表铭》，上海：上海古籍出版社，1987 年，738 页。

成员的切磋唱和过程中提高了女性的自我认识以及文学创作水平。文学家族中的男性文人大多在园林山庄中进行文化雅集,而家族内的女性文人也纷纷效仿。常熟宗氏一家经常在家族别院聚会联吟,"家故在石梅山麓有揖山楼,左挹辛峰,右揽言墓,朝岚暮霭,苍翠可摘。婉生携弟妹吟咏其间"①,幽静的自然环境能够激发文人的创作灵感,家族成员之间的唱和也激发了文人诗兴,提高了诗才。

文学家族也通过联姻的方式保持和扩大本家族在文化上的资本和优势,女子在嫁入夫家后依然能够受到教育和从事诗文创作活动。夫妻之间相互学习唱和的情景在明清环太湖流域的文学家族内尤为多见,这也是家族女性文人群体得以形成和发展的重要原因之一。以家族联姻的方式共享家族之间的文化资源和人才资源,形成较为明确的文学群体或文学流派,既能使家族文化得到传承和提升,又可以扩大家族文化的影响力,同时也为家族的持续繁荣强盛做出了贡献。家族女性文人群体中的成员间,不仅存在血缘亲属关系,而且在文学艺术上更是彼此相契的知音。这些以家族血缘关系为纽带而结成的创作群体,在成员构成上有母女型、姐妹型、婆媳型、妯娌型、姑嫂型等多种类型,或同时兼具其中的几种类型,其中以母女型最为多见。如秀水黄氏家族黄德贞与孙兰媛、孙蕙媛母女,德清许氏家族梁德绳与许延礽、许延锦母女,吴江沈氏家族沈宜修与叶纨纨、叶小纨、叶小鸾母女,吴县计氏家族金兑与计捷庆、计趋庭、计小鸾母女,常熟宗氏家族钱念生与宗婉、宗粲母女,阳湖陆氏家族钱惠尊与陆采胜、陆兑贞母女,武进刘氏家族虞友兰与刘琬怀,刘琬怀与虞叶繁母女,宜兴汪氏家族汪彩书与戴佩金母女等。

在母亲(祖母)的教育和带领之下,家族内出现母女(祖孙)群体唱和现象。如嘉兴石门徐氏一家,徐晼贞、徐蕙贞、徐自华、徐蕴华四姐妹时常围绕在祖母蔡氏身边,诗词唱和,"太守尝与其妇蔡氏唱和于月到楼,女孙晼贞、蕙贞、自华、蕴华咸侍侧,分韵赋诗,里巷传为盛事。自华、蕴华尤著称于时"。在唱和过程中创作了大量诗词作品,徐自华著有《忆慧词》,徐蕴华有部分诗词刊入《南社集》。最典型的是毗陵庄氏闺秀:

今以庄氏言之,则有同生之妇沈恭人及次女静芬,季女箐孙;

---

① 徐世昌:《晚晴簃诗汇》,《续修四库全书》第 1633 册,上海:上海古籍出版社,1995年,484 页。

仪生之妇卓嫒字萦素；柱之妇钱太夫人；定嘉之妇荆安人及长女德芬；存与之次女；暎之季女玉芝；培因之长女环珙；高驷之妇李孺人；蓉让之长女玉珍及次女；逢原之女芬秀；关和之女盘珠；文和之长女如珠；隽甲之妇汪孺人；钧之次女素馨；炘之次女婉娴；述之妇夏孺人；映垣之季女若楅；翙昆之妇杨孺人。自康熙以迄同治，凡得二十二人，皆以诗词名于时，而盘珠尤著。①

庄氏诸女皆以工诗词著称于世，一门风雅，艺林罕有，这亦从另一个角度反映了母教文化传统的深入发展。

对于家族女性的教育，吴江沈氏家族的沈宜修可谓其中代表。沈宜修以课儿女继承家学为己任，常与三女吟咏唱和，时人赞誉称"居恒赓和篇章，闺范顿成学圃"。沈宜修《夏初教女学绣有感》有云：

> 忆昔十三余，倚床初学绣。不解春恼人，惟谱花含蔻。
> 十五弄琼箫，柳絮吹粘袖。挈伴试秋千，芳草花阴逗。
> 十六画峨眉，娥眉春欲瘦。春风二十年，脉脉空长昼。
> 流光几度新，晓梦还如旧。落尽蔷薇花，正是愁时候。②

此诗是沈宜修教导女儿时回忆起自己的成长历程，13 岁学刺绣，15 岁学箫竹，16 岁已能画眉。结合《鹂吹集》中其他作品，可看出沈宜修对女儿的教育基本遵循以下课程：2—4 岁，诵诗，包括《诗经》、《楚辞》、白居易《琵琶行》、《长恨歌》等；4—11 岁，认字、阅读、造句；11—12 岁，作诗、作文、学刺绣；13—15 岁，学琴、棋、书、画。由此可知沈宜修非常重视培养女儿的文学艺术才能，较之以往只注重阅读女诫闺训类作品的家庭教育有很大进步。而这一进步正是通过女性文人的创作反映出来的，一方面，文学创作作为家族教育的一部分，是教育子女的重要载体；另一方面，从这些记录家族教育的文学创作中，我们也可以总结出其时母教的内容、形式及特点等。

家族长辈鼓励女性从事诗文书画的创作，同时也带动其他家族女性成员参与到文艺活动中，此后则薪火相传，蔚然成风，形成一个小型的家族女性写作群与阅读群。

吴江沈氏以家族内"妇姑姐娣，更唱迭和"的文学创作为世人称道，"先虞部公自致仕归，屏迹汾湖，长幼内外，悉以歌咏酬倡为家庭乐。……诗词

---

① 〔清〕徐珂：《清稗类钞》，北京：中华书局，1984 年，3987—3988 页。
② 〔明〕沈宜修：《鹂吹集》，《午梦堂集》，北京：中华书局，1998 年，17 页。

歌曲,众体咸备,流播人寰,珍如拱璧矣"①。如叶纨纨、叶小纨、叶小鸾未嫁前与母亲时常往来唱和,如小鸾的闺房疏香阁,不但姊妹间互有咏诗,母亲沈宜修也赋诗次韵。值得注意的是,这类唱和活动,不仅仅是一时兴起之举,而是四时不辍的家庭雅集,如沈宜修作《四时春歌》四首,分别吟咏四季之景,乃"同三女作"。沈宜修有《梅花诗一百绝》,而叶纨纨有《梅花十首》,叶小鸾有《梅花诗十首》和之。母女四人又以女婢随春为抒咏对象,据叶绍袁《浣溪沙》小序云:"侍女随春,年十三四即有玉质,肌凝积雪,韵彷幽华,笑盼之余,风情飞逗,琼章极喜之,为作《浣溪沙》词。"②小鸾作《浣溪沙·同两姐戏赠母婢随春》:

> 欲比飞花态更轻,低回红颊背银屏,半娇斜倚似含情。嗔带淡霞笼白雪,语偷新燕怯黄莺。不胜力弱懒调筝。③

刻画了随春的娇羞之态。叶纨纨、叶小纨、沈宜修、叶绍袁均有作品和之。如大姊叶纨纨作《浣溪沙·同两妹戏赠母婢随春》和之:

> 杨柳风初缕缕轻,晓妆无力倚云屏,帘前草色最关情。欲折花枝嗔舞蝶,半回春梦恼啼莺,日长深院理秦筝。翠黛新描桂叶轻。柳枝婀娜倚莲屏。风前闲立不胜情。细语娇喃嗔乱蝶,清瞳泪粉怨残莺。日长深院恼秦筝。④

沈宜修有《侍女随春破瓜时善作娇憨之态,诸女咏之,余亦戏》:

> 袖惹飞烟绿雨轻,翠裙拖出粉云屏。飘残柳絮暗知情,千唤懒回抛绣鹣。半含微吐涩新莺,嗔人无赖夏风筝。

> 春满帘栊不耐愁,蔚蓝衫子趁身柔。楚台风月那禁留,画扇半遮微艳面。薄鬟推掠只低头,觑人偷自溜双眸。⑤

叶纨纨、叶小纨、叶小鸾三姊妹之间大量的酬唱作品可见姊妹之情谊。如叶纨纨《题琼章妹疏香阁》、《寄琼章姊》、《锁寒窗·忆妹》,叶小纨《秋夜和琼章妹》、《薄暮舟行忆昭齐姊》、《菩萨蛮·别妹》、《踏莎行·过芳雪轩忆昭

---

① 〔明〕叶绍袁:《午梦堂集·序》,北京:中华书局,1998 年。
② 〔明〕叶绍袁:《午梦堂集·补遗》,北京:中华书局,1998 年,767—768 页。
③ 〔明〕叶绍袁:《午梦堂集·补遗》,北京:中华书局,1998 年,22 页。
④ 〔明〕叶绍袁:《午梦堂集·补遗》,北京:中华书局,1998 年,19 页。
⑤ 〔明〕叶绍袁:《午梦堂集·补遗》,北京:中华书局,1998 年,97 页。

齐先姊》,叶小鸾《偶作双美同母及仲姊作》《寄昭齐姊》《别蕙绸姊》《秋夜不寐忆蕙绸姊》《秋暮独坐有感忆两姊》《谒金门·秋晚忆两姊》《踏莎行·过芳雪轩忆昭齐姊》等诗,三人平日常以诗互诉心情,即使三人出嫁离家,仍然保持诗词唱和的互动,借此交流人生,维系姊妹感情。

母亲对于女儿而言,不仅是道德知识的启蒙者,更是教导为人处事、指导诗文创作的严师。上述例子都很好地体现了家族后辈在母教的影响之下,有较多接触文学、创作文学作品的机会,而且彼此互为文学创作的最早鉴赏者和酬唱切磋的对象,有利于成员之间诗意的扩展以及书写方式的确立。在实际创作中,家族女性可以与男性文人一样参与文学雅集,以诗词创作的形式,抒发自我的情感和感悟。同时也为后期女性结社的盛行提供了一定基础。母女、姊妹合力促进了女性文学的进一步繁荣和发展,赋予了家族文化更加深厚的内涵。家族文学的传承以及母教传统的深化都是影响家族女性文人书写方式的重要因素。

第二节 文体选择的多样和文艺修养的多面

随着江南社会文化和文学教育上的突出发展,全能型文学世家的出现与发展尤其引人注目。

一族之中若干体裁皆擅且具影响者,如松江宋(征璧)氏家族之于诗、词、散曲;苏州尤(侗)氏家族之于戏曲、诗、文;阳羡陈氏(维崧)家族之于词、诗、戏曲。有以某一体裁胜而兼通其他诸体者,如太仓吴氏(梅村)家族以诗鸣世,而文与戏曲具有成就;吴江沈氏(自晋)家族以戏曲擅长,而诗、词创作亦工;阳湖张氏(惠言)乃倚声大家并以词学开派,而辞赋、诗歌亦擅场一时;恽氏(敬)家族以诗、经发科,而古文足称大家,骈文亦有可观者;洪氏(亮吉)家族以诗歌称雄,而骈文、散文具有作手;李氏(兆洛)学无不窥,莫测其际,以古文独步,而骈文和诗亦深有意致;镇江刘氏(鹗)家族以小说名播海内,而诗和文,尤其诗歌亦不同凡响;溧阳狄氏(云鼎)家族入清后,以诗传家,"陶与杜之襟怀既兼而有之"(吴颖《古照堂诗集叙》),而到八世孙狄葆贤时,诗歌之外更以小说批评在近代产生巨大影响。①

由此可见,清代文学世家通擅众体的全能型特征更为明显,而文学世家中女性文人创作的文体选择从以诗词为主,扩展到文、曲、弹词等领域。

诗词创作,是明清环太湖流域女性书写的主要方式。一方面,家族女性文人创作的主流文体样式是诗词。在笔者整理的 40 个家族女性群体中,诗词创作是每个女性文人创作生活中最为重要的一部分。如嘉兴黄氏两支近 15 人的女性创作群体,作品集皆以诗词为主,如沈纫兰《效颦集》、《浮玉亭词》、《助隐宾庐诸稿》,黄淑德《遗芳集》,黄双蕙《禅悦剩稿》,项兰贞《裁云草》、《月露吟》、《咏雪斋遗稿》,周慧贞《剩玉篇》,黄媛介《南华馆古文诗集》、《越游草》、《湖上草》、《如石阁漫草》、《离隐词》、《梅市唱和诗钞》,黄媛贞《云卧斋诗集》,黄德贞《名闺诗选》、《雪椒草》、《冰玉稿》、《蕉盂稿》、《避叶稿》、《擘莲词》,孙兰媛《砚香阁稿》,孙蕙媛《愁余草》,屠苢佩《咽露吟》、《钿奁遗咏》,周兰秀《繁花遗稿》,桑贞白《香奁诗草》(存)、《二姬唱和集》、《和陆氏诗》。江苏武进刘氏一家女性文人的创作成就包括虞友兰《树蕙轩诗集》、《问月楼词集》,刘琬怀《小问月楼诗草》、《补栏词》,刘汝藻《筠心阁诗》,虞叶繁《藤花阁稿》,张曾慧《红芙仙馆诗钞》,杨寿榛《忆蓉室诗》,杨令莁《莪慕室诗集》等九部作品集。更重要的是,这些女性在诗词创作上取得的成绩更为明显。以常州庄氏家族庄盘珠为例,其《紫薇轩集》、《莲佩诗草》以及《秋水轩词》,被王蕴章赞为"有清中叶以后,闺阁倚声,不得不首推苏之庄,浙之吴为眉目"②。可见,庄盘珠在女性词创作上的地位和影响。

另一方面,在主流文体选择以及创作成果的基础上,后人对于女性作品总集、选集的编选,如《国朝闺秀正始集》、《国朝闺阁诗钞》、《闺秀诗选》、《名媛诗归》、《晚晴簃诗汇》、《然脂集》、《撷芳集》、《柳絮集》、《松陵女子诗征》、《古今名媛汇诗》、《众香词》、《吴中女士诗钞》、《松陵绝妙词选》、《小檀栾室汇刻闺秀词》等,多以诗、词为主要收录和评价的对象,这一点会在本书第四章具体讨论。

家族女性文人文章的创作,除了曹贞秀《写韵轩小稿》(文 67 篇),左锡嘉《冷吟仙馆文存》(文 3 篇)、《曾氏家训》,梁德绳《古春轩文钞》(文 3 篇),陈尔士《听松楼遗稿》(文 31 篇),张纨英《餐枫馆文集》(文 66 篇)等以作品集形

---

① 罗时进:《清代江南文化家族的文学文献建设》,《古典文学知识》,2009 年第 3 期,72 页。

② 王蕴章:《然脂余韵》卷二,上海:商务印书馆,1920 年,26 页。

式流传下来之外,大多数家族女性文人的文章创作多散见于《尺牍新语》、《尺牍新钞》、《历代女子文集》、《然脂集》、《玉台文苑》、《续玉台文苑》、《古今女史》、《宫闺文选》、《历代名媛书简》、《历代名媛文苑简编》、《历朝名媛尺牍》等历代女子文选中。文章内容以对家族子弟的规劝教导以及与友人的书信往来为主。这些作品不仅可以反映出女性文人对于生活中某些具体问题的看法和评价,而且也体现了女性文人的文学思想和创作水平。以嘉兴黄氏家族的黄媛介为例,久负诗名,作赋亦颇有魏晋风致。《玉镜阳秋》云:"近日闺媛,以文翰与当世相酬应者。王玉映以才胜,皆令以法胜。皆令诗暨赋颂诸文,并老成有矩矱。赋如《竹赋》、《闲思》二篇,虽未知视班、左何如,亦殊不在徐锺诸媛下也。"①可见黄媛介诗、词、赋、颂诸体皆擅。

除了诗词文创作之外,环太湖流域文学家族女性在戏剧、小说和弹词等方面均有涉及,出现了女性散曲家、戏剧家、弹词作家和小说家。

在戏曲方面,从叶小纨《鸳鸯梦传奇》、梁孟昭《相思砚》、王筠《繁华梦》、吴藻《乔影》到刘清韵《小蓬莱仙馆传奇十种》等,都显示了女性在戏剧创作方面的成绩。

在弹词方面,明末清初之际,闺秀弹词以及闺秀弹词创作群的出现,成为环太湖流域才女文化的重要组成部分。"与中国古代的诗、词、文、小说等文体相比,弹词小说无疑是与女性联系最为密切的文体。"②闺秀弹词,即"由明清两代(主要是清代)闺秀独立或合作共同完成,以七言韵文为主,穿插以三言,并附以表白,多以塑造理想女性为特色,并以女性读者(包括现实和假想两种)为阅诵群体的长篇叙事文学"③。据统计,从明末清初到民初300年中,传世的弹词作品约300种,如《玉钏缘》、《天雨花》、《安邦志》、《定国志》、《凤凰山》、《再生缘》、《玉连环》、《再造天》、《笔生花》、《梦影缘》、《金鱼缘》、《群英传》、《子虚记》、《精忠传》、《英雄谱》、《双鱼佩》、《精卫石》、《风流罪人》、《玉镜台》等,其中属于清代弹词女作家的作品有38种。此间女作家36位④,其中有姓名传世且出身名门世家的女性作者就有陈端生、邱心如、侯芝、梁德绳、孙德英、汪藕裳、姜映清等人。陈端生著、梁德绳续作《再生缘》

① 胡文楷:《历代妇女著作考·宫闺氏籍艺文考略》,上海:上海古籍出版社,1985年,663页。

② 郑振铎:《中国俗文学史》(下册),北京:商务印书馆,1998年,354页。

③ 李凯旋:《〈再生缘〉系列闺阁弹词研究》,广西师范大学2014年博士学位论文。

④ 鲍震培:《清代作家弹词小说论稿》,天津:天津社会科学院出版社,2002年,3页。

的艺术成就甚至被认为可以和古希腊、印度的著名史诗相媲美①。弹词不仅深刻反映了清代妇女生活的各个层面,而且也表现了明清女性对于爱情和婚姻的追求。以"自我"为视点,"在弹词里,她们却可以充分的(地)抒写出她们自己的情思"②,可以说,弹词小说是在以男性为主导的诗词文创作领域之外,唯一以女性为主体,同时具备创作文本和阅读受众两个层面的独特叙事文体。

除了文学创作,环太湖流域女性文人还介入文学评论领域。其中著名的有沈善宝《名媛诗话》、汪端《明三十家诗选》、王端淑《名媛诗纬》、钱聚瀛《雨花庵词话》等自撰诗话、词话,张藻、林以宁、归懋仪、许延礽等人参与戏剧评论。这些都在中国女性文学史上具有重要的开创意义,标志着明清女性文学已真正进入成熟阶段。

环太湖流域文学家族中的女性不仅工诗能文,而且在书画领域也颇有造诣。多才多艺的才能特点成为明清文化家族的重要标志。明清以前的文人虽也兼擅书画,但是到了明清时期,书画才成为文人普遍追求的修养。长洲文氏、毗陵恽氏、常州左氏便是如此,精书善画已成为家族男女重要的文化徽章。

文俶是江苏长洲文氏家族文徵明的玄孙女,从小生长于书画之家,深得家传,"书画得家法。善画花卉草虫,所见幽花异卉,小虫怪蝶,信笔渲染,皆能极写性情,鲜妍生动,图得千种,名曰《寒山草木昆虫状》。摹内府本草千种,千日而就。又以其暇画《湘君捣素惜花美人图》"③。写花卉,"苞萼鲜泽,枝条荏苒,深得迎风挹露之态。溪花江草,不可名状者,能缀其生趣"④;写苍松巨石,"老劲有神";绘仕女人物,亦精妙绝伦,被誉为"国朝闺秀之冠"、"画家以为本朝独绝"⑤;于书法,则"妙于丹青,自画《本草》一部,楚词《九歌》、《天问》等,皆有图,曲臻其妙"⑥。文俶以画艺出名,赢得多方赞誉,"远近购者填塞,贵姬季女争来师事,相传笔法"⑦。清代张庚在《国朝画征续录》中

---

①　陈寅恪:《寒柳堂集·论〈再生缘〉》,上海:上海古籍出版社,1980年。

②　郑振铎:《中国俗文学史》(下册),北京:商务印书馆,1998年,353页。

③　〔清〕钱谦益:《牧斋初学集》,上海:上海古籍出版社,1985年,1383页。

④　〔清〕姜绍书:《无声诗史》,清乾隆五十九年嘉兴李氏观妙斋刻本,7页。

⑤　〔清〕钱谦益:《列朝诗集小传》,上海:上海古籍出版社,1983年,751页。

⑥　〔清〕王士禛:《池北偶谈》卷十五,清光绪二十年桐阴山馆刻本,1页。

⑦　〔清〕钱谦益:《牧斋初学集》,上海:上海古籍出版社,1985年,1383页。

称:"吴中闺秀工丹青者,三百年来推文俶为独绝云。"①对于文俶的评价之高,可见一斑。文俶女赵昭,字子惠,亦继承了母文俶擅长诗词文翰的家学传统,著有《侣云居遗稿》,同时也善绘画,"写生工秀,兼长兰竹"②。其时名士杭世骏、厉鹗亦为其画作题诗③,赞其可与班氏比肩。

江苏毗陵恽氏以善画著称,其画学的核心人物即恽南田,开创了清代"花鸟画正宗"的"常州画派"。恽南田玄孙女恽冰,字清於,"年十三,即作画。与姊究心六法,尤工花卉翎毛,赋色运笔,能传南田翁家学"④,是恽氏最重要的女画家。适同县毛鸿调,二人以吟诗作画终老。恽氏另有恽珠、恽玉、恽怀娥、恽怀英、恽玉珍、恽湘、恽璠等,亦是恽氏善画的女性。恽怀娥,源浚女,"花卉精雅,设色鲜润,一本家法,绘桃子如生"⑤。妹恽怀英,"善花鸟,落笔雅秀,设色明净,尤长于墨菊,书法亦娟好"⑥,晚年家贫,委巷鬻画自给。

常州左氏家族两代才女左锡蕙、左锡璇与左锡嘉,曾彦与曾懿,诗词书画兼善。左锡蕙"工人物花卉,均超妙入神"。左锡璇"工书娴绘事,花卉竹石,秀逸有致"。左锡嘉"画宗瓯香馆,没骨法,设色鲜丽,笔力遒劲,能自成一家,不落恒径"⑦。曾懿,字伯渊,左锡嘉女,擅诗词外,兼通书画、金石、医学等,"所绣山水花卉翎毛,无不酷肖,精细入微,故名满蜀都。盖性之灵敏,无有过者。绘则专于山水。字则专于篆隶"⑧,"爰就平日躬行实践可以矜式女学者,作《女学篇》二卷,又以医学至今垂绝,搜辑三十年来为人诊治经验良方荟萃成帙,作《医学篇》二卷"⑨。与丈夫袁学昌"同好金石,搜集汉隶各

① 李堤:《明清闺阁绘画研究》,北京:紫禁城出版社,2008年,53页

② 〔清〕汤漱玉:《玉台画史》,《丛书集成续编》第38册,上海:上海书店出版社,1994年,456页。

③ 杭世骏《题赵昭双钩水仙》:"寒山木落碉泉分,小宛堂开辟蠡芸。留得外家残稿在,一丛寒碧写湘君。"厉鹗《题赵昭双钩水仙画扇》:"名同班氏最清华,知道停云是外家。点染春心冰雪里,只消叶底两三花。"

④ 〔清〕恽珠:《国朝闺秀正始集》卷一,清道光十一年常州红香馆刻本,2页。

⑤ 张惟骧:《清代毗陵名人小传》,台北:明文书局,1985年,369页。

⑥ 〔清〕俞蛟:《读画闲评》,民国吴氏画山楼铅印本。

⑦ 张惟骧:《清代毗陵名人小传》,台北:明文书局,1985年,373页。

⑧ 〔清〕曾懿:《古欢室诗词集·序》,清光绪三十年刻本,1页。

⑨ 〔清〕曾懿:《女学篇·序》,清光绪三十三年华阳曾氏刻本,1页。

碑,昕夕校勘,书法益进"①,被称为"全才全福之所宗"。曾彦,字季硕,左锡嘉女,"工诗画,画人物得母遗法,亦能花鸟、山水"②,"习篆隶,初学李阳冰,亦上规儗汉碑额,其后更得莫友芝笔势,能为径尺书"③。如此多才多艺者,实难能可贵。

家族女性所受的教育除了传统的妇德规范以外,更多的是诗词书画等文艺素质的培养,于是造就一批具有较高文化造诣及艺术修养的女性文人。家族女性文人在文学和艺术领域多种才能的养成,展现了家族女性文人多面向的书写方式,这也是提高女性文人家族地位以及社会地位的重要标志。

第三节　文学主题的新意和局限

明清家族女性,由于教育程度的提高,外出游历的经验增多,因此在诗歌题材的选择上,既有承袭以往伤春悲秋、离别相思等传统闺阁之音,又能对传统思维有所突破,题画赠诗、咏史怀古、山水行旅等也成为她们诗词创作的内容。题材选择从家庭性、私人性向社会化、现实化转变。这一创作题材的扩大,是女性关注点进入到了社会公共领域的表现,走出狭小的闺房,进入自然与社会的广袤空间。情感表达也不限于闺阁情怀与日常经验,在深度与广度上有了新的超越,思想内涵更显厚重。

(一)课训诗

从地方志中对于贤母、寿母的重视可以看出,明清士族家庭非常重视子女教育,而母教在家族教育中亦发挥了无可取代的关键作用。

> 近世学者推论人种进化之基,谓基于女教,此非誉言也。考诸古昔,上而宫闱若太姒,下而闾里若孟母,其诞育圣贤,皆自胎教始,见之传记者详矣。至史书所述前哲之得力于母教者,殆不可胜数。盖受教于孩提时深入脑髓,故非父师之训所可得而并论也。吾邑自宋元以来,多大人物,则贤母宜夥伙矣。顾自来贤母多崇质朴,往往"守内言不出于闺"之戒,不欲其子孙表暴之于外,其经士

---

①　徐世昌:《晚晴簃诗汇》卷一百九十二,《续修四库全书》第1633册,上海:上海古籍出版社,1995年,572页。

②　薛天沛:《益州书画录》,民国三十四年成都薛氏崇礼堂刻本。

③　〔清〕叶大锵:《华阳县志》,民国二十三年刻本,6页。

大夫之仰慕闻德,勒之碑表,登之传记者,或什不得二三焉。兹就旧志及采访稿所载贤母、寿母并录之,而以才媛附于其后,为列女志之一。①

在家族教育中,女性扮演了领路人和启蒙者的角色。这不仅为女性文人创作带来了新的题材内容,更彰显女性在培育后代、传承家族文化中的重要地位。此类课训诗题材从顾若璞发端,到康熙时期达到高峰。

在课子诗中,母亲的勉励与督促是此类诗作的主要内容。

青云与泥涂,勤苦同一辙。志学抱坚心,宁为境所易。诵读知其人,尚友若咫尺。流光驹过隙,分阴抵拱璧。毋令寡母心,戚戚忧乾没。②

处世毋忘修德业,立身慎莫坠家声。③

立脚须端本,矜修莫近誉。传家惟孝友,报国在诗书。世路崎岖险,投桃慎择交。薰莸应早辨,玉石莫相淆。④

母亲们在读书、立身、择友、报国等方面为儿子的人生指明方向,也对儿子的未来寄予厚望,"期尔早飞腾,剑跃白虹气。精心蟫简攻,锐志龙门诣"⑤,"诗礼绵家学,忠孝期无负"⑥,"传经家世扶阳重,厚望须教慰夜泉"⑦,希望他们能够继承发扬家学传统,告慰祖先。

母亲的劝诫更是在子孙仕宦过程中发挥了重要的作用。太仓张藻对于儿子毕沅的教育可谓影响深远。张藻,幼承母顾英之教,富于文采,"闺秀之能诗词而学术渊纯者,当以太仓张藻为第一"。毕沅六岁时,张藻就亲自教读《诗经》《离骚》。张藻虽在闺阁,但也通达政体。毕沅为官途中,张藻做《诫子诗》,劝诫毕沅不仅要修身:"勿胶柱纠缠,勿模棱附丽。端己励清操,俭德风下位。大法则小廉,积诚以去伪。"更要因时制宜、有所作为:"润泽因时宜,樽节善调理。古人树声名,根柢性情地。一一践履真,实心见实事。"

① 〔清〕郑锺洋、张瀛、庞鸿文:《光绪常昭合志稿·列女志叙》清光绪三十年刻本,577页。

② 〔清〕庄德芬:《晚翠轩遗稿·杂诗示儿》,清嘉庆间刻本,3页。

③ 〔清〕恽珠:《红香馆诗草·喜大儿麟庆连捷南宫诗以勖之》,《清代诗文集汇编》第499册,上海:上海古籍出版社,2009年,74页。

④ 〔清〕刘汝藻:《筠心阁集·训儿》下卷,清咸丰六年刻本,3页。

⑤ 〔清〕刘汝藻:《筠心阁集·悲歌行示儿绍基》下卷,清咸丰六年刻本,22页。

⑥ 〔清〕刘汝藻:《筠心阁集·抒怀示儿绍基》下卷,清咸丰六年刻本,21页。

⑦ 〔清〕李含章:《蘩香诗草·示驷儿省试》,《织云楼诗合刻》,清乾隆间刻本,34页。

这样才可以"上酬高厚恩，下为家门庇"。其教诲可谓训词深厚，不减颜家庭诰。清高宗更赐御书"经训克家"①四字以褒之。

在儿子读书不顺或仕途失意时，母亲还担起劝慰、安抚之任。这类课子诗中，表达了女性对于读书仕宦的诸多见解。如刘汝藻《儿绍基报罢抑郁不乐作歌解之并勖其志》云：

> 读书之乐四时宜，管生穿榻忘饥疲。鹏抟扶摇九万里，六月暂息何嫌迟。攻书如种树，叶茂根先固。课程如灌园，膏沃花自繁。爱博不专徒犯忌，束书不读更自弃。舒啸应成鸾凤吟，题诗且作蝇头字。勿灰凌云志，勉尔倾葵心。成连操伯牙琴，海上一曲清尘襟。高山流水足，千古子期尚在，莫谓当代无知音。②

读书如种树，必先固其根本，才能枝繁叶茂。过程虽然艰辛，但知音尚在，切勿灰心自弃。句句透露出母亲对于儿子的规劝和关爱之情。李含章《榷棻二儿春馆下第慰之以诗》："四海几人云得路，诸生多半壑潜鱼。当年蓬矢桑弧意，岂为科名始读书？"③更是看穿了科举仕宦之路的真谛，得出勿为科名始读书的高超见地。

在文学家族中，男性和女性都有受教育的机会。男子的教育侧重于经史典籍，而女子的教育则侧重伦理教化，具体表现为妇德、妇言、妇容、妇功等闺范教育，规范女子为人女、为人妻、为人媳、为人母的角色职责，接受如何处理家政的训练，以负责维系家族内良好的人际互动。同时，为了适应婚姻对于女子文艺才能的需求，接受诗文方面的教育成为必然趋势。以湖州叶氏家族的周映清为例，其《令阿绀入学》云：

> 从来娇绕膝，今已略知闻。恩义难相掩，贤愚自此分。枣梨余自具，经传汝宜勤。未暮休归舍，童心惧放纷。
>
> 低鬟怜阿姊，与汝亦齐肩。且令抛金线，相随理旧编。双行知宛转，坐咏爱清圆。试看俱成诵，今朝若个先。④

此诗是对亲子课读的描写，充满了母亲的怜爱之情。第一首教诲入学的儿子切勿放逸。第二首言及姊姊与儿子一起读书的情景。两首诗见出母

---

① 〔清〕徐珂：《清稗类钞》，北京：中华书局，1984 年，580—581 页。
② 〔清〕刘汝藻：《筠心阁集》，清咸丰六年刻本，17 页。
③ 〔清〕李含章：《蘩香诗草》，《织云楼诗合刻》，清乾隆间刻本，28 页。
④ 〔清〕周映清：《梅笑集》，《织云楼诗合刻》，清乾隆间刻本，26 页。

亲对于儿女不同的教育期待。对于女儿,言其本分为女红针线,由于陪伴弟弟读书,才得以暂时"抛金线"。

尽管"课子"与"课女"两者在教育内容及课读期待上有所不同,但是作为母亲,其诗文经史兼备的知识结构是必须的。女性文人将自己所学运用到教育子女的过程中,不仅是儿女接受教育、继承家学传统的保障,更是影响儿女学识与前途的关键,在维系家族文脉上,往往比男性发挥了更加切实的作用。这彰显了女性在家族中传承家学、培育后代的重要地位,体现了女性文学存在的实际价值和现实意义。

(二)题画题集

随着家族女性交游网络的扩大,为友人画作诗作的题诗、题词、写序等创作在明清时期大量出现。这种认同和交流方式,展现了作者对友人的评价和作品的理解,表现了女性文人的批评理论与观点。在书写与交流的过程中,增强了群体之间互为知己的认同感。这里仅以题画诗为例。

在明清两代的艺文风尚中诗与画关系密切。此种风尚在女性文人家庭聚会、结社雅集、书信往来中颇为流行,闺秀才媛常借题画诗为沟通媒介,以凝聚女性情谊,切磋才艺。同时在浓厚的文学氛围里,闺秀诗画作品往往先经由家族成员的认可与肯定,然后由家族向邻里乡党,传播至更广的地域。题画诗传统上可分为自题自画及题他人之画两种,前者如曹贞秀《自题画送菊纨扇》、恽冰《题自画小幅》、孔素瑛《自题画落花蝴蝶便面》,而后者则是女性题画诗的重点。

环太湖流域文学家族女性为他人画作题诗的特点,一是以酬赠往还为主。赠答对象突破以往以女性为主的传统,男性友人亦是家族女性酬赠的重要对象,如张允滋《题江碧岑龙女抱经图昭即和见赠原韵同心齐作》、《题桂庭秋晚图为纤云女史赋》、《题姜贞女桂画幅同佩琼陆夫人作》、《题袁简年丈给假妇归娶图》,王采苹《题族舅氏张见津先生洞庭更生图册》、《题唐子方方伯梦研图册》、《题仲远舅氏师海客琴尊图》,曹贞秀《题徐孝廉所藏春兰梦影书画》、《题横波夫人画桃花》、《题杨太夫人吟钗图》,钱孟钿《题表妹毕雅岑蕉林秋月图小像》、《题简斋太史重到沐阳图》,张绚霄《题转莲曾宾谷先生三朵花图即次自题原韵》、《题王子梅盗诗图》,毕汾《题三秋图画扇寄钱浣青》、《题蒋夫子慧珠采芝养鹤图》,吴淑升《题魏塘黄静芝夫人莲舫书图小影》、《题湘娥夫人理弦图小影》,归懋仪《题李松潭农部观姬人绣诗图》、《题女史叶小鸾眉子砚》,鲍印《题叔蕴大姊小照》,钱惠尊《为闺人董氏题倚栏待月图》,张繻英《题从外祖母杨太夫人吟钗图卷》,张纶英《题王飞鸾女史仿月图小照》,梁德绳《题汤母杨夫人吟钗图》,周兰秀《题松陵杨夫人墨绣》,陶馥《题瘦霞伯母倚梅玩月图》,叶小鸾《云期兄以画扇索题赋此》,周月尊《题袁简斋先生雅集图》,戴素蟾《题夫子闻川泛棹图后》,金兑《题随园夫子归娶图》等。

二是常见多人共同吟咏同一幅画的集体创作。如阳湖张氏家族女孙王采藻、孙嗣徽、张祥珍以及侍婢李婹创作了 100 首《题画杂诗》,"闻窗学画,每成尺幅,辄系小诗若干首,略以花时先后为序"[1],收录于《棣华馆诗课》卷四。家族姊妹以四季花卉为主题,先绘图,再写诗吟咏。如《题见津先生洞庭更生图册》[2],乃采苹、采蘩、嗣徽、采藻、祥珍以及李婹分别对张见津先生的洞庭更生图册赋诗吟咏。采苹由"洞庭止水如天浮,清宵月出飞扁舟。长风倒吹雪浪立,一叶飘转枕洪流。千里天涯急负米,望云陟屺嗟淹留。惊心应感齿指痛,出险益切临深忧。中流一壶古所贵,尺木直与星槎侔"的奇特之景联想到舅氏"文章致用足经国,帷幄借箸多奇谋。良材厚德自天佑,有孚习坎心能休"的人生轨迹。采蘩则从直接舅氏才华功业入手,"天上舅氏才,攸往占利涉。壮游轻四方,矫矫思特立","帷幄有盛业,忽忽四十年。殊献建嵬凿,决胜嫖姚军"。嗣徽、采藻、李婹亦借洞庭之水赞舅氏"幕府雍容展异才","帷幄奇才举世倾,天教绝境荡奇情","飘飘水云里,疑是谪仙人"。四人都点明了舅氏画图记事的深意在于"好将忠信义,写入画图看",意欲记录舅氏四十年的"盛业",以传佳话。这种针对一幅画的唱和,既呈现了姊妹诸人对于画作本身的细致刻画,通过画作联想到人生,同时也展现了她们文学创作的热情,彼此互相切磋砥砺,可谓是文学家族中较有典范意义的唱和形态。

家族女性文人通过家族成员以及家族外交游网络互动,诗画才华已普遍成为闺秀阶层群体认同的重要标志之一。不同家族之间的女性仰慕彼此的诗画才艺,互相拜访酬唱,以诗词画作赠答送别,使得诗画作品的交换与分享成为不同家族女性间近乎仪式性的联系原则。来自同性的肯定和赞许亦是对女性诗文创作的鞭策和鼓励。闺秀绘画征咏,应题吟唱,也

---

① 〔清〕张晋礼:《棣华馆诗课》卷四,清道光三十年武昌棣华馆刻本。

② 采苹、采蘩、嗣徽、采藻作《题族舅氏张见津先生洞庭更生图册》,祥珍作《题见津族父洞庭更生图册》,李婹作《题见津先生洞庭更生图册》,《棣华馆诗课》卷六,清道光三十年武昌棣华馆刻本,12—14 页。

可见出其闺阁生活及社交的情况，反映清代文学风气及女性文学活动的活泼面貌。

但不可否认的是，家族女性文人在创作题材上仍然继承以往女性文学的传统，相对而言，呈现出相似性和单一化的特征，未能有实质性的突破和进展。虽然由于家族地位和社会地位的提高，女性文人的生活在一定程度上得到了扩展，并建立起了一定范围内的交游网络，展现了女性文人对于自身价值新的认识以及寻求社会认可的期待视野。但是，家族女性文人仍然无法摆脱"传统"的束缚。

其一，女性对于男性的依赖自古有之。对于男性文人的模仿、追随，甚至崇拜，是女性文人赢得社会认可和接受的重要途径。出于某些利益关系，这或许也成为束缚女性文人书写方式的原因之一。或为了迎合文士的喜好和兴趣，在创作中刻意营造某种气氛或假象，或出于对某位名家的过分崇拜、模仿，压抑自我心灵真实的情感表达，迎合男性文人，表现诸多近似于虚假的情怀，这种创作实践的产生以及创作风气的形成严重阻碍女性文学的正常发展。

其二，虽然在清代咸同后，部分家族女性文人创作了诸多反映动乱社会的现实性作品，不仅是其人生经历的记录，同时也是历史现实的真实呈现，表现出苍劲雄壮的诗歌风格，但是从整体上而言，女性创作"婉约"、"柔美"的传统创作风格仍然是明清时期环太湖流域女性文学的主流。当然，我们并不能否认，这些女性文学的传统风格是女性文学的软肋，但是随着艺术本身的发展，以及时代的进步，女性文人应该在文学道路上寻求不同的书写风格和特色，作为女性文学新的生命力和创作力，成为其日后发展重要的前进方向。

其三，空间的束缚一直存在。家族、地域等外部空间以及女性自身内部的心灵空间都对女性文人的书写方式产生了很大影响。家族可以给女性文人发展提供丰富的资源，但同时也给她们带来了诸多的束缚。例如在家族困难时期或社会动荡时期，如何维持家族的生计和稳定？女性文人不得不放下笔墨，从事其他生产劳动，这是当时家族女性应尽的职责。就地域而言，不同的地域文化可以孕育出不同的人物性格，在固有地域文化传统的影响之下，如何看待其他地域的文化，接受多种文化的融合，以及在此过程中如何摆脱不利因素，或者将不利因素转化为有利因素，成为女性文人在创作中必须面对及解决的问题。

其四，传统的女性角色意识，即"主中馈"、相夫教子、料理家务等，成为女性文人书写的重要内容,将日常生活纳入到文学创作中,展现女性的真实情感经历是值得肯定的,但是其中对于传统角色的不安与焦虑却也呈现了女性文学面临的困境。如何从以上这些困境中走出来,形成属于家族女性文人独特的书写方式,并且逐渐往多元化的方向发展,是其时家族女性文人值得思考的问题。

第三章　环太湖流域女性群体的
文学生活与诗学观念

　　明清时期,家族女性文人的生活空间得到了极大扩展。这一方面来自宽松的时空氛围,特别是明中叶以后"情"与"礼"的冲突,表露在日常生活的各个层面。吴中地区"尚文"与"富足"的文化特点,既造就了人才辈出的景象,亦不断刺激吴中文人生活态度和价值观的改变。家族女性以"闺秀"、"才女"、"名媛"的身份,在社会中占有一定地位。另一方面与家族女性成长的家庭环境,父辈夫婿的社会地位,以及家人的支持态度有很大关系。正是"内在空间"与"外在空间"的相互联系与碰撞,才使家族女性获得走出闺门的机会,得以扩展人际交往的圈子。她们既可跨越家族内外的界限,丰富原本一成不变的家族生活,也可在不背离家内角色的前提下,在女儿、妻子、媳妇、母亲身份基础上,兼有"女文人"、"名媛"或"闺塾师"等角色,大方介入以男性为主的文学活动中,得以施展自身才华。刊布作品,为知音同好撰序,并借由名士的推荐提高自己作品的知名度,在一定程度上显才扬名,欲以才服人,开创了中国古代女性交游与创作的新局面。

第一节　内部唱和

　　家庭,不仅是传统中国女性最为重视的生活空间,而且是一切向外建立社交情谊的基础。从性别角度看,由于重男轻女观念的根深蒂固,男女自幼接受的教育内容,不仅预示各有所别的角色期待,"男外女内"的界限划分,也明确标示各自不同的角色职掌。就女性而言,传统社会对其"身份"的规定,不外乎符合四德的要求,其"角色"随人生历程的变化,而有为人女、妻、媳、母的职责分别。一旦出嫁即需离开原生家庭,融入丈夫的家族体系,以敬顺的态度尽守妇道,恪守"女不言外、不恣意外出"的规矩绳墨。自古以来,女性的诗才和诗名大都与其成长的家庭有很大关系。家族式的吟咏酬唱是她们接受文学熏陶、提高文学修养的最初方式,同时这也构成了家族女性文学生活最为重要的内容。

(一)夫妻唱和

"知己型"夫妻模式的产生有一定的社会历史背景,反映了其时江南士人生活的一大变化。正如学者所言,"18世纪的许多学者已不像以前的士人那样热衷于追求功名,而是更多地把自己的精力投入到个人的学术研究上。研究的私人化与学者的职业化成为了18世纪江南士人生活的一大背景"①。士人待在家里的时间相对较长,家庭生活自然受到更多重视,因而在嘉庆之际,"知己型"夫妇模式又重新得到关注。与此同时,文士产生了将自己"怀才不遇"的身世与才女的命运等同起来的文化心理,即才子在才女身上看到自身的翻版,把女性特征奉为理想诗境的象征,在一定程度上表现出自我女性化的倾向。出于对文学风格和生活情趣的共同追求,夫妻之间的文学艺术交流更加活跃,以此拉近两人之间的距离,又互相促进,激发出更为丰富的文学创造力。

陆卿子之所以能成为翰墨流布一时的"吴门二大家"之一,丈夫赵宦光对她的影响远大于父辈的栽培。赵宦光,字凡夫,姑苏人。"早为经生,弃去,隐寒山,举家佞佛疏食,于经籍无所不窥,而笃意仓、斯之学,著《长笺》,论六议;《寒山帚谈》,论书法,其自书创作草篆,盖原《天玺碑》而小变焉。由其人品已超,书亦不蹑遗迹,允成高士矣!"②陆卿子与赵宦光二人偕隐寒山,长斋绣佛,吟咏无间。夫妻生活对于陆卿子来说,是丰富其文学生涯,乃至成就其名的开端。据《刻内子考槃集序》记载:"内子十五归我,即志于学,学焉即志十诗。又十余年而刻《云卧稿》,未可示人,遂废不存录。"③可见陆卿子在婚前文学基础尚浅,嫁为人妻之后才勤勉学诗,并维持数十年之久。

---

① [美]艾尔曼:《从理学到朴学:中华帝国晚期思想与社会变化面面观》,赵刚译,南京:江苏人民出版社,2012年,103—110页。
② 《中国书画全书》第四册,上海:上海书画出版社,1993年,491页。
③ 〔明〕陆卿子:《考槃集·序》,明万历二十八年刻本,1页。

　　　　凡夫弃家庐墓,与卿子偕隐寒山,手辟荒秽,疏泉架壑,善自标
　　置,引合胜流,而卿子又工于词章,翰墨流布一时,名声籍甚,以为
　　高人逸妻,如灵真伴侣,不可梯接也。凡夫寡学而好著述,师心杜
　　撰,不经师匠。卿子学殖优凡夫远甚,少刻《云卧阁集》,沿袭繁绩,
　　未能陶冶性情。晚年名重,应酬牵率,凡与闺秀赠答,不问妍丑,必
　　以胡天胡帝为词,不免刻画无盐之诮,世所谓《考槃》、《玄芝》二集
　　是也。赋诔之作,步趋六朝。尝为祖母卞夫人作诔,典雅可诵。①

　　嫁入赵家的陆卿子未与夫家人同住,而是与夫隐居寒山,成为一时佳
话。这种独立的婚姻生活,不仅为陆卿子提供了一个有利的创作空间,无形
间也增进了夫妻间的情感交流。同时,丈夫赵宧光也给予了妻子极大的支
持和肯定,为妻子的文学创作寻找符合道德礼教的理由:

　　　　题曰考槃,非敢刺时,亦窃言弗告云尔。……孰谓屈、宋、苏、
　　李,尽非作者,然未始以词藻名家,亦未始以词藻自好也,其不得已
　　而有言,故自有说,非若阃以内人,行有制而事有从,非诗莫可达其
　　志。《葛覃》、《卷耳》,大半闺中之什,此道流播,何代无之。②

　　赵宧光认为陆卿子并非以词藻名家,乃为胸中有言,不得已而吐,如同
《诗经》之《葛覃》、《卷耳》,故女性以诗言志,并不违反传统妇德规范。可以
说,赵宧光不仅能从正面看待才华表现几乎高于自己的妻子,更是推动妻子
走向创作高峰的幕后推手。

　　吴江沈氏家族的沈宜修与叶绍袁,时人以"琼楼玉宇,交相映带"相称。
二人相濡以沫、相敬如宾的婚姻生活令人称羡。据沈自徵描述两人的夫妻
生活:

　　　　仲韶鹊起时髦,珠莹玉秀,克称王谢风仪。姊静琴既翕,益肆
　　力于缥缃,或作颂春椒,或俪铭秋菊。中闺唱和,从日以富。然仲
　　韶累屈秋闱,偃蹇诸生间,家殊瓠落。姊从牛衣中互相勉励,未尝
　　作妾面羞郎之词也。迨仲韶登南宫,受鸾诰称命妇矣,姊处之淡
　　然,略不色喜。③

　　① 〔清〕钱谦益:《列朝诗集小传》,上海:上海古籍出版社,1983 年,751 页。
　　② 〔明〕陆卿子:《考槃集·序》,明万历二十八年刻本,2 页。
　　③ 〔明〕沈宜修:《鹂吹集·序》,《午梦堂集》,北京:中华书局,1998 年,18 页。

在叶绍袁尚未功成名就，物质生活匮乏之时，沈宜修坚持恪尽职守，并不时勉励丈夫。这种安贫乐道的生活态度，也促成夫妻诗词唱和。夫唱妇随的互动往来，丰富了沈宜修的创作情感。也正是在叶绍袁的支持之下，沈宜修从为人妻到为人母，仍保有吟咏创作的机会。因此，沈宜修婚后家庭文学生活的开展，丈夫叶绍袁扮演了极具关键性的角色。

叶绍袁 16 岁成婚后遵循常规的士大夫志向，从准备科考到进士及第（1605—1625），再从任官赴职到绝意仕进（1627—1631）。不管是早期住在养父袁黄家，抑或是后来到金陵、北京一带任职，不常在家中陪伴妻儿的他，经常通过书信往来的方式，与妻子互诉心情，这在沈宜修描述别离、思念或追忆的诗词中可见一二。① 可知崇祯三年（1630）秋叶绍袁离家赴京任职工部秘书郎后，仍不减与妻子酬和之兴致。

沈宜修与叶绍袁吟咏倡随的文学创作生活，正如叶绍袁于《百日祭亡室沈安人文》所言：

> 我之与君，伦则夫妻，契兼朋友。……仲长统之琴樽，不孤风月；陶元亮之松菊，共赏烟霞。或披古人载籍之奇；或证当世传览之异；或以失意之眉对蹙；或以快心之语相谈；或与君庄言之，可金可石；或与君谑言之，亦弦亦歌；或与君言量薪数米，尘腐皆灵；或与君言不死无生，玄禅非远。谭言微中，咨嗟相许，鄙中垒《左传》之读，陋惠姬《女诫》之垂者也。②

情如挚友的两人，不仅谈论古今之籍，也常互诉分享心情。举凡柴米油盐、禅佛义理，乃至才学的互相激励，无所不谈的内容无不突出两人个性之契合，可谓心灵之伴侣。

江苏武进钱氏家族出现了两对文学夫妻，一是钱孟钿与崔龙见。崔龙见（1741—1816），字翘英，号曼亭。本籍山西永济，后侨居常州。五岁能为俪语，少负才名，乾隆二十六年（1761）进士，与浣青倡随风雅。"以峰青江上之篇，配枫落吴江之咏，见者称劲敌焉。"③一是钱湘与赵仁基。赵仁基（1789—1841），江苏武进人，道光六年（1826）进士，官至湖广按察使，著有

---

① 如《甲子仲韶秋试金陵》、《戊辰送仲韶北上》、《寄仲韶》、《丁卯春送仲韶北上》、《思仲韶江阴》、《和仲韶燕中寄韵》、《风雨不寐早起适为仲韶制衣漫成》诸篇。

② 〔明〕沈宜修：《鹂吹集》，《午梦堂集》，北京：中华书局，1998 年，162 页。

③ 〔清〕钱孟钿：《浣青诗钞·序》，《江南女性别集初编》，合肥：黄山书社，2008 年，226 页。

《九叠山房文集》。钱湘年二十三归于赵氏,始学词翰。赵氏"授以汉魏六朝唐宋诸诗,口诵心解,无所留滞,先后熟读至二千余首"①。可见丈夫对妻子文学创作的深远影响。

这种琴瑟和鸣的婚姻生活在明清环太湖流域的文学家族中为数不少,其原因在于家族联姻既重视门第高低,也重视文化和道德层次。家族女性与同样身为才子之夫婿吟咏唱和,激发诗兴,彼此切磋诗艺。女性文人处于这样的创作环境中,在丈夫的鼓励和提点下,不断增进文学创作的动力与信心,产生诸多诗词佳作成为必然趋势。特别是在清代,江南士人所遭受的政权打击异常惨烈,心灵的压抑也空前沉重,闭门自守于家庭成为其时大部分士人的选择。生活重心也由社会转向家庭,于是合乎审美理想,追求心灵相通的生活伴侣,成为他们的迫切需要。知己型的夫妻关系衍生出的文学生活,不仅丰富了家族女性的文学创作内容,提升了女性文学创作的水平,对于丈夫来说,也是抒发情志,沟通情感,分享生活旨趣的极佳方式。

(二)家族成员唱和

家族成员之间的唱和是家族文学传承和传播的重要形式和内容,其意义不仅在于展现家族文学赖以形成和发展的雄厚根基,更重要的是这一形式为家族文学发展提供了更为多样的发展方向。对于女性文人而言,家族成员之间的唱和是其接触文学创作,发展文学创作才能,进而形成自身文学观念的第一道门槛。不管是婚前还是婚后,女性文人通过家庭之间的唱酬活动,不仅开阔了文学视野,而且也学到了诸多创作的技巧和手法。

江苏武进张氏家族可谓一门风雅,渊源有自。张惠言、张琦为常州词派创始人,两人合著《词选》,被倚声家奉为圭臬。张氏家族内女性文人群体的涌现也是其时较为罕有的文学现象。张氏家族四代女性文人群体,包括张琦妻汤瑶卿,四女张𬘡英、张𬩽英、张纶英、张纨英,外孙女王采苹、王采蘩、王采蓝、王采藻,孙女张祥珍,曾孙女吴兰畹、吴兰泽等 12 人。张曜孙曾合刻张𬘡英、张𬩽英、张纶英、张纨英四人诗词为《阳湖张氏四女集》。

在现存武进张氏家族的作品中,经笔者统计,家族成员之间的寄怀唱和之作甚多,如表 3-1 所示。

---

① 〔清〕钱湘:《绿梦轩遗词·跋》,《小檀栾室汇刻闺秀词》第五集,清光绪二十二年南陵徐氏刻本,8 页。

表 3-1　江苏武进张氏家族成员唱和作品表

作　者	作品名称
张　琦	《纬青遗稿序》
汤瑶卿	《送夫子返常州二首》《寄夫子京师二首》《送大女缙英至京师》
张曜孙	《餐枫馆文集序》《和张纨英夏雨新霁》《和张纨英罗袖薄素心同抱古今愁》《送孟缇姊入都，若绮姊奉灵归太仓》《怀孟缇、若绮女兄》《夜坐怀孟缇、若绮》《得若绮过常州书，兼怀孟缇》《寄若绮常州》《书若绮南归记程后》《绿槐书屋诗稿序》《绿槐书屋附肆书图题辞》《纬青遗稿跋》
张缙英	《菩萨蛮·对月同纬青妹作》《祝英台近·画芙蓉》（附张纨英同作《疏影》）《疏影·水仙，同若绮妹作》（附张纨英同作）《水调歌头·归燕，和婉纫妹》《高阳台·和若绮妹咏菊》（附张纨英原作、张纶英和作）《菩萨蛮·落梅，伤纬青亡妹》《菩萨蛮·月夜不寐，忆亡妹纬青》
张㛂英	《别诸姊妹》《菩萨蛮·步月偕大姊赋》
张纶英	《送孟缇姊之京师》《代弟妇包孟仪赠别孟缇姊》《读纬青遗稿感赋》《燕巢同仲远弟作》《仲远弟以吕尧仙太史所藏古砖文册与观即题其后》《若梅和若绮妹》《偶感示仲远弟作》《初夏和若绮妹韵》《题澹菊轩诗稿即寿孟缇姊五十》《对月同仲远弟作》《题比屋联吟图》《哭弟妇包孟仪》《发常州寄仲远兼示送行者》《抵武昌赠孟缇姊、仲远弟》《元旦同仲远弟作》《送若绮妹奉灵南归孟缇姊赴京师》《仲远弟四十初度赋赠》《寄怀孟缇姊京师》《书仲远弟苦雨诗后》《和仲远弟金牛镇行馆见寄次韵》《示仲远》《王甥臣弼冠礼作此赠之》《暮秋对雨寄怀孟缇姊京师》《自汉阳抵里门避地殷薛村居怀弟妹》《村居书怀寄仲远》《抵荆州赠仲远》《寓斋对菊和仲远弟韵》《对菊口占叠前韵示儿妇季纫》《季纫学诗未成代答一章诱之再叠前韵》《赠翠畦兼寄仲远》《次仲远小病寄翠畦韵即送至省门兼寄仲远》《连得仲远书并诗感而答之》《和仲弟瓶梅韵》《和韵寄仲弟》《和仲弟泊舟鲇鱼套原韵》（附仲远弟原作）《和仲远弟泊岳州寄赠韵》《效东坡馈岁别岁守岁次仲远弟原韵》《绿槐书屋诗稿题辞》（张纨英、王臣弼、王采苹、王采蘩、张祥珍）
张纨英	《澹菊轩初稿后序》《书叔姊婉纫四十征诗启后》《仲远弟四十寿序》《棣华馆诗课书后》《弟妇包孟仪哀辞》《读先姊纬青遗稿》《答夫子次仲远弟韵》《题弟妇包孟仪茧陇请禴图照》《送孟缇姊之京师》《四十初度述怀兼答孟缇姊》《纳凉怀孟缇姊》（附仲远弟和作）《仲远弟养病闲居赋此赠之》（附仲远弟和作）《秋怀寄孟缇姊》《盆梅为仲远弟赋》（附仲远弟和作）《书寄孟缇姊书后》《题仲远弟比屋联吟图》《春日怀孟缇姊》《寄怀孟缇姊并祝五十寿》《怀仲远弟白门》《地仲远弟白下书》《待月同女儿作》（附采苹作，附采蘩作）《对菊寄孟缇姊》《咏江村月步婉纫姊韵》《题婉纫姊绿槐书屋诗稿》《寒柳和大女采苹》（附采苹原作）《次仲远弟元旦试笔韵》（附仲远弟原作）《棣华馆偶成示仲远弟》《甘蕉花示仲远》《夜待仲远归寄次寄怀原韵》（附仲远弟原作）《邻云友月之居诗初稿》（卷一由女王采苹校，卷二由女王采蘩校，卷三由子王臣弼校）

续　表

作　者	作品名称
王采苹	《读书示弟妹》《秋夜怀家大人》《对月怀家大人》《题婉纻从母师绿槐书屋诗稿》《咏月十首和仲远舅氏师》《仲远舅氏师四十寿诗》《怀孟缇从母》《题仲远舅氏师比屋联吟图》《题婉纻从母师绿槐书屋肄书图》《瓶中荷花和诸妹》《和孟缇从母避寇南归舟中感事诗》《孟缇从母寄诗慰唁作此答谢即次原韵》《寄呈家慈》《二乔观书图为秋晖三妹题》《偕右星弟回楚晓发禹周欲呈舅姑》《和孟缇从母卜居寄弟妹示儿孙诗次韵》《哭仲远舅氏师并题其诗文集》《清明日樊城旅次闻警不克北行寄呈舅姑》《对雪感怀寄弟妹》

正如《名媛诗话》所说："孟缇姊妹四人,皆能诗词。姊弟同居一宅,友爱最笃。姊妹姑娣临池倡和,极天伦之乐事。"①家族内女性文人的群体唱和是张氏家族最为突出的文化景观,主要展现在《比屋联吟图》与《棣华馆诗课》两个作品中。张曜孙表妹、女画家汤嘉名曾绘《比屋联吟图》,并为之题词,描述了张曜孙、包孟仪夫妇,张纶英、孙颉夫妇以及张纨英、王曦夫妇在常州张宅共同居住、吟诗作对的生活场景。卷上亦附有四十九通题跋,其一《中天词》云:

　　(序言)仲远大令暨德配孟仪、夫人令娣,性均孝友。与叔姊婉纻、季姊若绮两夫人,伉俪同居,家政悉咨叔姊,遵尊甫翰风先生遗命也。两夫人善诗、古文、词。婉纻夫人尤喜作擘窠大字。孟仪夫人嗜文学,工汉隶。姑娣切磋,交相爱敬。姊婿孙叔献、王季旭两先生,皆抱经济文章之士。大令才兼三绝,相与商榷古今,啸歌风月,情义如昆弟焉。

　　兰姨琼姊,喜仙乡共住,团圆骨肉。阿弟多才夫婿雅,万卷奇书同读。秋月宵澄,春花晨艳,消受清闲福。刘、樊、赵、管,人间无此雍睦。更怜绕屋扶疏,树皆交让,玉笋抽丛竹。相约临池邀觅句,无问雨风寒燠。花萼交辉,鸳鸯比翼,乐事天伦足。重逢官舍,伤心偏少徐淑。②

序言中提及张氏姊妹四人得父张琦家传,皆擅诗文翰墨篆刻,姊妹丈夫

---

① 〔清〕沈善宝:《名媛诗话》卷八,《续修四库全书》第 1706 册,上海:上海古籍出版社,1995—2002 年,642—643 页。

② 〔清〕雷瑨、雷瑊:《闺秀词话》卷二,民国十一年扫叶山房石印本,8 页。

亦皆文章之士,骨肉团圆之际常齐读诗书、联吟唱和,"花萼交辉,鸳鸯比翼",可谓人间乐事。

董殷《棣华馆诗课题辞》曰:"不似寻常咏絮工,名山事业大家风。深闺作述箕裘绍,绝代才华姊妹同。日暖纱帷春色丽,月明绮阁烛花红。棣华馆内书声满,风雨三余乐未穷。外家绝学迈前贤,提命亲承有夙缘。五载谢庭嗟远别,一编海内喜流传。蓼莪涕泪羁人感,松桧情怀卫女篇。我愧微才艰作序,俚词聊奉玉台前。"①母亲、舅氏与女儿世代传递家族文学,使得一门联吟的佳话永续不绝。

《棣华馆诗课》是张氏家族第三代女性文人重要的文学唱和成果,集中收录了张氏六女,即王采苹、王采蘩、王采藻、孙嗣徽(王采蓝)、张祥珍和李奕的唱和之作。

> 采苹,字涧香,年二十四。采蘩,字筥香,年二十三。采藻,字绮香,年十七,皆姓氏王氏太仓人,若绮女也。采蓝,字绿香,本若绮第三女,婉洵爱之,抚为女,从孙氏姓,更名嗣徽,字少婉,年十八,阳湖人。祥珍,字俪之,年二十一,余女也。李奕,字紫畦,光山人,与祥珍同齿,为余侍婢,皆学于采苹棣华馆者,武昌官舍之内,婉洵、若绮燕谭之所故名。

此集 20 卷,收录诗凡 960 首,断自武昌始,以作诗之先后为序。因"客有闻者,多索观,疲于抄写"故付梓匠,由张曜孙子张晋礼搜辑而成。

> 余偶于宵分得余隙共坐棣华馆各出所业为品评,而指摘之积三年得诗两千余首,则其略可诵者,命儿子晋礼汇录成册,以寄孟缇于京师,并付塾中诸子观览聊志。一时欢辑之雅,诸女力学之勤差有合于敬姜善之旨,以历诸子而慰孟缇焉。客有闻者,多索观疲于抄写,遂付梓匠。

可见张氏后人对于家族传统、家学传承的重视,以及时人对张氏诸女的肯定。

《棣华馆诗课》详细记录了张氏家族女性文人的家居生活、文学创作和学习模式:

> 余自道光癸巳承先大夫命,割宅与姊婿孙叔献、王季旭同居。

---

① 〔清〕张晋礼:《棣华馆诗课·题辞》,清道光三十年武昌棣华馆刻本,1 页。

余与季旭常出游，叔献家居课诸子读，并女子亦课之。时女甥采芣、采蘩年十二三，读书最慧，稍长出塾，习女红，以其暇读书闺中，而时就叔献为讲贯会。余卧病里居者四年，授以唐人诗，辄能效为之。旋学书，篆隶、行草、钟鼎文皆为之，又学画，山水井木禽鸟虫鱼皆为之。余喜其敏慧好学，又病中无所事事，日与论诗书读画以自遣。诸女之出塾者，皆令督课之。及宦武昌，伯姊孟缇自京师先至，乃迎婉纫、若绮来居官舍。见诸女皆长成，学日进，甚乐之。……于是一庭之内，既损米盐井臼之劳，又无膏粱文绣之好，遂日以诗书为事，相与切达义理，陶泽性情，陈说古今，研求事物，凡读书作诗文书画、治女工皆有定程，而中馈酒浆琐屑之事，各于其间，为之不废，日无旷咎，语无杂言。①

张氏女性日常生活学习及唱和情境的刻画，展现了家族内部宽松自由的学习氛围。"叔献家居课诸子读，并女子亦课之"，"诸女之出塾者，皆令督课之"，可见家族长辈对于下一代儿女读书的重视，特别是对于女性，能以其"特性"分类培养，可谓清代女性家内阅读及唱和的典型范本。针对张氏女性的不同性格特点和创作特征，提出了更多的创作期待：

诸女所为诗，各肖其人，未尝相袭。采芣性柔和，诗之佳者，深细熨帖，而不能浑厚；采蘩性并素，诗沉着纯质，而不能精微；祥珍宅心厚重，诗多安闲之致，而未捧警拔；嗣徽当机英敏，诗有高朗之概，而未至平和；采藻宽闲而少骨力；紫畦柔婉而乏精深。知其所短而务去之，以全其性之所近。学虽浅小，未尝不可底于成，诸女勉之矣。且吾闻之，女子之学，其入也易，其成也难，故班左诸贤，数百年而一见，盖教之者既难，得其人从而间之者复多，其途径以为不稳，姑置之，以为无益遂弃之，或恶其胜己而抑之，嫉其形巳而弃之。苟非人之深好之驾，未有不摄于一旦者。今诸女既得师矣，而又无从间之者，其可不益致力以求其成乎？且尽思师所以教诸女者，果何谓乎？凡所以求义理之精，而欲各得性情之正，以治身而治事者也。②

作为长辈，张纨英提出诸女应在诗风中"知其所短而务去之"，以此来弥

---

① 〔清〕张晋礼：《棣华馆诗课·序》，清道光三十年武昌棣华馆刻本，1页。
② 〔清〕张晋礼：《棣华馆诗课·书后》，清道光三十年武昌棣华馆刻本，1—2页。

补性格特征对文学创作的影响。一句富含情感的"诸女勉之矣",表达出她对女性才华的重视以及对于下一代女性文学创作的殷切期望,其良苦用心可以想见。

从张氏诸女的创作来看,六人常针对四时之人、事、物展开吟咏,如《咏物》6首、《咏月》10首、《寒柳》8首、《春草》5首、《秋景》24首、《四时词》16首、《消寒分咏》等。《消寒分咏》[①]共100首,将冬日中众多与寒相关的人、事、物进行分题吟咏,姊妹六人在家学氛围的影响下,将文学创作生活化、情趣化,展现出对诗歌创作的高度热情。

集中更有诸多拟古、咏古之作。拟古之作,"自汉魏,迄三唐八十家,无不为之。不袭其貌而得其神理,意味风格且有绝胜原作者"[②]。咏古之作,如《武昌咏古》24首、《楚中怀古》32首、《拟古诗》30首、《读诗杂拟》50首等,展现了六人对历史独特的见解和情怀。《楚中怀古》32首是采苹、采藻、嗣徽以及祥珍针对屈原宅、宋玉墓、贾傅祠、庞德公故居、诸葛武侯故里、鹦鹉洲、黄鹤楼、潇湘等八个主题分别创作的诗歌。以《诸葛武侯故里》为例:

> 采苹:高卧南阳回不群,龙蛇战斗任风云。草庐早定三分业,蜀道长留八阵云。清泪汶山悲左衽,西风渭水痛孤军。中兴惜未逢光武,孤负云台列将勋。
>
> 采藻:南阳茅屋对斜曛,梁父吟成思不群。万里风云开霸业,一时鱼水得贤君。回天应抱吞吴恨,继统难休伐魏军。耕战独筹持久计,频年帷幄最辛勤。

---

① 其中采苹18首,包括《寒风》、《寒星》、《寒色》、《寒汀》、《寒泉》、《寒寺》、《寒士》、《寒灶》、《寒钓》、《寒笛》、《寒玉》、《寒衾》、《寒菊》、《寒苦》、《寒笋》、《寒鹰》、《寒鸡》、《寒蝇》等;采藻18首,包括《寒云》、《寒烟》、《寒露》、《寒声》、《寒店》、《寒景》、《寒女》、《寒毡》、《寒衣》、《寒砧》、《寒泪》、《寒松》、《寒柳》、《寒草》、《寒叶》、《寒雁》、《寒鹭》、《寒犬》等;祥珍18首,包括《寒日》、《寒霞》、《寒晓》、《寒夜》、《寒堤》、《寒塘》、《寒涧》、《寒戍》、《寒柏》、《寒竹》、《寒梅》、《寒菜》、《寒砚》、《寒珠》、《寒炉》、《寒桥》、《寒饮》、《寒雀》等;嗣徽18首,包括《寒雨》、《寒雾》、《寒霰》、《寒城》、《寒寨》、《寒村》、《寒潮》、《寒潭》、《寒猎》、《寒樵》、《寒钟》、《寒笛》、《寒枕》、《寒图》、《寒诙》、《寒会》、《寒花》、《寒驴》等;采藻14首,包括《寒市》、《寒亭》、《寒径》、《寒林》、《寒舟》、《寒闺》、《寒帘》、《寒香》、《寒吟》、《寒绣》、《寒梦》、《寒鹤》、《寒兔》、《寒尽》等;李娈14首,包括《寒意》、《寒霜》、《寒月》、《寒江》、《寒山》、《寒桥》、《寒窗》、《寒机》、《寒灯》、《寒帐》、《寒蕉》、《寒芦》、《寒鸦》、《寒鱼》等。

② 〔清〕张晋礼:《棣华馆诗课·跋》,清道光三十年武昌棣华馆刻本,1—2页。

祥珍：陇上愿为择主留，一时鱼水古无俦。偏安竟限三分势，尽瘁深悲五丈秋。谋国平生惟谨慎，成仁有子绍箕裘。如何白帝传遗诏，自取还劳意外忧。

嗣徽：从龙逐鹿镇纷纭，独卧茅庐看白云。邺下群贤浑未识，荆州咫尺亦无闻。三分已定隆中策，六出聊存汉代军。星陨凉秋千古恨，鹤归应忆旧耕耘。

采苹与采蘩侧重对诸葛亮一生辅佐刘备、成就霸业事迹的感怀，并对其结局感到同情和惋惜。祥珍则着重表达诸葛亮对刘备父子的忠诚之心，思考如当时诸葛亮对刘禅取而代之，又会有怎样的结果。嗣徽从诸葛亮出庐前后对比的角度反思其为成就刘备霸业作出的决定是否值得。当然，从诗歌艺术的角度来看，四人之作均用典太多，语言直白，有炫耀之嫌，在感情深度上有所不足。

六人共同参与创作的诗篇有《怀孟缇》[①]、《闺中杂事诗和孟缇》[②]、《题见津先生洞庭更生图册》[③]、《俪之二十初度赋赠》[④]、《紫畦二十初度赋赠》[⑤]、《消寒分咏》等。以《怀孟缇》为例，采苹与祥珍回忆往日棣华馆课读、联吟唱和的情景，"华馆联吟似旧时，疏帘月上漏初迟"（采苹），"幽窗课读犹如昨，忽忆相逢晓梦中。何时重见大姑回，华馆清幽绮宴开。选韵联吟寻常乐，不须更盼雁书来"（祥珍），抒发对孟缇从母的想念。采蘩、李娈则通过季节的变化来表现孟缇离开之久，"那堪杜宇催归急，二月春波送客行。千章浓绿一庭深，几日离怀已不禁。触暑最难孤艇客，棹歌声里独长吟"（采蘩），"送

---

① 采苹、采蘩、采藻、嗣徽作《怀孟缇从母》，祥珍作《怀孟缇姑母》，李娈作《对月怀孟缇恭人》，《棣华馆诗课》卷二，清道光三十年武昌棣华馆刻本，3—4页。

② 采苹、采蘩、采藻、嗣徽作《闺中杂事诗和孟缇从母》，祥珍作《闺中杂事诗和孟缇姑母》，李娈作《闺中杂事诗和孟缇恭人》，《棣华馆诗课》卷六，清道光三十年武昌棣华馆刻本，4—6页。

③ 采苹、采蘩、采藻、嗣徽作《题族舅氏张见津先生洞庭更生图册》，祥珍作《题见津族父洞庭更生图册》，李娈作《题见津先生洞庭更生图册》，《棣华馆诗课》卷六，清道光三十年武昌棣华馆刻本，12—14页。

④ 采苹、采蘩作《俪之大妹二十初度赋赠》，采藻、嗣徽作《俪之大姊二十初度赋赠》，李娈作《俪之公子二十初度赋赠》，祥珍作《二十初度感事述怀兼答家大人暨诸尊长姊妹赠诗》。《棣华馆诗课》卷八，清道光三十年武昌棣华馆刻本，8—9页。

⑤ 采苹、采蘩、采藻、嗣徽、祥珍作《紫畦二十初度赋赠》，李娈作《二十初度婉纫、若绮夫人，涧香师，筥香，少婉，锜香，俪之诸女公子均以诗见赠主人示赐七绝十四首赋此志感》，《棣华馆诗课》卷八，清道光三十年武昌棣华馆刻本，9—12页。

暑迎秋最怆神,月明人静夕花新"(李奕),展现自己的离怀之情。嗣徽与采藻则着意刻画月落黄昏后思念孟缇时空冷寂寥的氛围,"灯昏月落冷帘钩,梦逐征帆诉别愁。千里江天消息断,更无雁字过南楼"(嗣徽),"灯暗香消冷素帷,空梁落月梦回时。遥知千里燕台客,一样无眠听漏迟"(采藻),表现梦里相见,诉说衷情的离愁之情。

《比屋联吟图》与《棣华馆诗课》所反映的家庭创作情况,是建立在亲缘关系基础之上的家族联吟。这一典型的唱和模式,以诗书大家的聚居和浓厚的家庭文学氛围为前提。以家族文学声望为基础而形成的群体效应,在传播上获得了极大的回响,可视为清代女性文学史上规模最大、声誉最著之代表。

承前所述,吴江沈氏家族中除了沈宜修与叶绍袁夫妻吟咏之外,家庭成员之间的往来唱和更是频繁,以沈氏家族女性与男性成员之间的互动为例。如沈宜修《鹂吹集》收录《梦君庸》、《秋夜忆君晦弟》、《寒食送君晦西归》、《思君庸》、《仲夏别君晦》、《忆君庸弟》、《春半忆弟》、《浣溪沙·和君晦》、《更漏子·寄君晦》等作,亦可见其出嫁后仍与沈自炳、沈自徵保持诗词互动。此外,亦可从互题作品序言中看出家族成员的互动关系,如沈宜修《鹂吹集》有沈自徵《鹂吹集序》、沈自炳《伯姊叶安人宛君遗序》、沈大荣《叶夫人遗集序》、沈自炳《梅花诗序》、叶绍袁《梅花诗序二》,叶纨纨《愁言集》有叶绍袁《愁言集序》,叶小纨《鸳鸯梦》有沈自徵《鸳鸯梦小序》,叶小鸾《返生香》有沈自炳《返生香序》等。通过这些序言,我们可以从不同角度了解作者的生活,以及序作者对作者及其文学创作、作品风格特点等的评价。沈自炳赞沈宜修作词"以清丽归于淡雅,所谓清润冰玉之姿,潇洒林下之气……岂与何逊争吟啸之兴,江妃聘作赋之才哉"[1],以"以婉娈之年,怀高散之韵"[2]赞叶小鸾词赋、古文、琴弈、书画莫不精通之才华。

叶小鸾、叶纨纨相继去世后,家族成员通过挽诗、悼文等方式表达对两

---

① 〔明〕叶绍袁:《午梦堂集》,北京:中华书局,1998年,172页。
② 〔明〕叶绍袁:《午梦堂集》,北京:中华书局,1998年,229页。

人的追念。① 这类作品可视为家族文学互动的延伸,借由致哀者与亡者的关系,反映沈氏家族成员之间的互动情况。

江苏武进刘氏家族,"昔年家园中红药数十丛,台榭参差,栏杆曲折,与诸昆仲及同堂姊妹常聚集其间,分题吟咏,填有长短调六十阕,名《红药栏词》"②。在红药园中,诸昆仲姊妹汇集一堂吟咏的情景是刘氏家族文学最好的呈现。刘氏家族女性文人代表刘汝藻"好携诸姊妹,斗草画堂东",其《筠心阁集》中收录了多首与伯嫂虞友兰的交游唱和,从《夏日偕伯嫂登楼观雨》、《偕伯嫂暨女侄撰方晚憩大树园》、《偕伯嫂暨女侄撰芳赏白莲》等诗中可知二人经常结伴出游,也颇多唱和之作,如《采莲词偕伯嫂分韵同作》、《和伯嫂蕉扇之作》、《重阳次伯嫂原韵》、《采桑词和伯嫂作》等。虞友兰《树蕙轩诗钞》中亦有多首与家族成员的唱和之作,如《寄张姑母》、《秋夜怀二嫂》、《白牡丹次四弟韵》、《题四弟墨梅画幅》、《寄五弟关中》、《寄张二表妹即和暮春赠别原韵》、《白莲和女琬怀韵》等。

江苏太仓王氏家族王发祥长女王慧"生自高门,嫔于名族。姿性朗悟,习礼明诗,经史百家之书,靡不观览诵记。常与诸弟妹分题斗韵,互相师友"③。常与儿辈"游戏柔翰,拈题分韵"④。从《凝翠楼集》收录作品得知,王慧与家人之间的交流唱和之作达百余首,其中以与表姑张羽卿的唱和最多,如《七夕立秋偕羽卿作》、《羽卿见过留韵壁间即次奉酬》、《依韵奉和初春羽卿见访留题时有微》等。"今幸两人尚健,不知继斯游者能有几否。一时乘兴,复同儿子再遄旧游,相与徜徉月下,欢然小饮,夜分始别,明月满船……

---

① 如沈媛《叶昭齐甥女》3 首、《挽叶琼章甥女》3 首,周兰秀《挽昭齐》4 首、《挽瑶齐》4 首,沈智瑶《忆昭齐琼章两甥女》、沈宪英《哭昭齐姊》、《花下忆琼章姊》、《点绛唇·忆琼章姊》、沈华鬘《春夜忆昭齐姊》、《春日忆琼章姊》、沈蕙端《挽昭齐琼章》、沈倩君《悼甥女叶昭齐》、《悼甥女叶琼章》、颜绣琴《挽昭齐琼章两表妹》10 首、沈宜修《哭三女小鸾》、沈自炳《甥女叶琼章哀词》、沈自徵《祭甥女琼章文》、叶纨纨《哭琼章妹》、叶小纨《哭昭齐姊挽歌》、《哭琼章妹》、叶绍衷《祭长女昭齐文》、《祭亡女小鸾文》、《元旦再告亡女小鸾文》、叶世佺《祭亡姊昭齐文》、《清明日再祭昭齐姊文》、《哭琼章妹》、《祭亡妹琼章文》、叶世偁《祭亡姊昭齐文》、《祭亡姊琼章文》、叶世俗《祭亡姊昭齐文》、《祭亡姊琼章文》、叶世侗《祭亡姊昭齐文》、《祭亡姊琼章文》等。

② 〔清〕刘琬怀:《补栏词·记》,《小檀栾室汇刻闺秀词》第八集,清光绪二十二年南陵徐氏刻本,1 页。

③ 〔清〕王慧:《凝翠楼集·序》,清康熙四十七年常熟朱氏银槎阁刻本,1 页。

④ 〔清〕王慧:《凝翠楼集·跋》,清康熙四十七年常熟朱氏银槎阁刻本,1 页。

聊题数语,以记斯游。"①描绘了王慧与羽卿出游唱和的场景。其他与弟妹及侄孙的赠答、怀人、唱和之作亦有 50 余首,多为送别、寄怀之作,如《送妹入城》、《将归虞山留别弟妹》、《秋日怀弘导弟湖上》、《月夜怀诸弟妹》、《丙午仲春送家大人北上》、《偶作桂下因思城南旧墅有怀诸弟》、《北信忆弘导弟》等,展现了王慧与家人之间的深厚感情。

江苏常州钱氏家族浣青诗社的成立,虽只是家庭内部诗歌唱和的小型诗社,但却能够真实反映钱氏一门风雅、联吟唱和的家族生活状态。

> 壬午,余视学浙江,偕崔郎来省予,与诸昆弟结浣青诗社,余亦偶与其事。②

诗社主要成员包括钱维城、钱维乔以及钱浣青、崔龙见夫妇,亲戚里的庄炘、管世铭等。此种形式的唱和,可称为"家族文学自组织",即"家族成员(包括血缘关系和姻娅关系)在没有外界力量的支配或直接影响下,按照家族文化传统和文学活动的内在需求,以自相师友或其他情感纽带的默契形式,自动形成某种文学创作互感互动的有序结构"③。除了结社之外,钱氏家族成员之间的唱和更有作品集《鸣秋合籁集》传世。

> 往余侍舅氏钱文敏公于京师时,公爱弟竹初先生偕犹子味菽数省视公,同里韫山管君其尊甫与公有连,每应京兆试,辄馆公邸第。公为女浣青相攸得永济崔曼亭,余之姑子也。既就婚,公留不遣去,此五人者相得甚欢,公休沐之所日练云书屋,董陈千斋相国居此三,横云尚书所署书也。其东有籍焉,曰古青斋,公拜御赐之诗而敬以名之也。五人恒聚于此,或斗险韵策旧事为笑乐,浣青亦与焉。④

集中收录了成员之间通过联句、题画、分韵唱和等形式,表达亲人之间的思念和关怀之情的诗歌作品。这些都证明"江左门才聚一家"、"师友渊源自一家"⑤的钱氏家族文学是如此"文"化和"诗"化的存在。

---

① 〔清〕王慧:《凝翠楼集》卷三,清康熙四十七年常熟朱氏银槎阁刻本,19 页。
② 〔清〕钱孟钿:《浣青诗草·叙》,《江南女性别集初编》,合肥:黄山书社,2008 年,222 页。
③ 罗时进:《地域家族文学——清代江南诗文研究》,上海:上海古籍出版社,2010 年,203 页。
④ 〔清〕钱孟钿:《鸣秋合籁集·跋》,清乾隆间刻本。
⑤ 〔清〕钱孟钿:《鸣秋合籁集·题辞》,清乾隆间刻本。

　　此外，江苏松陵计氏家族的宋静仪，"女红余间，辄与君徽三妹，吟啸其中"①。江苏长洲许氏家族的许心榛亦"与妹阿尊、阿苏、阿芬唱和为乐，又与母姈张采于称闺中诗友"②。此类家族内部唱和的例子数不胜数。可见，发展自家族内部的女性吟咏群体在明清环太湖流域文学家庭中普遍存在，一门之内，成员之间的唱和，在扩展女性文化发展空间的同时，也激发了她们在文学创作上的更多可能。

（三）家族联姻

　　家族联姻是实现家族文化交流的重要手段，也是加快家族文学融合与提升的有效途径。家族女性受到自家以及夫家文化的双重影响，将传统妇德与知识智慧融合，这对家族女性文学兴趣的早期培养，以及家风、家学的传承具有重要意义。可以说，作为一种文化选择和生产行为，姻亲间交游互动形成的"共享型"文学环境，不仅能在纵向上实现文学生产的扩大以及家族文化的提升，而且可以在横向上实现家族文学活动空间的拓展，实现家族利益的最大化。这一文学活动方式，是家族内部文学创作的延伸。

　　吴江沈氏肇兴于明代中叶，家学兴盛，沈氏先后绵延十几世，据《沈氏诗录》载："自太常以后十世中，工诗者七十人，闺秀又廿一人。风雅之盛，萃于一家，海内所稀有也。"一方面，父子兄弟擅词藻，"科名接踵，代不乏人，五凤八龙，誉起江表③。五凤，即指沈氏五世孙沈璟、沈瓚、沈琦、沈珫、沈珣五人先后进士及第；八龙，即指六世孙沈自继、沈自徵、沈自友、沈自籍、沈自炳、沈自然、沈自驹、沈自东具有才名。另一方面，女性文学之盛更是替代交作，以沈宜修为核心的家族女性文人群体，影响着第六、七、八、九世的家族女性。叶氏亦自明中叶迄于清季的数百年间，代代有人，人各有集。门才之盛，乃地方之冠。沈、叶二氏，互为姻娅（图3-1），俱系松陵望族。以沈、叶家族女性文人为中心，客观上形成了一个具有宗族、姻亲关系的家居式女性文学社团，堪称一部地方女性文学史。

---

①　〔清〕费善庆，薛凤鸣：《松陵女子诗征》卷六，民国七年吴江费氏华尊堂铅印本，5页。

②　〔清〕周铭：《林下词选》卷三，清康熙十年周氏宁静堂刻本，11页。

③　〔清〕沈祖禹：《吴江沈氏诗集录》附录《芝堂公沈钦霖墓志铭》，清乾隆五年吴江沈氏刻本。

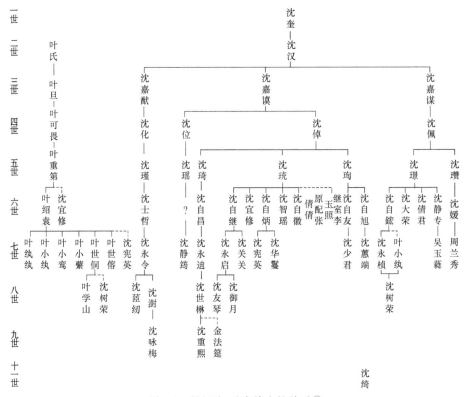

图 3-1　吴江沈、叶家族女性关系①

吴江沈氏、叶氏两大文化世族的联姻,使两家成为一个利益共同体。就文学而言,叶氏之门长于诗,沈宜修、沈宪英、沈树荣嫁到叶家,便融入叶家诗歌天地。而沈氏长于词曲,叶小纨遂擅戏曲,作《鸳鸯梦杂剧》,促进了两家家族文学的持续繁荣。沈叶两家女性文人群体共有 20 余位成员。

自水西沈氏出,高门弈叶,声施灿然,文宛君、少君缵其业,珠盘玉敦,乃在脂套粉盥间。人第知《鹂吹》一集推倒并世,不知上慰道人《适适草》亦生龙活虎也。厥后一传而为玉霞、绣香、惠思、端容、宫音,再传而为素嘉、参荐、纤阿、慧贞,三传而为咏梅,四世相承,弗堕厥绪,而一时执箕帚来归者无为、玉照、蕙绸、法筵,又皆旗鼓相当,号称大敌。虽流传百年以后,迁徙百里以外,而吴门翡翠、

① 此关系图绘制依据参见李真瑜:《明清吴江沈氏世家百位诗人考略》,合肥:安徽教育出版社,2014 年,296—304 页。

尚湖环碧,犹灌溉其余沥。任心斋有言:岂扶舆秀淑之气有特钟欤?抑其濡染家学有由也,岂不信哉。次则分湖诸叶,叶叶交辉。《愁言》《返生》世夸双璧,而横山之论《存余》,且以为情词黯淡过于姊妹二人,即香期后起,不复有赫赫名,要其枫叶堕秋,芦梢惊梦,小戎女子之思,宁非旷代逸才。①

可见家族内女性文人人数众多且都有优秀的作品传世,声名远扬。诸人"中庭之咏,不逊谢家;娇女之篇,有逾左氏。于是诸姑伯姊,后先娣姒,靡不屏刀尺而事篇章,并组纴而共子墨"②。

众人曾在汾湖之滨分题唱和:

> 麦陇新翻小绿柔,隔溪啼鸟弄芳洲。青山晚色花浮影,暮色微风月入流。
>
> 共美仙舟遥忆李,最怜顾曲元闻周。吴宫歌舞重回首,樽酒何年续胜游。③

道出闺秀文会时,麦陇新绿,畔鸟啼鸣,一派春色盎然的景象。而日近傍晚时分,又是另一番光景。不禁羡慕李白吴宫歌舞、樽酒胜游之情怀。借春日之景及古人之情,表现众人游玩唱和之兴致。

在家中男性成员的支持下,吴江沈、叶两家的女性,通过多样的赋诗唱和形式维系感情,聊表生活情趣。因雅集地点多在家中,故在不背离家内角色的前提下,酬唱行为也突显出家内生活的特殊性。借由宗族、姻亲关系而形成的女性社交圈,亦反映家族女性文人不同于普通女性的社交面目。即使在百年之后、百里之外,沈、叶两家的子孙对于家学的传承仍能够历久不衰,被认为是明清两代诗词的中坚代表。吴江沈、叶两家还与其他著姓望族,如吴氏、顾氏、张氏、潘石、周氏、袁氏等保持联姻关系,在此亦不赘述。

德清许氏家族女性,因梁德绳甥女汪端嫁与陈文述之子陈裴之,而与陈文述家族女性及其女弟子多有唱和;梁德绳之女许延锦嫁与阮元之子阮福,从而成为阮元家族女性群体的重要成员之一。(图3-2)

其一,梁德绳甥女汪端乃陈文述媳。汪端(1793—1838),字允庄,号小韫,选编《明三十家诗选》,著有《自然好学斋诗钞》、《元明逸史》。早年由姨

---

① 〔清〕费善庆、薛凤鸣:《松陵女子诗征·序》,民国七年吴江费氏华鬌堂铅印本,1页。

② 〔清〕钱谦益:《列朝诗集小传》卷四,上海:上海古籍出版社,1983年,312页。

③ 〔明〕沈宜修:《鹂吹集》,《午梦堂集》,北京:中华书局,1998年,33页。

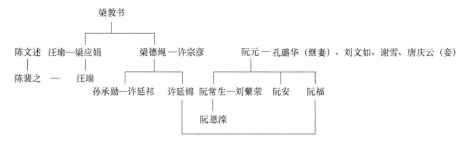

图 3-2　钱塘陈氏、德清许氏、征仪阮氏家族关系

母梁德绳收养,"梁夫人早卒,天潜翁剧所钟爱嗣兄初以积劳役,殁于维西军营,天潜翁矣痛子卒。宜人受樵于姨母梁德绳夫人,嘉庆己未进士,兵部员外许君周生室也,爱宜人如所生"。其文学创作深受梁德绳影响。嘉庆十五年(1810)二月初,汪端归于陈文述之子陈裴之,"先数年,余闻宜人贤而有才,乞塞候于华秋槎大令。天潜翁亲来吴门相攸,见裴之赏之,乃缔姻。至是迎归,比肩伉俪,重亲致欢,见者方知金童玉女"①。汪端与陈裴之婚后常拈韵分题吟咏,每有新作即呈陈文述鉴定,深受陈文述喜爱。

其二,许宗彦与梁德绳二女许延礽,字云林,著有《福连室集》,亦是陈文述碧城仙馆女弟子之一。陈文述《留别吴门》诗中,有"春风桃李群芳谱,争乞羊欣白练裙"之句,其下自注云:"武林女弟子汪逸珠、许云林、吴苹香、顾螺峰、陆湘鬟、李苹仙、笔芸卿、黄兰卿、蕙卿、家妙云;王仲兰、辛瑟婵、吴飞卿、孙芙裳、张云裳、吕静仙、钱莲缘、家友菊、黄兰姒、曹小琴、范湘盘、吴容飞、于蕊生、史琴仙、张兰香,书画并擅,一时之秀。"②许延礽与阮元孙女阮恩滦有诗歌往来。阮恩滦《慈晖馆诗词草》前闺秀题辞中有许延礽《齐天乐·次苹香夫人韵》,可知许延礽与陈文述、阮元家族的联系。

其三,许宗彦与梁德绳三女许延锦,字云姜,擅绘画、能诗,著有《鱼听轩诗抄》,嫁与阮元之子阮福,成为阮氏家族才女群的一员。阮氏家族女性文人群体中的领军人物当属阮元的继妻孔璐华(1777—1832),字经楼,山东曲阜人,孔子第七十三代长孙女,著有《唐宋旧经楼稿》六卷,续一卷。其他成员包括:阮元姜刘文如(1777—1847),字书之,号静春居士,仪征人,擅长诗

---

① 〔清〕汪端:《自然好学斋诗钞·孝慧汪宜人传》,《清代诗文集汇编》第 578 册,上海:上海古籍出版社,2009 年,1 页。

② 〔清〕陈文述:《颐道堂诗选》,《清代诗文集汇编》第 504 册,上海:上海古籍出版社,2009 年,26—27 页。

文,兼工绘画,著有《四史疑年录》七卷。姜谢雪(1782—1836),字月庄,号蓉庄,长洲人,善诗,著有《咏絮亭诗草》。姜唐庆云(1788—1832),字古霞,长洲人,著有《女萝亭稿》六卷。次女阮安(1802—1821)字孔静,江都张熙妻,著有《百梅吟馆诗》一卷。长媳刘蘩荣(1791—1805),字涧芳,宝应人,阮常生妻,工吟咏,著有《青藜阁诗集》。孙女阮恩滦(1831—1854),字媚川,阮常生女,著有《慈晖馆诗钞》、《慈晖馆词钞》。

其四,许宗彦与梁德绳死后,阮元亲撰《浙儒许君积卿传》[①]和《梁楚生恭人传》[②]二文,可见三人之关系。

其五,陈文述为阮元之学生兼幕僚。陈文述少负隽才,嘉庆元年(1796)阮文达公视学浙江时,陈文述为第一,称其才力有余,能人所不能,遂有"陈团扇"之称。

> 团扇之名甚古,汉时已有之。有明中叶,乃行折扇,至本朝为尤盛,遂不复知有古制矣。阮云台先生于嘉庆丙辰提学浙江,尝得一古团扇,有马和之画,杨妹子题,因依式仿制,以赏诸生之高等者。时钱塘陈云伯大令尚为秀才,岁试赋此题,有云:'江南三月春风歇,樱桃花底莺声滑。合欢团扇翦轻纨,分明采得天边月。南渡丹青待诏多,传闻旧谱出宣和。入怀休说班姬怨,羞见曾怜晋女歌。班姬晋女今何有?携来合付纤纤手。阑前扑蝶影香迟,花间障面徘徊久。楼台花鸟院中春,马画杨题竟逼真。歌得合欢词一曲,不知谁是合欢人?'先生阅此卷,大为称赏,拔置第一,刻入《浙江诗课》及《定香亭笔谈》。不二十年,团扇之制遂行满天下。[③]

陈文述在其著述中也多次提及与阮元的这段往事:

> 余束发受书,资质稚鲁,未尝学诗。嘉庆丙辰,仪征阮伯元先生视学浙江,见余试作。谓余曰:'子之文扬班俦也,诗亦可及高、岑、王、李,若之何其不学也?'余家无藏书,又里闬无师友之助,因

---

① 〔清〕阮元:《揅经室二集》卷二,《续修四库全书》第 1479 册,上海:上海古籍出版社,1995—2002 年,29 页。

② 〔清〕梁德绳:《古春轩诗钞·梁恭人传》,清道光二十九年刻本,2 页。

③ 〔清〕钱泳:《履园丛话》卷八,《清代笔记丛刊》,上海:文明书局,1911 年,11—12 页。

先生言,始有向学之志,观书于市,且钞且读。①

可见三个家族之间,由科场、姻亲等形成复杂的联系。

不同于一般文士结社的应制、一较诗才、干预时政等多重目的,女性文人家居式文学活动目的较为单纯。不管是女性对女性——母女、姊妹、姑嫂,或是女性对男性——夫妻、父女、姊弟,诗词创作多是她们用来维系感情、表露关怀的手段。唱和作品内容较少涉及社会事务,多为写景状物、怀念亲友等抒发个人情感之作。

第二节　外部交游

家族女性的文学活动,除了家族内部这一最初的空间领域之外,对她们文学交流以及声名传播更为重要的是家外社交网络的形成和扩展。所谓"社交",即指社会中人与人的交际往来,确切地说,包括个人与他人(同性与异性)或个人与团体,以及团体与团体之间的社会互动。延伸而论,社会生活的形成,基于人及其所参与的社会体系。社会体系大小不一,不同空间或地域对于我们又亲疏有别,或者说与其产生的关联方式不同,因而无论何时我们都参与一个或一个以上的社会体系。在不同的社会体系中,个人的身份位置及角色,既让自己与社会产生关联,也是构成与他人往来的基本条件。

对于家族女性而言,她们逐渐从闺内走向闺外,创作时空的扩展遵循一定的形式和规律,即从"家居式"向"社交式"、"公众式"扩展。

> 当一个家居式社团逐渐吸收家庭以外的成员时,它就变成了社交式的;当一个社交式社团在文人圈中得到承认,或从事编辑和出版计划时,它可能最终变成公众式的。三种不同社团的影响,在时间上也显示出了一种进步。②

通过聚会、结社等形式,密切与家族内外亲友交流联系,到最后形成有较为完整社约、稳定的成员构成以及从事编辑、出版计划的正式团体。

---

① 〔清〕陈文述:《颐道堂文钞》卷一,《清代诗文集汇编》505 册,上海:上海古籍出版社,2009 年,22 页。

② [美]高彦颐:《闺塾师——明末清初江南的才女文化》,李志生译,南京:江苏人民出版社,2005 年,18 页。

　　首先,家族女性通过"姊妹情谊"扩展社交网络。家族女性与家外女性友人的文学交游活动形式丰富多样,主要由书信往来、题诗、题画、题集、撰写序跋及雅集等活动构成。这种社交网络的形成,促生了诗友之间的深切情谊,也反映了女性群体意识以及社交意识的增强,是女性文人希望能够最大限度地发挥自身文学价值的心理写照。家族女性对于交友的热衷,正是出于彼此的惺惺相惜,不仅是相思离别情绪的倾诉,更是生活情趣、女性情谊的分享,甚至是写作经验的切磋交流。可以说,家族女性交游关系的扩展开辟了一个给予女性文人意义、安慰和尊严的生存空间,体现了明清两代家族女性生活空间与心灵空间的双重扩展。

　　吴江周氏家族的王淑"随宦京华时,得交于李佩金、杨蕊渊诸姊妹,一时拈韵分题,诗笺络绎,固极一时之乐也"①。友人亦题诗赞誉三人之友情:"多生慧业侪班左,并世声华俪蕊兰。毕竟峨眉有同调,青琴何惜再三弹。"②从《竹韵楼诗钞》《琴趣词》中收录的交游作品来看,可见王淑与沈纫兰、刘婉怀的交往情况。李佩金,字纫兰,长洲人,善画梅,工诗词,著有《生香馆词》。二人交往之作有10首③,如《李纫兰姊与予别后倏已三载,今春以生香馆诗稿见示,适成一律,以志怀感》:

　　　　京华握手话绸缪,风雨蕉窗互唱酬。谱订金兰盟异性,车驱油壁忆同游。生花旧有青莲笔,咏絮新传白社秋。今日思君重展卷,聪明只合一生愁。④

　　李佩金以《生香馆诗稿》寄于王淑,王淑亦感怀二人订结金兰、互相唱酬及同游之往事,"旧事空谈笑,新词互掛儶"⑤一句展示了王淑与李佩金平日交往之内容。结伴出游也是王淑与友人交往的重要方式,其《满庭芳·壬戌

----

① 〔清〕王淑:《竹韵楼诗钞·自序》,清道光二十五年刻本,1页。

② 〔清〕王淑:《竹韵楼诗钞·题词》,清道光二十五年刻本,1页。

③ 如《病中怀纫兰姊》《题万里图与李纫兰姊分赋》《壬戌中秋出都留别李纫兰杨蕊渊陈衡芳诸姊》《李纫兰姊与予别后倏已三载今春以生香馆诗稿见示,适成一律以志怀感》《江城喜晤李纫兰姊即送其还杭》《满庭芳·壬戌三月望后一日,李纫兰招同陈雪兰杨蕊渊陈衡芳诸姊崇效寺看海棠满赋》《蝶恋花·两窗忆旧次纫兰姊韵》《金缕曲·访李纫兰于吴门》等。

④ 〔清〕王淑:《竹韵楼诗钞》卷一《江城喜晤李纫兰姊即送其还杭》,清道光二十五年刻本,7页。

⑤ 〔清〕王淑:《竹韵楼诗钞》卷一,清道光二十五年刻本,13页。

三月望后一日,李纫兰招同陈雪兰杨蕊渊陈衡芳诸姊崇效寺看海棠满赋》即云春天风和日丽,故人相约出游之情景。王淑更以"青莲"喻李纫兰之才华,"早晓昙花原一现,蓬莱何事谪青莲"①,感叹其英年早逝。

　　王淑与刘琬怀二人可谓是忘年之交。刘琬怀,武林人,家住西泠,"性耽翰墨,适吴江梨花里邱东湖茂才,齐下珊瑚,玉管以调,琴瑟金声。予年方及笄,得观芳仪,侍姑拜手于瑶阶,礼佛随肩于梵殿,荷蒙垂爱,交订忘年。于是鱼书雁字,各诉蕉心,秋月春花,共题桐叶。指以迷途,教修六字,开予茅塞,三生夙意,相知廿载"②。王淑集中收录了 16 首与宛怀伯母的交往之作,③"两地难成寐,潇潇入耳频。新诗怀旧雨,短梦到长春。良晤经年约,相思别后真。一枝梅颇腊,知己语相亲"④,"咫尺天涯增怅惘,好凭锦字问平安"⑤,"旧时絮语相逢地,一度思量一黯然"⑥等诗句生动刻画了王淑对于宛怀伯母的思念之情,感情之深厚可见一斑。

　　在家族女性群体形成的交游网络中,不同家族之间,或不同交际网络之间也存在直接或间接的往来,通过群体中的关键人物,把分散的女性群体连结起来,进而形成了一个遍及整个江南的女性文学交际网络。以嘉兴黄氏家族女性与吴江沈氏、山阴祁氏家族女性之间的交往为例。黄媛介通过表兄冯茂远的关系与吴江沈氏家族维持了十余年的交情。据叶绍袁《天寥年谱别记》所记载:"象三(黄媛介弟)感于知己,以其姊黄媛贞、黄媛介挽昭齐、琼章诗文来。"⑦黄媛介《读叶琼章遗集·序》亦有云:"甲戌春,家仲手《彤奁合刻》相示,曰:'此冯茂远先生欲汝为瑶期挽歌诗也。'遂寻绎数四,尽其诸

---

　　①　〔清〕王淑:《竹韵楼诗钞》卷一《哭李纫兰姊》,清道光二十五年刻本,19 页。
　　②　〔清〕王淑:《竹韵楼诗钞》卷二,清道光二十五年刻本,1 页。
　　③　如《惜春词寄宛怀伯母》、《媚川伯母以双燕便面命题即次原韵》、《次宛怀伯母听雨不寐见怀原韵》、《寄怀宛怀伯母》、《次宛怀伯母看菊见怀原韵二首》、《题宛怀伯母诗钞即次卷中和东坡定惠院海棠韵》、《哭许宛怀伯母》、《念奴娇·宛怀伯母以诗扇兰花香见赠词以代柬》、《凤凰台上忆吹箫·柬宛怀伯母》、《满江红·宛怀伯母年余不面,今岁春杪一晤,匆匆即别,未畅衷言,归后怅然填此缄》、《两同心·五亩园中与宛怀伯母隔楼小聚,别后寄怀》、《蝶恋花·病起接宛怀伯母书,劝余念佛,即填短词二阕奉答》等。
　　①　〔清〕王淑:《竹韵楼诗钞》卷一《次宛怀伯母听雨不寐见怀原韵》,清道光二十五年刻本,17 页。
　　⑤　〔清〕王淑:《竹韵楼诗钞》卷一《柬宛怀伯母》,清道光二十五年刻本,18 页。
　　⑥　〔清〕王淑:《竹韵楼诗钞》卷二《哭许宛怀伯母》,清道光二十五年刻本,2 页。
　　⑦　〔明〕叶绍袁:《天寥年谱别记》,《午梦堂集》,北京:中华书局,1998 年,890 页。

体。"①沈纫兰亦有《悼宛君》及《悼琼章》、《再和叶夫人芳雪轩韵》等诗记录与沈宜修母女的来往事迹,沈纫兰儿媳周慧贞与沈宜修又有亲戚关系,沈宜修更为周慧贞《周挹芬诗》作序,可知两家文人的交往轨迹。两家女性文人的文学交流作品,包括黄媛介《伤心赋·哀昭齐》、《读叶琼章遗集》及《绝句》各十首,黄媛贞《挽昭齐》及《挽琼章》各 2 首、《绝句》10 首,沈纫兰《悼琼章》10首、《再和叶夫人雪芳轩元韵》等。

而嘉兴黄氏与山阴祁氏的联系,主要表现为黄媛介与山阴祁氏家族群体的交往。祁氏家族聚集了商景兰、祁德渊、祁德琼、祁德茝、张德蕙、朱德蓉、徐昭华等众多女性文人,"每于女红之余,或拈题分韵,推敲风雅,或尚溯古昔,衡论当世"②。一门母女、姐妹、婆媳之间吟咏的盛况,被朱彝尊喻为"望若十二瑶台焉"③。据施闰章《黄皆令小传》记载,黄媛介曾经居住在山阴梅市,与祁氏家族女性交往甚密,唱和之作更结集为《梅市倡和诗抄稿》,惜今已散佚,只存其中部分作品。④ 由诗可见祁家女性与黄媛介经常聚会唱和,如祁德琼《同皆令游寓山》:

> 一舟携远客,池馆白云边。归鸟寒栖树,苍松暮拂烟。看山高阁上,待月画楼前。堂构今零落,无心整翠钿。⑤

从闺房内到家外的园林,出游经历成为女性文人之间交流情感,维系友情的重要方式。除了描写出游,彼此别离时的诗词吟咏,更是充斥着伤感不舍,如商景兰《送别黄皆令》:

> 微调起骊歌,悲风筋坐发。人生百岁中,强半苦离别。念君客会稽,釜不因人热。兹唱归去辞,环佩捣皎月。执筋指河梁,愁肠九回折。流云思故岛,新鼠怀故穴。帆杨日以远,山川日以越。同

---

① 〔明〕叶绍袁:《午梦堂集》,北京:中华书局,1998 年,683 页。

② 〔明〕商景兰:《琴楼遗稿·序》,《祁彪佳集》,北京:中华书局,1960 年,289 页。

③ 〔清〕朱彝尊:《静志居诗话》,北京:人民文学出版社,1990 年,727 页。

④ 如黄媛介《密园唱和同祁夫人商媚生祁修嫣湘君张楚缠朱赵璧咏》、《同祁夫人商媚生祁修嫣湘君张楚缠朱赵璧游寓山分韵》,商景兰《送别黄皆令》、《赠闺塾师黄媛介》、《青玉案·即席赠别黄皆令》,商景徽《江城子·怀黄皆令》,祁德渊《访黄皆令不遇》、《夜坐有怀皆令》、《送黄皆令归鸳湖》,祁德琼《送黄皆令归鸳水》、《喜黄皆令过访》、《同皆令游寓山》、《和黄皆令游密园》、《初寒别黄皆令》、《同皆令登藏书楼》,祁德茝《送别黄皆令》、《寄怀黄媛介》,张德蕙《送别黄皆令》,朱德蓉《黄皆令过访》、《送皆令往郡城》、《送别黄皆令》等。

⑤ 〔明〕祁彪佳:《祁彪佳集》附编,北京:中华书局,1960 年,301 页。

调自此分,谁当和白雪。交深多远怀,忧来不可绝。伫立望沧浪,相思烟露结。①

祁德渊《送黄皆令归鸳湖》:

> 西风江上雁初鸣,水落寒塘一棹轻。绕径黄花归故里,满堤红叶送秋声。片帆南浦离愁结,古道河梁别思生。此去长涂霜露肃,何时双鲤报柴荆。②

展现了祁家女性与黄媛介之间深厚的情谊。这种群体之间相互唱和的例子在明清时期环太湖流域文学家族内尤为多见,家族之间利用彼此的文化资源和人才资源,相互沟通交流,不仅有益于家族影响力的提升,更重要的是给家族女性的文学创作提供了更加广阔的空间和多样的书写形式,赋予了女性文学更加丰富的思想内涵。

再者,家族女性与家外男性文人的交游互动,试图通过其时男性文人的关照来扩大自己或群体的可见度与公众性。以常熟的归氏女归懋仪为例,归懋仪,字佩珊,号虞山女史,江苏常熟人。巡道归朝煦女,上海监生李学璜妻。其母李心敬,字一铭,著有《蠹鱼草》。姑杨苹香亦有《鸿宝楼集》。以乾隆五十六年(1791)《二余诗集》本中的《绣余小草》一卷,道光三年(1823)刻本《绣余续草附听雪词》一卷,《绣余续草》一卷以及道光十二年刊本《绣余续草》五卷收录的作品为基础,据笔者统计,归懋仪与家外男性友人的诗词唱和作品有百余首,占其全部诗作的 12%,多题赠、谢答、寄和之作,其中在其时文坛上较有权威的男性文人就有十余人(见表 3-2)。

表 3-2　归懋仪与其时男性文人唱和作品

唱和对象	唱和作品
李廷敬	《味庄先生示法华赏牡丹诗次韵》、《喜雨行呈味庄先生》、《哭味庄师》、《呈味庄师即次赐题拙集原韵》(附原韵及叠韵四首)、《味庄师辱赐和章兼颁珍锡叠韵志谢》、《寿味庄师》、《自制绣物奉献味庄师并系以诗》、《奉和味庄师除夕对酒元韵》、《奉和味庄师丙辰岁除平远山房即席韵》、《味庄师重赴刘河将先期枉过修书辞谢拟于明日进谒师于四鼓遄发矣赋诗志谢》(附和韵)、《接味庄师娄江工次和诗叠韵奉答》、《丁巳孟夏谒见味庄师承示近集并赐佳宴恭赋五百言用展谢忱》、《味庄师赐唐贤三昧集口占二绝》、《秋夜偶成呈味庄师》、《立夏前一日偕外游也是园蒙味庄师赐诗步韵奉谢》

---

① 〔明〕祁彪佳:《祁彪佳集》附编,北京:中华书局,1960 年,274 页。
② 〔明〕祁彪佳:《祁彪佳集》附编,北京:中华书局,1960 年,303 页。

续 表

唱和对象	唱和作品
袁 枚	《袁太史简斋先生续诗话中采及拙刻赋谢》、《随园先生来海上蒙昧庄师道仪诗不置口并命谒见官阁因事不过赋谢》、《奉怀随园师》、《奉和随园师重宴鹿鸣十绝句》、《奉和随园师重宴琼林十绝句》、《奉怀随园师》、《谢随园师赐铭砚玉笔架》、《随园师赐诗扇一柄扇有真来公子画兰赋诗志谢》、《和随园师谢绣重宴鹿鸣琼林二十绝句韵》(附原作)、《挽随园师》
陶 澍	《陶云汀中臣五十初度即同集中丙戌十一月三十日游焦山用借庐上人韵自寿八律元韵》、《云汀中丞见仪诗句宏奖有加,并欲延课女公子,狠以抱恙,未赴,谨赋小章呈谢》、《次云汀中丞吾园观灯纪事八首元韵》、《奉题云汀中丞皖城大观园照次韵》、《奉题云汀中丞采石登楼图照次韵》
周 锷	《周听云观察随除赐金志谢》、《听云观察岁除赐物赋谢》、《周听云先生有玉关之行却寄》、《奉寄听云先生塞上》、《读听云山馆诗集题后》
潘奕隽	《潘榕皋先生惠并蒂兰赋谢》、《呈潘榕皋先生》、《次潘榕皋先生东坡生朝韵》、《奉次潘榕皋先生登焦山用东坡金山诗韵》
孙原湘	《题孙子潇孝廉把酒祝东风种出双红豆图》、《题孙子潇孝廉天真阁集即次惠题拙稿韵》、《贺孙子潇太史兼赠道华夫人》
陈芝楣	《郡伯陈芝楣先生赐和鄙词再用前韵申谢》、《寄呈芝楣先生吴门》、《奉次芝楣先生上已前一日南园即事诗元韵》
吴蔚光	《吴竹桥太史赐题拙稿次韵志谢》、《怀吴竹桥丈即次前唱和原韵》
唐仲冕	《凤凰台上忆吹箫(题唐陶山刺史鬈丝禅榻图)》、《和唐陶山明府重修桃花庵诗》
张午桥	《叠神字韵奉呈张午桥太史》(附太史叠和四首)、《次韵奉答张午桥太史》
赵 翼	《赵瓯北先生赐诗次韵却寄》(附原作)
陈文述	《寄陈云伯明府》
张掖垣	《次张掖垣太史见赠韵》
梁章钜	《为茝林方伯题重修沧浪亭册》
汪启淑	《水部汪讱庵先生撷芳集中蒙选拙刻赋谢》

李廷敬,字景叔,一字昧庄,号宁圃,沧州人,乾隆四十年(1775)进士,任职苏松太道,"提倡风雅,有诗、书、画一长者,无不延纳平远山房,坛坫之盛,海内所推"①。归懋仪师从昧庄先生学诗,"深闺弄翰墨,学咏昧音律。迷津

---

① 杨逸:《海上墨林·叙》,上海:上海古籍出版社,1989 年,5 页。

时一指,漆室悬朗月"①,"我是仙人诗弟子,捧觞聊自学麻姑"②。师徒二人常一起赏花、饮酒、出游作诗,"唱酬佳句花同艳,挥洒云笺墨尚新"。在唱和中,佩珊表达了对于味庄师为人、为官、为文的敬重:"武功文事两劳神,儒者勋猷自有真,帝重海疆移福曜,民欣大府得诗人。风清铃阁繁嚣绝,雾肃重洋气象新。……官本江南贤太守,身原蓬莱谪仙人。去思尚有丰碑在,奏最争传宠命新"③,"我师富经济,词章寓施设。……涵养本和平,识见尤卓越。风流白与韦,千秋绍遗烈"④,"叠韵诗成境别开,长城五字句新裁。怪来笔底文澜阔,亲辟河源万丈来"⑤;

自己有幸承蒙恩师的教诲与栽培,"何幸昭华依讲席,天教文字近车尘"⑥,"披来珠玉千行字,费尽栽培一寸心。青眼如公当代少,恩波似海及人深"⑦。味庄先生曾为佩珊题诗曰:"彼姝绝世姿,偶谪琼仙籍。窈窕入风雅,聪敏坐诗癖。性与天籁俱,苦为柔情役"⑧,赞赏其"言情赋物妙传神,风雅天真本性情",本性情、传神妙物的才能,可与"左"、"鲍"齐名,"才名左鲍洵能兼,谱就连环剩断缣"⑨,足见味庄先生对佩珊才华的肯定和赞许。

潘奕隽,号榕皋,吴县人,乾隆三十四年(1769)进士,授内阁中书,官至户部主事。作为其时吴中文坛领袖,潘奕隽乐于奖掖后进,特别是其时的女性文人。道光甲申年(1824)潘奕隽曾主持"娑罗花"雅集,集结了归懋仪、陈

---

① 〔清〕归懋仪:《绣余续草·哭味庄师》,《江南女性别集初编》,合肥:黄山书社,2008年,671页。

② 〔清〕归懋仪:《绣余续草·寿味庄师》,《江南女性别集初编》,合肥:黄山书社,2008年,747页。

③ 〔清〕归懋仪:《绣余续草·呈味庄师即次赐题拙集原韵》,《江南女性别集初编》,合肥:黄山书社,2008年,742页。

④ 〔清〕归懋仪:《绣余续草·丁巳孟夏谒见味庄师承示近集并赐佳宴恭赋五百言用展谢忱》,《江南女性别集初编》,合肥:黄山书社,2008年,759页。

⑤ 〔清〕归懋仪:《绣余续草·春夜读味庄师赐诗得四绝》,《江南女性别集初编》,合肥:黄山书社,2008年,752页。

⑥ 〔清〕归懋仪:《绣余续草·呈味庄师即次赐题拙集原韵》,《江南女性别集初编》,合肥:黄山书社,2008年,742页。

⑦ 〔清〕归懋仪:《绣余续草·西风索莫静夜迢遥检箧仲味庄师赐书笔花艳艳墨光莹莹挑灯三复感赋　章》,《江南女性别集初编》,合肥:黄山书社,2008年,770页。

⑧ 〔清〕归懋仪:《绣余续草·题兰皋觅句图》,《江南女性别集初编》,合肥:黄山书社,2008年,785页。

⑨ 〔清〕归懋仪:《绣余续草·题词》,《江南女性别集初编》,合肥:黄山书社,2008年,697页。

秀生、吴规臣、顾蕙、陈筠湘、李慧生、孟咏琴、陈无逸、周素芳等9位女弟子。①《佛香酬唱集·初集》亦收录归懋仪独和之作7首之多。

归懋仪在拜入李廷敬、潘奕隽门下的同时，亦与袁枚、陶澍、孙原湘、陈芝楣、吴蔚光、唐仲冕、张午桥、赵翼、陈文述、张掖垣、梁章钜、汪启淑等名臣巨卿多有唱和，一时诗名隆起。

袁枚赞佩珊"仙姝谪下瑶华岛，生长朱门读书早。写就簪花妙格妍，咏来柳絮清才好。客春曾见衍波笺，诗比芙蓉出水鲜"②，显露出对佩珊的赏识。佩珊亦作诗答谢，表达了对袁枚的景仰之情，赞誉袁太史"学原富烟海，身是老神仙"③，"海内风骚席，同推公一人"④。佩珊对袁枚十载奉心香，愿拜弟子行的心情，从未能相见时的"高山仰止久依依，惆怅登堂愿尚违"⑤；到"江河惟善下，即此见平生"⑥，希望可以有机会问字袁太史"终期乘画舫那个，问字绛帷前"⑦，"拟共春风披绛帐，海棠花下拜先生"⑧；再到有机会多次参加袁枚组织的聚会雅集，与众多女弟子交流唱和，也有幸获袁枚赠赐诗扇与铭砚玉笔架。这些交往细节和心理转变过程，足见佩珊与袁枚二人交往的深入与频繁。

赵翼，号瓯北，江苏阳湖人，乾隆二十六年（1761）进士，官至贵西兵备道，辞官后主讲安定书院。论诗重"性灵"，主创新，与袁枚、张问陶并称。赵翼曾赐诗佩珊云："骚雅中谁识苦辛，正难物色向风尘。何期白首新知己，翻

① 丁小明：《清代榕皋女弟子与"娑罗花"雅集》，《苏州大学学报（哲学社会科学版）》，2014年第1期，142—148页。

② 〔清〕归懋仪：《绣余续草·附题兰皋觅句图》，《江南女性别集初编》，合肥：黄山书社，2008年，785页。

③ 〔清〕归懋仪：《绣余续草·袁太史简斋先生续诗话中采及拙刻赋谢》，《江南女性别集初编》，合肥：黄山书社，2008年，710页。

④ 〔清〕归懋仪：《绣余续草·奉怀随园师》，《江南女性别集初编》，合肥：黄山书社，2008年，748页。

⑤ 〔清〕归懋仪：《绣余续草·随园先生来海上蒙昧庄师道仪诗不置口并命谒见官阁因事不过赋谢》，《江南女性别集初编》，合肥：黄山书社，2008年，748页。

⑥ 〔清〕归懋仪：《绣余续草·奉怀随园师》，《江南女性别集初编》，合肥：黄山书社，2008年，748页。

⑦ 〔清〕归懋仪：《绣余续草·袁太史简斋先生续诗话中采及拙刻赋谢》，《江南女性别集初编》，合肥：黄山书社，2008年，710页。

⑧ 〔清〕归懋仪：《绣余续草·随园先生来海上蒙昧庄师道仪诗不置口并命谒见官阁因事不过赋谢》，《江南女性别集初编》，合肥：黄山书社，2008年，748页。

在红颜绝代人。绣出弓衣传唱远,拂来罗袖爱才真。拙诗背诵如流水,多恐污君点绛唇。"佩珊亦作《赵瓯北先生赐诗次韵却寄》以表谢意:"学吟粗解辨甘辛,仰止高山怅隔尘。一瓣心香偏许我,同时丝绣岂无人。辞因过誉翻赠愧,句到神奇不过真。却笑含毫吟思涩,墨痕屡屡沾唇。"①

陶澍,字云汀,湖南安化人,嘉庆七年(1802)进士,选庶吉士,授编修,迁御史、给事中,历任山西、四川、福建、安徽等省布政使和巡抚,后官至两江总督加太子少保。"学有本源,察吏治民,严而能恕,所至政无不举。卢坤治回疆军需,平湖南瑶,驭广东夷商,皆有殊绩。陶澍治水利、漕运、盐政,垂百年之利,为屏为翰,庶无愧焉"②,陶澍不仅为官政绩卓著,在文章著述方面也颇丰,佩珊称其"政事文章两绝稀"。陶澍曾欲延请佩珊课女,但因佩珊身体抱恙未能成行。为此佩珊特作《云汀中丞见仪诗句宏奖有加,并欲延课女公子,猥以抱恙,未赴,谨赋小章呈谢》一诗以表谢意:"明公竟许开东阁,自喜三生种福禄。何处能求肘后方,感公垂手引慈航。皈依倘遂平生愿,长拜西天大法王。"③

汪启淑,字秀峰,号讱庵,安徽歙县人,工部都水司郎中,后迁至兵部郎中,汇编20余种图书,著述甚多,其中最著名的当属《撷芳集》。《撷芳集》中收录了7首归懋仪诗作,佩珊作诗致谢,不仅表达了对于本朝女性诗歌"雅化追麟雎"而不得窥全貌的惋惜之情,更是描述了讱庵先生为《撷芳集》材料搜集而付出的努力,"慨然搜罗便闺闱,卅年精力不惮疲"。在收录的女性类别中,亦"旁及仙鬼无津涯,广大教主讵有私",作品呈现出"果然群芳斗叶枝,千汇万状纷云蕤"的面貌,女性作品得以"九州岛婵娟聚一时,名山旷典无遗訾"。同时也表达了对于自己以及姑母、母之作俱蒙选录的感激,"一家篇什宛相随,佳话喜足垂然脂。长谣抒见无瑰词,却同芥子酬须弥"④。

与归懋仪唱和的文士,不仅有上述诸位名公巨卿、诗坛盟主,更有地方官员及一般文士,如屠琴坞太守、许玉年孝廉、刘芙初孝廉、熊两溟进士、江韬庵明经、许淞渔明经、汪剑秋茂才、范爱吾茂才、廖裴舟茂才、屠子垣茂才、

---

① 〔清〕归懋仪:《绣余续草》卷二《赵瓯北先生赐诗次韵却寄》,道光十二年刻本,1页。

② 〔清〕赵尔巽等撰:《清史稿》列传一百六十六,北京:中华书局,1977年,6页。

③ 〔清〕归懋仪:《绣余续草》卷五《云汀中丞见仪诗句宏奖有加,并欲延课女公子,猥以抱恙,未赴,谨赋小章呈谢》,道光十二年刻本,11—12页。

④ 〔清〕归懋仪:《绣余续草·水部汪讱庵先生撷芳集中蒙选拙刻赋谢》,《江南女性别集初编》,合肥:黄山书社,2008年,703页。

顾春洲茂才、方式亭大令、胥燕亭大令、沈瘦生山人、王四峰文学、颜昆谷别驾等。归懋仪的男性交游网络,比同时代其他女性文人的交游更为复杂。暂且不论其中蕴含的诸多利益关系,单就其影响而言,与男性文士的交往,不仅有助于提高女性自身的文学素养,而且有利于女性诗文的传诵,对于提高女性自身及作品的可见度与公众性具有很大帮助。

以上例子都较为客观真实地反映了其时家族女性的文学交游活动。与家外男、女文人的互动酬唱逐渐把世界的另一面展示给原来足不出户的女性,才识的增长与女性意识的觉醒形成良性循环,为女性文学的持续繁荣奠定了基础。

欲探讨家族女性于家族外的结社情况,有必要先了解明清两代文士结社的发展状况。"自前明崇祯初至本朝顺治末,东南社事甚胜,士人往来投次,无不称社盟者。"①以明代为例,明代文人结社数量高达300多家,其中弘治至万历间,共涌现文社150多家,可视为文人结社的第一次高潮。从明代文人结社地域分布来看,经济最发达的地区通常也是文人结社最活跃的地区。明人结社以东南与沿海地区为中心,在此区域内的一些城市尤为活跃。据统计,文人结社以长江下游的江浙地区为轴心,多集中于经济繁荣、文化活跃的城镇,如苏州、湖州、杭州等地。重要的是,人才辈出的江南市镇,在科举昌盛的明代,为科举人数集中区,兴学育才氛围浓厚,书院教育也得到蓬勃发展,为文人聚集提供了活动场所,促进了文人结社活动的展开。这同样也深刻影响了家族女性的聚会结社。

以乾隆时期的清溪诗社为例,诗社成员以张允滋为首,"与同里张紫蘩芬、陆素窗瑛、李婉兮嫩、席兰枝蕙文、朱翠娟宗淑、江碧岑珠、沈蕙孙缵、尤寄湘澹仙、沈皎如持玉,结清溪吟社,号吴中十子,媲美西泠"②。有《吴中十子诗钞》,由张允滋夫任兆麟汇刻。任兆麟,字文田,一字心斋,江苏震泽人。"淑配张滋兰,好学而善咏,既课共唱和之什为一编。一时闻风应和者簇。紫蘩、陆素窗、李婉兮、席兰枝、朱德英、江碧岑、沈蕙孙、尤素兰、沈佩之皆出其诗以相质。于是文田汇而刻之题曰《吴中女士诗钞》。"③此集"以清真盛、

---

① 〔清〕王应奎:《柳南随笔》卷二,上海:商务印书馆,1936年,36页。

② 〔清〕沈善宝:《名媛诗话》卷四,《续修四库全书》第1706册,上海:上海古籍出版社,1995—2002年,588页。

③ 〔清〕任兆麟:《吴中女士诗钞·序》,清乾隆五十四年刻本,4页。

雄健盛、澹胜、古盛,舒文载时,宣四气之和,植五常之极"①,收录的诗词文赋皆社团成员的佳作,其中大部分为成员之间的唱和作品(见表 3-3)。

表 3-3　任兆麟以及吴中十子唱和作品

作　者	唱和作品
任兆麟	《吴中女士诗钞叙》、《清溪诗稿叙》、《两面楼诗稿叙》、《题修竹庐诗稿》、《书浣纱词后》、《晓春阁诗集叙》、《爱兰书屋序》、《题青藜阁诗稿二截句》、《凤凰台上忆吹箫·题散花女弟浣纱词卷自度腔》、《前调·偶书代柬寄碧岑》、《前调·三叠碧岑妹和作》
张允滋	《题碧云女史诗集》、《步心斋桃花韵》、《秋夜怀心斋》、《雨窗忆心斋》、《寄怀心斋先生》、《题江碧岑女抱经图照即和见赠原韵同心斋作》、《忆婉兮陆夫人并柬令姑素窗夫人》、《题沈蕙孙绣余集即寄》、《读紫蘩舍妹见怀之作漫书代柬》、《寄怀江沈两妹》、《题浣纱词卷酬寄蕙孙同学贤妹》
张　芬	《爱兰书屋序》、《白杨花和碧云王妹作》、《秋叶和清溪家姊韵》、《落花和碧岑江姊作》、《题清溪家姊诗稿后》、《和皎如沈妹见怀元韵》、《咏雁和清溪姊韵》、《春晓同蕙孙沈妹作》、《虎丘竹枝词同席姊耘芝作(林屋吟榭课)》、《晚春和寄湘尤妹作》、《柬碧岑江姊三首》、《寄皎如沈妹》、《柬寄湘尤妹病怀清溪姊》、《晚春小饮还碧岑江姊》、《赠碧岑江妹》、《咏史同蕙孙妹作》、《寄怀素窗陆姊》、《玉蝴蝶·秋蝶同沈蕙孙妹作》、《浣溪沙·咏兰和清溪姊作》
陆　瑛	《秋夜怀婉兮清溪诸同学》、《望江湖·忆婉兮嫂》、《百字令·兼婉兮清溪诸吟长》
李　嬚	《怀清溪任夫人》、《晴窗偶书呈心斋先生》、《采莲曲同清溪作》、《捣练子·春闺同清溪作》
席慧文	《拟谢朓晚登三山还望京邑作(心斋先生课)》、《拟古柬清溪夫人》、《柬江碧岑沈蕙孙两博士》、《虎丘竹枝词同张妹紫蘩作(林屋吟榭课)》、《秋日花槐柬尤寄湘姊》、《奉题清溪夫人诗稿却寄》、《忆沈妹蕙孙》、《寄清溪夫人》、《重赠沈妹皎如》、《读清溪夫人诗集内载碧岑子寄赠佳章一往神交偶成断句寄呈》
朱宗淑	《月夜闻笛怀清溪夫人》、《游澹园同表姨母清溪夫人作》、《题赵承旨花兰同沈蕙孙妹作(新闸先生课)》、《读清溪表姨母诗稿赋呈》、《拟谢朓晚登三山还望京邑作(心斋先生课)》、《虎丘竹枝词三首同席耘芝张紫蘩诸君子作(林屋吟榭课)》、《寄怀蕙孙沈妹》、《咏梅和紫蘩张姊作》、《赠江碧岑姊》、《冬夜读寄湘尤妹率成古风八韵奉赠》、《沧浪亭竹枝词同紫蘩张姊作》、《邓尉竹枝词和紫蘩姊作》

① 〔清〕任兆麟:《有竹居集》卷九《祝湘珩诗集序》,清嘉庆二十四年两广节署刻本,27 页。

续　表

作　者	唱和作品
江　珠	《采香楼·叙》、《箫谱后序》、《读松陵任夫人春日闲居诗即次原韵奉寄》、《奉答紫蘩先生见柬之多即步元韵》、《奉酬翠娟朱妹见赠之作》、《自叙诗稿简呈心斋先生》、《题心斋先生林屋吟稿奉呈》、《心斋兄携黄椒升读书秋树图属题》、《和清溪夫人春日闲居韵却寄》、《和皎如沈妹月夜见怀吟榭诸友之作》、《奉酬寄湘尤妹》、《代柬奉酬耘芝席姊》、《柬蕙孙沈妹》、《满园花·读清溪夫人诗稿题此戏柬并寄同学诸姊妹》、《凤凰台上忆吹箫·和心斋大兄题蕙孙妹浣纱词卷作》、《上西楼·牡丹和心斋》、《百字令·代柬奉酬心斋》、《前调·奉和林屋散仙题浣纱词卷》、《发呢过谎台上忆吹箫·和心斋大兄题蕙孙妹浣溪沙诗卷作》
沈　缠	《箫谱叙》、《书寄清溪张姊滋兰夫人》、《读清溪夫人集唐句四首录正》、《田家杂兴和林屋山人作》、《寄赠清溪夫人集唐》、《送别清溪夫人》、《方正学画竹赞心斋先生家藏》、《独夜闻笛怀清溪伯姊》、《落花同皎如沈妹作》、《之云间寄碧岑姊》、《秋寺和碧岑姊韵》、《小斋夜坐怀吟榭诸姊妹》、《秋夜闲步寄清溪夫人》、《读心斋先生网目通论偶成咏史十首奉呈》、《春晴贻素窗婉兮两夫人》、《题心斋先生林屋吟稿后》、《采莲曲同婉兮姊作》、《春日寄怀清溪夫人》、《奉答清溪伯姊夫人元韵》、《月华清·春夜有怀碧岑江姊》、《清平乐·题素琴花兰赠清溪夫人并启》、《酷相思·春闰同清溪作》、《青玉案·落梅和心斋先生作》、《玉楼春·送春和素窗姊作》、《西江月·秋蝶同紫蘩张姊作》、《凤凰台上忆吹箫·题箫谱后奉呈心斋先生并柬吟榭诸姊妹》
尤澹仙	《停云阁诗稿叙》、《夜读心斋先生诗作》、《田家杂兴同蕙孙沈姊作》、《寄怀清溪夫人》、《题心斋先生箫谱后》、《湖上泛舟同清溪夫人作》、《答席姊耘芝见柬吟榭诸女士元韵》、《柬江碧岑沈蕙孙两姊》、《闻窗借沈皎如妹联句时皎如江归》、《奉柬清溪夫人即次韵》、《春寒作简清溪》、《新月用儿字韵同皎如作》、《戏简皎如妹》、《读碧岑姊采香楼诗序感而有作》、《题紫蘩张姊梅花画扇》、《渔翁·和朱翠娟姊溪西鸡齐啼元韵》、《凤凰台上忆吹箫·题蕙孙姊手书心斋先生箫谱后和碧岑姊韵》、《点绛唇·春晚和陆素窗韵》、《菩萨蛮·柬碧岑姊》、《湿罗衣·读古呈心斋先生》、《画堂春·怀清溪夫人》、《青玉案·寄呈心斋先生》、《满园花·夏日柬答碧岑江姊》
沈持玉	《晓春阁诗集叙》、《题心斋先生诗后》、《得清溪夫人诗却寄》、《落花和江碧岑姊韵》、《发阃同清溪作》、《月夜有怀吟榭诸姊》、《咏王昭君呈心斋先生》、《答席耘芝见柬吟榭诸女士元韵》、《和沈蕙孙姊秋夜闻笛怀清溪之作》、《奉柬清溪夫人即次韵》、《新月用儿字韵同寄湘尤姊作》、《花朝寄湘姊见招作此答之》、《题心斋先生箫谱后》
王　琼	《怀清溪夫人并呈林屋先生》、《奉酬月楼女史见赠拙刻诗序之作》、《怀清溪张夫人并呈林屋吟榭诸女史》、《东溪精舍白桃花二首（林屋吟榭课）》、《题吴中女士集再呈清溪夫人》、《虎丘竹枝词应张大人二首》、《潮生阁集题词》、《春日闲居和张夫人韵》、《和月楼夫人春晚赠别一首》、《晚春小饮怀月楼夫人即用原韵》、《偶读翡翠楼诗即用赠郑杜兰原韵》、《春晚怀吴中女史江碧岑沈蕙孙尤澹仙》、《题尤素兰女史晓春阁诗集》、《张月楼夫人赠序》、《寄吴中清溪任夫人启》

诸人之间的唱和以奉柬、寄怀、题诗、和作为主,极大丰富了女性文人日常生活的吟咏内容。清溪诗社还经常举办社课、雅集聚会等活动,如张芬、席蕙文以及朱宗淑三人,曾以《虎邱竹枝词同席姊耘芝作》《虎丘竹枝词同张妹紫蘩作》《虎丘竹枝词三首同席耘芝、张紫蘩诸君子作》3首"竹枝词"互和,并题有"林屋吟榭课"诸语。雅集方面,如乾隆五十三年(1788):

> 香奁小社,拈险韵以联吟;花月深宵,劈蛮笺而酬酢。并翻五色之霞,奇才倒峡;互竞连珠之格,彩笔摩空。接瑶席而论文,宛似神仙之侣;树吟坛而劲敌,居然娘子之军。丽矣名篇,美哉盛事。[①]

又乾隆五十四年(1789):

> 月满花香,夜寂琴畅,珠点夕露,翠湿寒烟。于是御流霞之杯,倾华崝之宴,饮酒赋诗,诚所谓文雅之盛,风流之事者矣。况夫君子有邻,名流不杂,授翠裾而列坐,俯盘石以开襟,终燕一夕,寄怀千载。是时也,莫春骀荡,初夏恢台之交耳。[②]

雅集活动多以题咏、论诗、评画为主,一题分咏,体式不一,有赋、诗、四六文、词诸体,且附有评论。如《翡翠林闺秀雅集》中,收录诗社成员创作的《白莲花赋》、诗、四六文词,由任兆麟加以评定"超取"与"优取"者,可知雅集结社活动,虽为随意吟咏,但亦含有切磋,甚至竞赛之性质。

家族女性之间的结社往来,在某种意义上,似乎成为世家大族在社交场合显耀门楣的资产之一,无疑也增加了女性文学活动的社交意义。这些社团经常采用非正式的诗社形式,为来自相同或不同家庭的女性提供相聚娱乐或学术探究的场合。女性诗人的内部交流网络已由家族内的亲属关系,扩展到同乡的闺中好友、诗社成员、同随一师者等较为复杂的社会性关系。

值得一提的是,对于明清时期的家族女性而言,除了女、母、媳、妻的角色之外,还有"闺塾师"这一身份。这一身份的扩展不仅展现了女性自身才

---

① 〔清〕江珠:《青藜阁·自叙诗稿简呈心斋先生》,《吴中女士诗钞》,清嘉庆二十四年刻本,1页。

② 〔清〕沈缦:《林屋吟榭·翡翠林雅集叙》,《吴中女士诗钞》,清嘉庆二十四年刻本,1页。

华得到了社会的普遍认可和接受,而且也从另外一个角度说明家族女性社交网络深入扩展的方向。特别是环太湖流域诗词书画兼善的家族女性,在社会意识日渐开放、女性文学教育趋向普遍以及文人结社风气日盛的社会背景之下,借由血缘、亲缘和地缘关系扩展交际范围,由朋友、邻居、同乡、同门、师徒等各种各样的关系所构成的交际网络,将家族与家族之间、地域与地域之间的女性联系起来。这既丰富了家族女性的文学生活,也有利于女性文人的交流,促进女性文人思想水平和创作水平的提高。这一发展过程,不仅是对前代女性文学的超越和突破,更是明显突破了一般人对于"女性角色"的期待。

"闺塾师"作为明清家族女性走向社会的途径之一,逐渐成为一种传统和风尚。明清之际,环太湖流域的部分闺秀迫于生计,走出家门谋生。她们不仅鬻诗售画,还充当闺塾师,以自身学识教授女子读书。黄媛介与王端淑开闺塾师风气之先,"往来江浙为闺塾师,若黄皆令卞篆生也"①。

> 媛介,嘉禾黄葵阳先生族女也。髫龄即娴翰墨,好吟咏,工书画,楷书仿黄庭经书,似吴仲圭,而简远过之。其诗初从选体,入后师杜少陵,清洒高洁,绝去闺阁畦径。适士人杨世功,萧然寒素。皆令黾勉同心,恬然自乐也。乙酉鼎革,家被蹂躏,乃跋涉于吴越间,困于橇李,踬于云间,栖于寒山,羁旅建康,转徙金沙,留滞云阳,其所记述多流离悲戚之辞,而温柔敦厚,怨而不怒,既足观于性情,且可以考事变,此闺阁而有林下风者也。②

黄媛介凭借文化资本谋生的生活方式是清初才女活动的一个新动向,也是清代女性文人不同于以往时代女性文人的独特之处。同时,这也成为刺激清代中叶以后女性文学发展的重要因素之一,即"闺塾师"为家族女性接受教育提供了一个绝佳的平台。一方面,闺塾师自身具备足够的文学与才艺素养,拥有成为书香世家延请对象的诸多条件。如王采苹,"实承母教,多挺艺能","其遇愈穷,其诗益工,屹然为同光闺媛中一大作手"③。另一方面,"闺塾师"这一新的女性身份,虽然是对"男主外、女主内"、"内言不出于阃"等传统格局的一种挑战,但是她们以学识谋生的行为并没有受到过多非

---

① 〔清〕陈文述:《西泠闺咏》卷十四,清光绪十三年钱塘丁氏嘉惠堂刻本,580 页。

② 〔清〕姜绍书:《无声诗史》,清乾隆五十九年嘉兴李氏观妙斋刻本,8 页。

③ 王蕴章:《然脂余韵》卷六,上海:商务印书馆,1920 年,77 页。

议和指责,特别是到了清代中后期,闺塾师被认为是"母教"的一种延续,家族长辈更愿意延请闺塾师来教授家族女性,"以女子教女子,授受亲而性情洽,其理更顺,宜乎信从者众,而诗词遂得以流传也"①。

　　家族内外文学生活的拓展,对于家族女性来说,如何兼顾自身在家庭中为人女、为人妻、为人媳、为人母等角色身份与对文学创作的追求是她们面临的首要难题。"女性对闲暇时间的支配及其闲暇活动方式,是女性社会地位与进步程度的反映。"②对于明清世家大族女性来讲,其闲暇时间用于文学创作活动是毋庸置疑的事实,这也是家族女性与普通女性的最大区别。那么,如何控制或支配女性家族职责任务与闲暇时间,则是家族女性必须解决的难题。家族女性在婚后主要有两种人生方向的选择,一是结束"知识女性"的身份,放弃文学创作。在众多女性传记中,对于女性人物的记载往往以家庭角色的职掌和家庭身份的诠释为重点,从孝、义、节、烈的角度,展现女性在侍奉公婆、相夫教子等方面的能力。而对于文学活动的描写以及文学成就的评价则以寥寥数字作结。一是将自身的才华与学问融合到新的家庭角色中,在扮演好妻子、媳妇、母亲角色的基础上,进行文学创作,成为闺中良伴和出色的家庭教育者。正如翁方纲所说:"礼之明妇顺者,列言于德之下,容功之上,以言亚乎德,重乎容功也,而言非徒口说之。谓苟能于妇职余间,流览典籍,形诸咏歌,因以抒写性情,发挥义理,即于治家相夫课子亦非无助。"③

　　江苏武进刘氏的虞友兰"于针黹外,通习古今,博综群籍,喜为诗。兄弟间多所唱酬,落笔辄翩翩有致。于归后,舅姑优俪娣姒间,各遵礼法","一切琐悉之务,皆太宜人身任之。暇即展玩书史,凡古人之事之可法者,每切究将明,而儿辈勖。"在"主中馈"之外,能够很好地协调履行家庭妇女职责与文学创作的关系。"孝敬传庭闱,勤劳及井臼。有蘉宜其室,采藻奠之牖。时于妇职闲,卷籍陈左右。胸中汇古人,本末毫端剖。量比上官秤,才希陈思斗。耽吟兼各体,正始法能守。辛勤惯课儿,熊胆和忆柳"④。

---

①　〔清〕归懋仪:《绣余续草·序》,《江南女性别集初编》,合肥:黄山书社,2008 年,662 页。

②　田翠琴:《农村妇女发展与闲暇时间的性别不平等研究》,《妇女研究论丛》,2004 年第 9 期,25 页。

③　〔清〕虞友兰:《树蕙轩诗钞·序》,《清代诗文集汇编》第 393 册,上海:上海古籍出版社,2009 年,827 页。

④　〔清〕虞友兰:《树蕙轩诗钞·题词》,《清代诗文集汇编》第 393 册,上海:上海古籍出版社,2009 年,830 页。

《鹂吹集》前的五篇序文,可看做是沈宜修的人生传记。从性别视角看,叶绍袁、沈自徵、沈自炳三人持"先言德后谈才"的观点。沈自徵以传统"主中馈"的角色职掌,对沈宜修"媳妇"、"妻子"和"母亲"的角色做了概括描写,突显其姊淑德丽才的形象,表露出"男主外,女主内"的价值观念。而沈大荣则是以"先扬才后美德"角度展开叙述,通过对叶纨纨、叶小鸾才情的赞扬,以及对姊妹俩去世的叹息,从中细说沈宜修玉折之因,从而达到显扬其文才之目的。从男女侧重点的不同,可以看出家族男性与女性对沈宜修角色执掌的评价差异。沈宜修既认同自己扮演的角色,也不自觉让自己成为父权社会下所期望的一种典范,并不时以男性心中"贤惠贞淑"的女性形象审视、规范自己的行为。所以,在处理家庭事务与文学创作上,可以做到很好的平衡,这一结果也得到了家族男性的认可和高度评价。

"内言不出"强调女性的身体和语言都应该被限制于家庭的空间内。如果说沈宜修还只是语言的"出闺",那么清代嘉庆以来,逐渐出现的新型闺秀旅游——或相约节日饮酒赏花,或登山泛舟,或出游访古探幽,以娱乐助兴、诗艺切磋、扩大交友网络为目的出游聚会,则真正代表了女性身体的"出闺"。从乾嘉时期开始,家族女性纷纷走出家庭,积极与家外文士进行文学交流和批评,这一文学交游网络和创作空间的拓展不仅极大丰富了女性诗人的精神生活,而且对于提高作者和作品的影响力等方面都有一定的促进作用,开创了中国古代女性交游与创作的新局面。

明清时期的女性文人虽拘囿于婚后多重身份角色,但仍可借由酬答唱和的方式,互表关怀,分享生活情趣,在文学创作以及生活空间等方面具有一定的自主性。特别是环太湖流域家族女性,既能以不让须眉的才情,突破"四德"和"正位于内"传统要求的理想妇女现象,大方步出闺门,活跃于向来属于男性的"家外"空间;也能在"妻"与"媳"的角色前提下,通过诗词创作,丰富原本单调且乏味的"主中馈"生活。内外重叠的社会身份,造成传统"男外女内"界限的模糊,乃至"主中馈"角色执掌的逾越,有别传统的鲜明言行,具有一定的突破意义。

第四章　环太湖流域女性文学的传播态势

明清时期,环太湖流域家族女性文学的发展异常活跃,家族女性文人不仅创作了众多优秀的文学作品,而且她们的作品也经由多种途径得到了广泛传播,为文人和社会大众所接受。其传播方式,从人际传播、组织传播逐渐进入到了大众传播的阶段。家族女性文人在家族学术氛围的熏陶、家族长辈的指导下成长成才,逐渐提高文学修养,和家族其他文人积极交流,在这个过程中,传播自身的文学作品和文学技艺,属于人际传播的阶段。随着社会经济文化的发展,家族女性文人的文学自觉意识开始觉醒,认识到只有通过文学传播才能实现自身文学创作的价值和意义,所以家族女性文人积极突破"内言不出于阃"的传统,从阃内吟咏走向阃外结社,以组织传播的形式,与家族外的文人广泛交流,希冀自己的声名和文学作品得到组织成员的认可。随着职业化传播者和传播机构的产生,大众传播媒介的发展,以社会上一般大众为传播对象的女性作品正式进入大众传播阶段。可以说,到了清代中叶以后,环太湖流域家族女性文学的传播真正进入到了大众传播的阶段。本章试图以美国政治学家拉斯韦尔提出的"5W"模式:谁(who/传播者)—说什么(say what/讯息)—通过什么渠道(in which channel/媒介)—给谁(to whom/受众)—取得什么效果(with what effects/效果)①来探讨环太湖流域家族女性文学的传播活动。

---

① 董璐:《传播学核心理论与概念》,北京:北京大学出版社,2008 年,22—23 页。

第一节　印刷的发达以及刻坊的兴盛

就女性文学的传播背景而言,学界多从思想启蒙下社会文化程度的提高,男性文人对女性文学的提倡和培植,女性创作队伍的扩大以及女性结社风气等方面探讨。我认为影响女性文学传播,特别是明清两代女性文学传播广度和深度的一个重要因素是印刷的发达和刻坊的兴盛,这一外部条件的发展为女性文学的传播提供了坚实基础和便利条件。

自古以来,男性作家的创作范围广泛,小至个人,大至国家,无所不谈;而女性作家则只属于家庭,吟咏范围亦局限于闺阁之中,创作的作品也主要在自己的亲友间流传,直到明清时期出版事业兴盛,才有面世传播的机会。出版业的发达与兴盛代表着文化的广泛传播及印刷技术的进步,此为助长各类文学活动兴盛的原因之一。明清时期经济的繁荣和商业的兴盛极大地促进了文化出版业的发展,对女性文人的文学出版活动产生了直接的推动作用。

在印刷术发明前,知识文化的传播方式极为有限,书籍的取得与阅读对人们来说并非易事。直到隋唐之际发明了雕版印刷术,才加速了书籍和知识的传播速度。到了明代"洪武年间免除书籍税以后,刻书事业获得了一个很大的解放,经营刻坊有利可图。加之明代社会重文轻武;中叶以后资本主义萌芽,市民阶层大大增加;政治制度上对刻书又没什么严格的管理,故刻家蜂起,坊肆林立。而书籍产品则汗牛充栋,多若丘山。"①明代统治者无论在政策或者施政上,都为图书出版事业提供了良好的环境与氛围,大大鼓励了明代刻书,尤其是刻坊的发展。明代刻书机构之多、地区之广、数量之大、刻书家之众,实为明以前的时代无法比拟。

因为印刷术的发展,刻书事业也随之兴盛,唐代已出现刻坊,宋代以后,则以官刻、家刻及坊刻三种出版形式持续发展,其中以纯营利的刻坊书籍数量为多。明代刻书最早始于吴王元年(1364),至洪武、永乐而盛,成化、弘历以后,至正德、嘉靖、隆庆、万历而极盛,迄天启、崇祯而不衰。特别是明代中期以后,刻坊书籍数量更是超越官刻及家刻。苏州、南京、杭州、湖州、徽州、建阳都是当时全国知名的刻书中心,"书坊集中于南北两京、建宁。南京、建宁书坊各有90家左右。杭州、苏州、徽州书坊所刻亦不少。常州、扬州、漳

---

① 李致忠:《明代刻书述略》,《文史》,1984年总第23期,143页。

州、抚州等处亦各有书坊"①，其中环太湖流域就占到了两个，明代苏州府刻书在万历初以前多至 177 种，为全国各府之冠。出现了东吴书林、金阊叶瑶池天葆堂、金阊叶敬池书种堂、金阊五云居、金阊世裕堂、金阊拥万堂、金阊五雅堂、吴门文汇堂、吴门宝翰楼、姑苏龚绍山等 37 家书坊，可见刻书事业的发展。出版业发展到清代，已极为繁盛，苏州书坊可考者就有 53 家。虽然抄写也为女性文学的保存做了不少贡献，但清代中期以后女性著作的激增，与清代印刷业的发展和出版文化的兴盛，尤其苏州、杭州等江南地区民间刻书文化的发展，是不可分割的。这一现象反映了中国出版业的转折不仅是一种技术革命，更是一种出版经济和学习文化的革命。

　　而更值得注意的是，此时期的阅读阶层不再限于文人，一般平民甚至妇女，成为了阅读市场的重要组成部分。面对这部分人的市场需求，以营利为经营目标的书坊，便开始从读者的身份着手，设计编刻适合不同阶层阅读的文本，以期符合各阶层人物的需求，获得更多的利益。明代中晚期大量适合女性阅读的文本涌现，除了以女性道德教育为主的女教书外，还以别集或总集的形式，出版了不少女性文学作品。例如，杭州知名书坊文会堂主人胡文焕，选编刻印了女性作品选集《新刻彤管摘奇》，杭州书坊问奇阁主人赵世杰，与友人合力选编了《古今女史》，对女性阅读活动之推广及女性文学作品的保存尽了一己之力。

　　文人及刻坊积极编印的女性别集或诗文选集，不仅扩大了女性阅读的机会与范围，促使了女性教育的普及，同时也鼓舞女性积极投入文学创作。繁荣的出版，不但推动了女性读者兼作者的诞生，也催生了一大批大众读者群。原本被困在闺阁中的女性，开始透过文字，增加与外界社会的联系，通过阅读与写作，跨越家族、地域、性别的限制，尤其当写作成果被出版，甚至传播交流时，原本互不相识的作家，得以经由阅读出版书籍，建立彼此间的联系，交流阅读心得和创作体会，相互鼓励，逐渐成为社会关注的焦点人物。由此得知明末以后女性诗词的大量刊行，一方面显示女性受教机会的普遍以致读者渐趋增加；另一方面女性诗文集成为较受欢迎的热门读物，也反映蓬勃的出版业欲迎合读者的阅读需求，不只在刊印的类目上打破传统以男性为主的局限，女性著作在出版市场上的流通普及，亦有助于女作家文学声名的传播。所以女性诗词的大量刊印不只是当时女性文学创作繁荣的具体反映，而且也是推动女性创作的主要动力。

---

① 张秀民：《中国印刷史》，杭州：浙江古籍出版社，2006 年，337 页。

第二节　传播者

家族女性文学的传播者,包括女性作者、男性文人、刻坊出版商等。这里重点探讨家族女性文学的两大主要传播者:女性作者和男性文人。

(一)**女性作者**

女性首次以作者、读者和编者身份出现,是晚明江南城市文化显著的特征之一。女性作者作为女性文学的普通传播者,即非专门负责传播,或不以传播作为谋生手段的人,其传播活动自由灵活,传播的时间、地点、内容、所采用的媒介以及针对的对象都未受过多的限制。对于女性传播者的研究,主要可以从传播意识、期待视野以及传播方式三方面进行探讨。

女性作为女性文学的传播者,可以分为两种情况。

一是女性传播者积极将自己创作的文学作品编选出版。对于文学创作,在传统道德"女子不宜为诗"观念的影响之下,仍有一部分女性文人表现出明显的矛盾与迟疑,即对自我实现有所期许,但在面对社会认同与传统价值时,其书写行为亦不免有所犹豫。如钟韫,"工诗古文词……病亟时,自以风雅流传非女士所宜,悉去之,子慎行默识追录诗词六十余首"[1]。查昌鹬《学绣楼名媛诗选·序》中说道:"至声韵之学,往往见猎心喜。然不敏未尝能作,且以非女子事,辄不敢为,偶有小咏,即焚弃之,不复存稿。"[2]俞绣孙英年早逝,临终前数日开始焚稿,其父曲园老人就其未焚者镌板结集。在已定型的传统模式中,诗词创作被定位为"非女子事",女子较难突破和反抗,甚至自以为是不移的定律,因此对于自我的创作无法给予正面积极的评价。

但是大部分的家族女性文人已经开始对文学创作提出了新的认识,并积极投身到文学创作和传播过程中。明代寒山陆卿子为女诗人项兰贞《咏雪斋遗稿》作序时说:"我辈酒浆烹饪是务,固其职也。病且戒无所事,则效往古女流遗风剩响而为诗,诗固非大丈夫职业,实我辈分内物也。"[3]陆卿子将作诗与酒浆烹饪之家庭事务相提并论,提出了作诗乃女性分内之事的积极文学创作观,表现出女性作家在诗歌创作上的自信与自立精神,可谓是家

---

① 〔清〕钟韫:《梅花园存稿·附录》,民国十一年上海博古斋刻本。

② 胡文楷:《历代妇女著作考》,上海:上海古籍出版社,1985年,425—427页。

③ 〔明〕项兰贞:《咏雪斋遗稿·序》,转引自《历代妇女著作考》,上海:上海古籍出版社,1985年,176页。

族女性中较早提出正面女性文学创作观的代表人物。张纨英认为女子不读书，"终不获明义理之精，习俗易摇，而性情易纵"①，于是命长女采苹、次女采蘩入家塾读书。代表清代闺秀诗话最高水平的《名媛诗纬》，则进一步阐明了女性文学具有的积极社会功用："《诗》开源窈窕，而采风于游女，其间贞淫异态，圣善兴思，则诗媛之关于世教人心如此其重也。"②不仅论述了闺秀诗学所具有的典范意义，而且也指出了闺秀文学对于"世教人心"的教化作用。正如孙康宜所说，"明清文人所用来提高女性文学的方法就是这种凡事追溯到《诗经》传统的约定俗成的策略"，把原来边缘性的女诗人选集提升为"经典化的选集"③，力图使女性写作具有经典意义。这不仅是当时女性文人为女性文学发展与传播所作的努力，更是女性文学逐渐走向成熟的重要标志。

随着生活范围的扩大、视野的开阔以及交游的频繁，深藏在女性心底的自我意识和文学自觉性开始苏醒，在否定"内言不出，外言不入"传统观念的基础上，开始重新审视自身的意义与价值，逐渐表现出较为强烈的"立言"意识。如孙蕙媛在《古今名媛百花诗余·题词》中写道："予窃慨红楼之媛，绮级珠翠，其于漂缃弗娴也；绿窗之女，织素流黄，其于涨颖未习也。即沉香亭畔，堪称千古；而倾国玉环，曾不能流连情景，垂传片语，仅仅召青莲一为捧现。设遇班姬梅缓，湘管频儒，雪儿曼咏，自添一段佳话，必不寂寂乃尔。"④表现出当时女性对其文学才能的自信。恽珠在《清代闺秀正始集·序》中亦称"诸闺友闻余辑录是集，不吝赐教，多以琼章见贻"⑤。

女性文人还积极向男性文人拜师求学，与男性文人交流唱和，以求获得他们的认可，进而希望自己的作品有机会刊刻印刷，得以永久保存和广泛流传。归懋仪在《致何春渚征君书》中云"自顾菲材，蒙长者知遇，残稿附之集中，拙诗铭于诸石上，抑何爱之深而望之切耶！遂令闺阁中欣欣作千秋之想"⑥，表达了希望自己作品能够传世的态度。更有甚者还勇于对时人选诗提出质疑，如毛奇龄在选浙江闺秀诗时，遗漏了王端淑的作品，"玉映遂寄以

---

① 〔清〕张晋礼：《棣华馆诗课·书后》，清道光三十年武昌棣华馆刻本。
② 〔明〕王端淑：《名媛诗纬·自序》，清康熙年间刻本，1 页。
③ 孙康宜：《古典与现代的女性阐释》，台北：联合文学出版社有限公司，1998 年，69 页。
④ 〔清〕孙惠援：《古今名媛百花诗余·题词》，清康熙二十三年刻本。
⑤ 〔清〕恽珠：《闺秀正始集·序》，《清代闺秀诗话丛刊》，南京：凤凰出版社，2010 年，2532 页。
⑥ 〔清〕归懋仪：《致何春渚征君书》，《江南女性别集初编》，合肥：黄山书社，2008 年，739 页。

诗云：'王嫱未必无颜色，怎奈毛君笔下何？'西河遂索其集而选定之"①，表现出王端淑对自己作品的高度自信。

坚持女性书写权的作家还有骆绮兰（1756 一?），字佩香，号秋亭，上元人。其《听秋轩闺秀同人集·序》肯定了女性作家传世欲望，是对女性文学反对论者的有力反击。

> 兰赋性粗豪，谓于诗不能工，则诚歉然自惭；谓于诗不能为，则颇奋然不服。……夫不知其人之才而疑之者，私；明知其人之才而议之者，刻。私与刻，皆非醇厚君子之用心也！……毁誉之来，颇淡然于胸中，深悔向者好名太过，适以自招口实。……远近闺秀投赠之什，犹记忆不能忘。披诵一遍，深情厚意溢于声韵之外，宛然如对其人。因裒而辑之，以付梓人，使蚩蚩者知巾帼中未尝无才子，而其传则倍难焉。彼轻量人者，得无少所见多所怪也！兰编是集，既自伤福命不如同人，又窃幸附诸闺秀之后而显矣。②

在这段文字中，骆绮兰毫不避讳地承认了文学创作是获得社会名誉的一种手段。从王端淑、骆绮兰的身上，我们可以看出明清知识女性对其文学才能的自信，以及保存闺阁文学、传播闺阁文学的强烈自觉意识，在文学观念上表现为自尊、自强。

有些女性文人甚至公然表明自己好名的心理。例如周月尊《寄随园书》："惟幼耽翰墨，妄生好名之心，不肯泯泯终世，乃生少聪明，兼多疫病……又无绝技殊能高于辈行，可托传于名公大人著述以垂永久，他日晏然随化，黯然神伤而已。"③赵棻《滤月轩集·自序》："不避好名之谤，刊之于木。"④夏伊兰《偶成》："人生德与才，兼备方为善。独至评闺才，持论恒相反。有德才可赅，有才德反损。无非亦无仪，动援古训典。我意颇不然，此论殊蝙浅。不见三百篇，妇作传匪鲜。《葛覃》念父母，旋归忘路远。《柏舟》矢靡他，之死心不转。自来篇什中，何非节孝选。妇言与妇功，德亦藉兹阐。勿谓好名心，名媛亦不免。"⑤可见明清女性强烈的"立名"和自我传播意识，以

---

① 〔清〕沈善宝：《名媛诗话》卷二，《续修四库全书》第 1706 册，上海：上海古籍出版社，1995 2002 年，561 页。

② 〔清〕骆绮兰：《听秋轩闺秀同人集·序》，清嘉庆二年句曲骆氏刻本，1 页。

③ 〔清〕周月尊：《寄随园书》，《历代闺秀文选》，上海：广益书局，1936 年，146 页。

④ 〔清〕赵棻：《滤月轩集》，清同治十二年刻本，1 页。

⑤ 〔清〕夏伊兰：《吟红阁诗钞》卷四《偶成》，清道光九年刻本，3 页。

及希望自己的作品可以得到流传,自己的声名得到社会认可的期待视野。

二是女性传播者选辑其他女性的文学作品刊刻出版。为了保存女性文人的作品,鼓舞更多女性真实地展现自身的文学修养和才华,积极地参与到文学创作中,女性传播者开始以自己的眼光和价值标准编选出版女性诗文选集。明末沈宜修的《伊人思》是女性自编诗文总集的开山之作,选辑了 38 位同时代女性诗人的作品,包括闺媛"原有刻集者"18 人、"未有刻集幸见藏本者"9 人、"传闻偶及者"6 人、"笔记所载散见诸书者"11 人以及"乩仙"2 人等,收诗 188 首,词 14 首,文 4 篇。从选录女性作者的地域分布看,以江苏、浙江两省为多,占全书收录人数的 57%,且多为闺秀名媛,彼此之间多为亲友关系。"世选名媛诗文多矣,大都习于沿古,未广罗今。……然或有已行世矣,而日月湮焉,山川阻之,又可叹也。若夫片玉流闻,并及他书散见,俱为汇集,无敢弃云"①,强调采辑"当代"作品的重要性,展现了女性编者细致务实的采选风格。其他如张允滋集清溪诗社 10 人之作,刊《吴中女士诗钞》;余希婴辑刻祖父余应魁《冗余草》、父余梦星《吉羽草》、弟余希煌《憨石山房诗钞》、妹余希芬《朗仙吟稿》及己作《味梅吟草》为《玉山连珠集》(又题《余氏五稿》);孙惠媛参与编写《古今名媛百花诗余》,只收闺秀咏花之作,被称为是历史上第一本由女性独立编选的闺词总集;骆绮兰辑录闺中同人唱和之作及若干尺牍为《听秋馆闺中同人集》;黄德贞与归素英共辑《名闺诗选》行世;查昌鹕辑《学绣楼名媛诗选》;张绾英选辑《国朝列女诗录》;恽珠与儿媳程孟梅、女孙妙莲合力编写《国朝闺秀正始集》及《国朝闺秀正始续集》,可以说是集中了整个家族的力量。这些女性编撰诗文选集的例子,不仅展现了女性文人对于"名"的渴求,体现出强烈的传播意识,而且也为女性文学传统的构建提供了充足的文献资料,为女性文学的传播赋予了更加深刻的价值和意义。

除了刊刻女性作品选集外,女性传记的编纂也成为女性作者的一项重要工作。如恽珠辑有《兰闺宝录》一书,"检阅廿三史,一统志、八旗志各一过,择列女之卓行可传者分类编次……将是编同寿梨枣,盖养班左才华与示郝钟之礼法意有并重,所以垂教闺门者至深远矣",纪在孝行、贤德、慈范、节烈、智略、才华等方面有突出表现的女性之嘉言懿行,是研究清代妇女生活的重要史料,被称为中国古代第一部由妇女写的妇女史。

家族女性文人以传播者的身份参与到自己或其他女性文学作品的传播

---

① 〔明〕沈宜修:《伊人思·自序》,《午梦堂集》,北京:中华书局,1988 年,538 页。

过程中,积极地为女性发声,争取文坛应有的地位。这不仅意味着女性自我意识的觉醒,对实现自我价值的追求,渴望得到主流社会的认可,具有强烈的自我传播意识;更是代表了女性以正面的姿态开始反抗封建伦理观念的束缚,在肯定女性自我价值的基础上,向世人展示女性同男性一样可以在文学领域有所创建,为女性文学开辟出了一条新的发展道路。

(二)男性文人

除了女性自身大量投入写作、参与传播之外,男性文人更是促进女性文学传播最为重要的推手,不论是世家大族的父兄、夫婿,还是家族外的文人,都以实际行动表示支持或直接参与女性诗文的选编工作。女性从家庭生活的束缚中解放出来,获得最大自由的同时,也是其依靠男性程度最高的时期。可以说,明清时期家族女性文人的名字和作品能为后人所熟知,离不开男性文人在编选、刊印和传播上的推助。因此,在这些男性的主导力推之下,明清两代女子诗文选集的编选成果以及传播效果都取得了比以往各时代都要好的成绩,这在环太湖流域的文学家族中表现得尤为突出。

首先,家族男性在传播家族女性文学作品的过程中,起到了至关重要的作用。明中叶起,许多家族的男性文人开始重视、整理、编选并刊印发行家族女性的作品。这成为显现家族文化实力的一种重要表现方式。或是丈夫收集妻子的文稿,或是父亲替爱女刊刻文集,或是儿子为母亲整理诗作,抑或是兄弟替姊妹们汇集、编选、写序。不论是何种形式,在家族男性全力支持的情况下,有更多家族女性文人的作品被保存下来。这些男性多半以家中拥有能文善诗之妇为荣,他们认为立言有利,无悖妇行,且妇人作品成集,实属难得,故将之刊印流传,以光耀门楣。同时也是强化家族文学传统、强化宗族意识的一种表现,借以达到敬宗收族的目的。

正如冼玉清在《广东女子艺文考》自序中所说,才女成名有三个条件:

> 其一名父之女,少禀庭训,有父兄为之提倡,则成就自易;其二才士之妻,闺房倡和,有夫婿为之点缀,则声气易通;其三令子之母,侪辈所尊,有后嗣为之表扬,则流誉自广。[1]

来自父兄、丈夫、子女的支持直接促成了女性文学的繁荣。表现在环太湖流域的家族中,第一类如常州张氏家族的张纟英、张纟英、张纶英、张纨英四姊妹(张琦女,张曜孙姊妹),王采苹、王采藻、王采蓝、王采蘩(张曜孙甥),

---

① 胡文楷:《历代妇女著作考》,上海:上海古籍出版社,1985年,951—952页。

赵氏赵纯碧、赵纫珠、赵细琼三姊妹(赵仁基女);第二类如梁德绳(许宗彦妻),沈宜修(叶绍袁妻),张允滋(任兆麟妻),陆卿子(赵宧光妻),钱聚瀛(戚士元妻);第三类如张藻(毕沅母),虞友兰(赵嗣绾母),戴青(恽炳孙母),恽珠(完颜麟庆母)。由此可以窥见闺阁才女的诗才与诗名对其家庭男性亲属的依赖程度。

　　家族男性为家族女性文人编选作品并刊印发行,最常见的是以"附刻"和"家集本"的形式辑录。从《历代妇女著作考》一书收录的材料来看,现存800余种妇女著作中,附刻于家人文集之后的有近八十余种,约占总数的1/10,而其中又以附刻于丈夫文集之后者居多,约占6/7。附刻之外,还有家族人士汇编刊刻的家族成员作品集,即"家集本"。以这种形式保存下来的家族女性作品现存有二十余家,最著名的当属吴江叶绍袁之《午梦堂集》,收录了其妻沈宜修《鹂吹集》《愁言》《伊人思》,长女叶纨纨《愁言》,次女叶小纨《鸳鸯梦》以及三女叶小鸾《返生香》等著述,替妻女保留了完整的创作记录,很好地展现了沈氏家族庞大的文学创作群体和丰富的文学作品。同时也成为展现和传播家族文学很好的范本,"午梦堂"一词遂成为叶绍袁一门文学群体的代名词。叶琴柯将归安叶氏家族八位女性文人的创作结集为《织云楼诗合刻》,宗廷辅将常熟宗氏家族的女性文人作品钱念生《绣余词》、宗婉《梦湘楼诗稿》、《梦湘楼词稿》、宗粲《茧香馆吟草》合刊为《湘茧合稿》,张曜孙将阳湖张氏四女的作品结集为《阳湖张氏四女集》出版,其子张晋礼裒辑王采苹、王采繁、王采藻、张祥珍、孙嗣傲、李斈六人同题共作之诗为《棣华馆诗课》,李心耕将李心敬(《蠹余草》)、归懋仪(《绣余小草》)母女二人的作品合辑为《二余诗集》等,都是家族女性作品合辑出版的例子。这些家族合集展现了家族女性"一庭之内,既无损米盐井臼之劳,又无膏粱文绣之好,遂自日以诗书为事,相与磋切义埋,陶泽性情,陈说古今,研求事物"[1]的文学生活。此外,清中期以后,随着所谓"知己式夫妻"模式的流行,丈夫帮妻子刊刻原稿的例子也逐渐增多。钱尊惠《五阁吟稿》附于其夫陆继辂《崇百药斋文集》后,陆氏在序言中述其缘起:"嘉庆丙子秋冬间,余杜门养疴,无所事事,始自删订其诗。既竟,复取诔宜之诗,去二之三,命兑贞重录一帙,题曰《五真阁吟稿》。"[2]家族成员编选刊行女性作品,有彼此了解的优势,能够编

---

① 〔清〕张晋礼:《棣华馆诗课·序》,清道光三十年武昌棣华馆刻本。
② 〔清〕钱惠尊:《五真阁吟稿·序》,《江南女性别集初编》,合肥:黄山书社,2010年,279页。

选出真正展现女性文学才华的专书,增加了女性创作成果为世人接受的机会。此外,恽炳孙出资刊刻母戴青的《洗蕉吟馆诗词钞》及《云圃秋吟》,完颜麟庆刊刻母恽珠的《红香馆诗草》、《国朝闺秀正始集》等例子,无不突显女性文人"生于名门巨族,遇父兄师友知诗者,传扬尚易"①的现象。

家族刊刻的女性作品集,作为家族文学的象征和传播家族文学的载体,不仅便于培养家族后代,使家中的女性能在闺阁之内阅读,也可以使她们与丰富多彩的外部世界保持交流。而家族男性为家族女性刊刻作品出版传播的目的,正如高彦颐②所说:家庭资助女性作品的出版,一面将才女视为家族的骄傲,"以贻嘉话于艺林,垂家范于奕禩"③,使其才华融进家庭文化资本中,彰显了家族的文化优越感和自尊心;一面也透露家庭对女性才学的栽培与支持,这类作品的刊印与赠送,对于提高并巩固家族的社会名望与人际关系,增强女性文人才名的传播速度和广度,具有相当程度的帮助。所以,家族刊刻不仅促进了女性诗文集的出版,也推动了女性作者群和读者群的产生,增强了彼此之间的沟通。二者之间的互动构建起了一个完全不同于以往的创作与接受网络,它的存在使得女性创作有了一个更加便捷的传播和接受途径。

其次,家族外男性文人也为家族女性文学的传播推波助澜。

> 乾嘉之际,其清代妇女文学之极盛期乎。斯时也,袁简斋既高标女教,招收弟子,其他有力之人,如毕秋帆、杭堇浦、郭频伽、阮云台等,亦复奖掖倡导,不遗余力,而妇女文学,遂跻'黄金时代'。盖亦世运升降,愈演愈进,固潮流之所趋,亦自然之势也。吾尝论之,有清二百数十年中之妇女文学,其所以超越前代者,端赖提倡之有人耳。清中叶之有袁、阮、杭、毕、陈(碧城),犹清初之有钱(谦益)毛(大可)吴(梅村)王(渔阳),晚清之有曾(涤生)俞(曲园)也。④

明清两代,积极参与女性文学创作以及传播活动的男性,除了父兄夫婿或其他亲人之外,还有一批支持鼓励女性从事文学创作的文人,其中较为著

---

① 〔清〕沈善宝:《名媛诗话》卷一,《续修四库全书》第 1706 册,上海:上海古籍出版社,1995—2002 年,548 页。

② 〔美〕高彦颐:《闺塾师——明末清初江南的才女文化》,李志生译,南京:江苏人民出版社,2005 年,40 页。

③ 〔清〕李心耕:《二余诗草·序》,清乾隆间刻本,2 页。

④ 梁乙真:《清代妇女文学史》,上海:中华书局,1927 年,146 页。

名的有田艺衡、钟惺、屠隆、袁枚、陈文述、钱谦益、吴伟业、毛奇龄、陈维崧、王士祯、沈德潜、袁枚、郭麐、陈文述、俞樾等。这些文人的支持成为确认女性文人能够被社会公认的一种手段。

《诗女史》的编者田艺衡应该是明代较早强调女性作品的男性文人。他认为女性作品并不比男性作品差，从先秦开始，就有众多优秀作品出自女性之手，只是在传统的社会价值体系中，女性作家自古以来都不被重视，由于"采观之既阙"，对女性诗文作品缺乏搜集的观念，女性作品没有受到应有的重视，使得女性作品很少可以保存流传下来。其云："夫宫词闺咏，皆得列于葩经；俚语淫风，犹不删麟笔。盖美恶自辨，则劝惩攸存，非惟多考皇猷，抑亦咏裨阴教。其功茂矣，岂小补哉。"①不仅阐明了历代女性作品难以流传下来的原因，而且指出女性作品有益于教化的实用价值。

赵世杰《古今女史》也肯定了闺秀创作的文学价值和教化作用："并时代之升降，才伎之俊淑，影样具见于毫楮，一寓目而兴观群怨，皆可助扬风雅。"②女性作品"兴观群怨"、"可助风雅"的功用如此之大，更应该给予女性作品流传广布的机会和途径。

明代一些士人对妇女文学的认可，在一定程度上，开启了清代妇女文学发展的契机。大体说来，女性文学发展到清代，男性文人才开始普遍地对女性才学、创作普遍持一种较为宽容的态度，并通过大量的实际行动对女性文人创作给予帮助。如钟惺认为比之于男子，妇人之诗更自然，也更符合"性灵"：

> 诗也者，自然之声也，非假法律模仿而工者也。……若夫古今名媛，则发乎情，根乎性，未尝拟作，亦不知派，无南皮西昆，而自流其悲雅者也，男子之巧，沟不及妇人炙！其于诗赋，又岂数数也哉。③

袁枚承认女子求学的重要，充分肯定女性文人的创作成就：

> 俗称女子不宜为诗，陋哉言乎！圣人以《关雎》、《葛覃》、《卷耳》冠《三百篇》之首，皆女子之诗。第恐针黹之余，不暇弄笔墨，而

---

① 〔明〕田艺蘅：《香宇集·诗女史叙》，《续修四库全书》第 1354 册，上海：上海古籍出版社，1995—2002 年，152 页。

② 〔明〕赵世杰：《古今女史·序》，明崇祯元年刻本，1 页。

③ 〔明〕钟惺：《名媛诗归·序》，上海：有正书局，1918 年，1 页。

又无人唱和而表章之,则淹没而不宣者多矣。①

戴鉴在肯定女子创作成就的同时,也提出了选辑出版女性文学选集的重要性。其《国朝闺秀香咳集·序》云:

> 我朝文教昌明,闺阁之中,名媛杰出,于捻脂弄粉之暇,时亲笔墨,较之古人,亦不多让焉。不有好事者为之表彰,譬诸落花飞絮,随风淹没,可胜惜乎!②

总的来说,家族外男性文人对家族女文人的提拔和支持,主要有以下几种方式。一是为女诗人诗集作序、跋、题辞、批语等。钱孟钿《玉泉草堂词》前有钱维城序,刘绍攽,管世铭,洪亮吉跋,钱维乔、崔龙见、袁枚、钱琦、董达章、孙锡等人题辞。钱维城序其集:"恨非男子,未能称汝麒麟;便字夫人,亦足佳吾子弟。"③张纨英《邻云友月之居诗》卷二《国朝列女诗》有张曜孙、吴谨序,诗前集有庄煜、王柏心、章岳序等题辞。张纶英《绿槐书屋诗》前有徐士谷、冯桂芬等序。张缨英《澹菊轩初稿》前有薛子衡、吴德旋、周贻朴、周仪� 16人序跋。张曜孙《绿槐书屋肄书图记》中称赞纶英创作:"神采奕奕,端严遒丽,为分书,格势峭逸,笔力沉厚。"④钱谦益曾为黄媛介诗集作序:"今天下诗文衰熸,奎壁间光气黯然,草衣道人与吾家河东君,清文丽句,秀出西泠六桥之间。马塍之西,鸳湖之畔,舒月波而绘烟雨,则有黄媛介皆令。吕和叔有言'不服丈夫胜妇人',岂其然哉!"⑤吴伟业序黄媛介诗集:"所携唯书卷自随,相见乃铅笔不御。发其旧箧,爰出新篇。即其春日之诗,别仿元和之体,可为妙制,允矣妍辞。仆也昔见济尼,尝闻谢蕴,今知徐淑得佩秦嘉,是用览彼篇章,加之诠次。庶几东海重闻桃李之歌,不数西昆止载蘼芜之赋尔。"⑥黄媛介得以名噪吴门,钱谦益、吴伟业的推许是主要原因。桑贞白《香奁诗草》前有茅坤序,周履靖识。吴淑升《梦兰阁诗钞》前有秦元文、蔡召棠序,后有蔡绍熙跋。周映清《梅笑集》前有崔见龙、朱方增序。俞庆曾《绣墨轩选

---

① 〔清〕袁枚:《随园诗话补遗》卷一,北京:人民文学出版社,1982年,24页。

② 〔清〕许虁臣:《国朝闺秀香咳集·序》,清光绪间上海申报馆铅印本,1页。

③ 〔清〕钱孟钿:《浣青诗草·序》,清乾隆四十一年刻本。

④ 〔清〕张纶英:《绿槐书屋诗稿·绿槐书屋肄书图记》,《江南女性别集初编》,合肥:黄山书社,2008年,1083页。

⑤ 〔清〕钱谦益:《钱牧斋全集》,钱曾笺注,钱仲联标校,上海:上海古籍出版社,2003年,967页。

⑥ 〔清〕吴伟业:《吴梅村全集》,李学颖集评标校,上海:上海古籍出版社,1990年,713页。

词》前有俞陞云序,后有宗舜年跋。查惜《南楼吟香集》前有马思赞、祝柔嘉、母翼昭序。庄德芬《晚翠轩遗稿》前有管世铭、洪亮吉序,赵怀玉撰传。恽珠《红香馆诗词草》前有蔡之定、林培厚、高鹗序,后有宗室崇硕、郑如楫跋。《织云楼诗合刻》卷首载祝德麟、王鸣盛等人所作题诗 14 首。《阳湖张氏四女集》中为张繻英《澹菊轩初稿》撰写题跋的有 17 人,写题词的有 53 人,其中男性题词者大都受其弟张曜孙的邀请。受恽炳孙之邀,俞樾为戴青《云圃秋吟》作序,李香严为《洗蕉吟馆诗词钞》作批语。这些男性名家的序跋、题词和批语,对作者而言,可以扩大女性诗词的影响力;对于读者而言,也能借序文初步掌握该书之内容及特点,具有指示、引导和宣扬的作用。

　　二是刊刻女性诗文选集、诗话、诗评等作品。出于对女性文人及其作品文学价值的承认,许多男性文人开始专门选编女性诗文选集,如明郑文昂《古今名媛汇诗》,明张嘉和《名姝文灿》,清徐乃昌《小檀栾室汇刻闺秀词》,清徐树敏、钱岳《众香词》,清周铭《林下词选》,清许夔臣《香咳集》,清汪启淑《撷芳集》,清黄秩模《国朝闺秀诗柳絮集》,清胡孝思《本朝名媛诗钞》,清蔡殿齐《国朝闺阁诗钞》,清周寿昌《宫闺文选》,清王士禄《然脂集》等。在搜集女性作品时,男性文人秉承“以诗存人,以人存诗”的原则,为女性选集的出版不懈努力。“其间或购之坊家,或受之亲友,或觅之书贾,或承四方之惠教,或于残编简中拾其瓣香寸玉,汇而集之。”①为了尽可能全面地搜集女性文人的作品,以及为选集出版后的续编工作考虑,一些男性文人在出版女性选集时,还向社会发出了征启,邀人邮寄。如许夔臣《国朝闺秀雕华集·凡例》云:

　　　　余僻处乡曲,交游甚少,耳目所见,囿于偏隅,搜罗未广,挂漏实繁,四方同心倘肯邮寄,当刊续编,匡余不逮,是所深幸。②

　　黄秩模在《国朝闺秀诗柳絮集·凡例》云:

　　　　是集所录统计一千九百三十八人,其诗之温柔敦厚、足以感人风世者固属不少,然遗漏实多,所望同志之士不吝惠寄,当续编入。③

---

① 〔清〕胡孝思:《本朝名媛诗钞·自序》,清乾隆三十一年刻本,1 页。
② 〔清〕许夔臣:《国朝闺秀雕华集·凡例》,清道光年间刻本。
③ 〔清〕黄秩模:《国朝闺秀诗柳絮集·凡例》,清咸丰三年刻本。

上述可见,男性文人恳求天下文士拯救女性诗文于危亡之中,向社会发出征稿请求,其目的不仅仅是为女性诗文选集的续编收集更多资料,更多的是出于记录文献、保存历史的使命感。可见当时男性文人为搜集女性作品,传播女性名声所作出的努力。

三是在编辑诗词总集时,为女性文人留有足够的位置。王豫《江苏诗征》是清代江苏的诗歌总集,该书卷一六二到卷一七七共 16 卷,皆为名媛。"兹取其温柔敦厚,可以感人,而风世者录之,得五百余家。凡自他省来嫁及,生于江苏而出嫁他省者,皆列焉"①,共得 644 人,约占所收作者总数的10%,其中环太湖流域家族女性文人 45 人,诗作 104 首,可见王豫对女性诗人的重视程度。《江苏诗征》采取"以人系诗",作家姓氏"依韵编次"的编排体例,将同一姓氏的诗人编排在一起,对于研究家族文学与文化有很大帮助。此书的出版不仅提高了江苏籍女作家的文学声望,也扩大了江苏籍女作家作品的传播范围。沈德潜在《国朝诗别裁集》卷三十一中收录和选评了75 位闺秀的诗作,其中家族女性文人 7 人,作品 15 首。如评王慧其人,"其诗清疏朗洁,其品最上";评其诗《秋夜梦同先慈赋诗得天上桃花之句觉后因足之》"语有仙气,不由金镂刻而成",《邻女因婿无籍沦于塞下闻而有感》"极不堪事,写来蕴藉,服其笔墨之工",《禹陵》"通体整肃,有少陵《谒先生庙》风格,不意于闺闱中见之"。又评张蘩《戏为外子拨闷》曰:"'奴爱才如交萧颖士,婢如书似郑康成',向雅《剑南》佳句,得其意而翻用之,以高隐重,不以才藻鸣也。家风敦朴,于兹可见。"②其他如阮元《两浙輶轩录》卷四十为"闺秀",收录环太湖流域家族女性 29 人,诗 66 首;徐世昌《晚晴簃诗汇》收录环太湖流域家族女性诗人 53 人,诗歌 448 首;叶恭绰《全清词钞》收录环太湖流域家族女性 53 人,词作 74 首。

男性文人在搜集某一时期或某一地域的文学作品时,看到了女性文学的价值和意义,并积极选辑她们的作品和事迹收录在诗词总集中,这在明清之前是不多见的,足见明清时期女性文学的发展已得到了社会,甚至官方的认可和接受。同时,由于这些总集的传播,为更多人阅读和接受女性文人的作品提供了新的途径与方式。

另外,著名文人如毛奇龄、袁枚、陈文述、阮元等纷纷招收才女名媛为自己的弟子,指导她们的诗歌创作。"闺阁中,不少亲师取友之辈,若昭华之于

---

① 〔清〕王豫:《江苏诗征·凡例》,焦山海西庵诗征阁,清道光元年刻本,1—2 页。
② 〔清〕沈德潜:《国朝诗别裁集》,清乾隆二十四年刻本,703 页。

西河,素公之于定远,采于之于西堂,若冰之于松崖、沃田,芷齐之于茅堂、董浦,其尤焯著者。"①

袁枚影响所及,闺秀纷纷执贽门下,受业为弟子,时人汪縠曾道出当时盛况:

> 圣朝文教昌明,坤贞协吉,名门大家皆沐"二南"之化。随园先生风雅所宗,年登大耋,行将重宴琼林矣。四方女士之闻其名者,皆钦为汉之伏生、夏侯胜一流。故所到处,皆敛衽扱地,以弟子礼见。②

教以诗学,直接对女性创作进行指导。袁枚招收的随园女弟子中,属于环太湖流域家族女性的就有陈长生、张绚霄、屈秉筠、归懋仪、周月尊、周星薇、叶令仪、钱孟钿等人。男性文人一方面给予女性实际的指导,以扩展其知识视野,以提升诗艺,另一方面则通过评论,提高了女性作家的知名度,对于文学家族声望的提高也大有裨益。

家族内外的男性文人皆以其执文坛牛耳的地位,对闺秀所作诗文给予推扬和赞赏,虽有时不免有过誉之辞,然而对女性文学的推动实是功不可没。他们或是出于历史担当,自觉为女性文学创作建立历史谱系,使其在以男性为主的文学传统中占有一席之地;或是以一种自我标榜的动机意图展现自我卓识的才华;或是以鉴赏的心态,强调女性文学审美才情的特质。表彰才女文化也是一种自我投射,对才女的命运有强烈的认同感,因此他们不断强调处于边缘地位的女作家作品的价值与重要性。男性文人为女性文学传播作出的努力,不仅保存了家族的文献,为女性文学发展奠定了文献基础,而且对于女性认识文学传统、掌握文学技巧以及扩大才名与影响力同样具有重要作用。明清时代的女性和男性开始"合力"重新评价及提倡女性书写,这是不容置喙的事实。

第三节　传播媒介

文学的传播方式主要包括口头说唱、舞台演绎、交流唱和形式的语言传播以及题壁、选本、评点形式的文字传播两大类型。对于女性文学传播媒介

---

① 〔清〕尤澹仙:《晓春阁诗集·序》,《吴中女士诗钞》,清乾隆五十四年刻本,1页。
② 〔清〕袁枚:《随园女弟子诗选·序》,清光绪三十四年铅印本,1页。

的研究,主要是对文本形态这一文字传播方式的研究。在对女性文学文本形态的研究过程中,我们首先必须明白男性和女性文人在担任传播者的基础上,还兼任守门人的职责,即在大众传媒中决定什么性质的信息可被传播、传播多少以及怎样传播。① 具体表现在古代女性文学传播上,即在选评女性作品时,传播者以怎样的立场和标准来鉴别和选择,决定其能否进入大众传播渠道,然后对将继续传播的作品文本进行筛选、强调和加工,以引导传播者的传播和受众的接受行为。

(一)文本的选择性传播:选辑

选择是文献传播的普遍属性和重要法则。这是因为,在一切现实的传播活动中,为了实现"传播"的目的,必须在特定的读者与文献之间,在一定的读者、文献与一定的传播系统之间,取得相适与一致。这种相适与一致,正是选择的结果。② 明清时期环太湖流域女性文人众多,她们创作的文学作品可谓卷帙浩繁,而如何选择当中具有较高文学价值,并且有利于传播的文本是女性诗文选集(表 4-1)所要承担的任务。所以,作为传播女性文学的一个重要文本形态——作品选集,主要通过守门人一定的选录标准,搜集筛选女性文人的作品,对女性作品进行选择性传播。

对女性才德的重视,到万历以降,情形有了比较显著的变化。以郑文昂《古今名媛汇诗》20 卷为例:

> 集以"汇"称者,谓汇集其诗也,但凭文辞之佳丽,不论德行之贞淫。稽之往古,迄于昭代,凡宫闱、闾巷、鬼怪、神仙、女冠、倡妓、婢妾之属,皆为平等,不定品格,不立高低,但以五七言古今体分为门类,因时代之后先为姓氏之次第。③

由此可见,编者已不再以德行作为女性作品选录的唯一标准,而是明确以"文辞之佳丽"作为女性诗歌作品的选录原则,诗才成为唯一的评判标准。

---

① 董璐:《传播学核心理论与概念》,北京:北京大学出版社,2008 年,46—47 页。
② 卿家康:《选择:文献传播的普遍属性和重要法则》,《图书馆》,1993 年第 3 期,16—18 页。
③ 〔明〕郑文昂:《古今名媛汇诗·凡例》,明泰昌元年刻本,1 页。

表 4-1　明清两代重要诗词文选集选录环太湖流域家族女性一览

<table>
<tr><th colspan="2">选集</th><th>人数(人)</th><th colspan="2">选集</th><th>人数(人)</th></tr>
<tr><td rowspan="14">诗集</td><td>国朝闺秀诗柳絮集</td><td>91</td><td rowspan="10">词集</td><td>全清词钞</td><td>43</td></tr>
<tr><td>撷芳集</td><td>70</td><td>历代名媛词选</td><td>43</td></tr>
<tr><td>国朝闺秀正始集、续集</td><td>60</td><td>国朝闺秀词钞</td><td>36</td></tr>
<tr><td>晚晴簃诗汇</td><td>53</td><td>林下词选</td><td>29</td></tr>
<tr><td>香咳集</td><td>25</td><td>众香词</td><td>28</td></tr>
<tr><td>名媛诗选・翠楼集</td><td>13</td><td>全明词</td><td>24</td></tr>
<tr><td>国朝闺阁诗钞</td><td>10</td><td>小檀栾室汇刻闺秀词</td><td>19</td></tr>
<tr><td>明诗综</td><td>10</td><td>明词综</td><td>13</td></tr>
<tr><td>国朝诗别裁集</td><td>6</td><td>国朝词综、续编</td><td>10</td></tr>
<tr><td>松陵女子诗征</td><td>61</td><td>瑶华集</td><td>7</td></tr>
<tr><td>槜李诗系</td><td>13</td><td rowspan="4">文集</td><td>历代名媛文苑简编</td><td>20</td></tr>
<tr><td>江苏诗征</td><td>45</td><td>清代名媛文苑</td><td>14</td></tr>
<tr><td>国朝松陵诗征</td><td>16</td><td rowspan="2">历代名媛书简</td><td rowspan="2">7</td></tr>
<tr><td>两浙辅轩录</td><td>29</td></tr>
</table>

黄秩模《国朝闺秀诗柳絮集》专采清朝闺秀作品，共收录 1983 位女性诗人，是现存规模最大的清代女性诗歌总集。按照先德后才，先贵后贱，先人后鬼的原则，将所收诗人分为节妇、贞女、才媛、姬侍、方外、青楼、无名氏、仙鬼等 10 类。所录姓氏，皆以韵系人，人诗并重，存没兼收。在所收的女诗人中，江苏 852 人，浙江 452 人，占 70%。其中家族女性诗人 91 人，诗作 671 首。收录女诗人以江南为重心，以家族为重点，充分体现了清代女诗人分布和生成的两个基本特征。在收录诗歌标准方面，作者有严格的守门规定：

> 诗本性情。必天怀勃发，喜怒哀乐中皆节，得风雅之正者，乃亟登之。凡假名西昆，捃撦浮艳，毫无性情，概置不录。
>
> 诗贵风格。闺秀有能学汉魏盛唐，风格高骞者，必亟登之。其效六朝《选》体及宋元诸名家，亦在所取。惟险仄肤庸及佻纤淫荡，专涉香奁，虽旧本频存，仍置不录。
>
> 诗贵音节。古近体诗固然，乐府歌行尤不宜宫商乖棘。有能以汉魏盛唐为宗者，虽痕迹未化，必亟登之。间效新声，不违古法，

亦均收存。若村腔野调,不按音节者,概置不录。①

对选录闺秀诗作出了具体要求:在诗歌内容上,强调"风雅之正",真性情;在风格上,以汉魏盛唐为宗,反对"村腔野调"、"佻纤淫荡"的诗风;选诗重古体、重本事、重真情,对带有序言或本事的诗尤有意采择。

汪启淑《撷芳集》收录了清代闺秀诗人 1853 家,诗 6024 首,共 80 卷,其中清代家族女性诗人 70 人,作品 340 首,南方诗人占到近九成,其中位于东南沿海的江浙两省则占七成多,实际上反映了江南闺秀文化的历史传承与延续。作者以"首重贞节"作为守门标准,对女性诗人按社会身份和地位的高下进行排列,依次为节妇、贞女、才媛、姬侍、方外、青楼、无名、仙鬼。这种顺序的排列方式间接反映了作者对女性身份地位以及作品质量的评价。在选录诗歌方面,作者"章搜句讨,亘以年岁,荟萃于兹","地志家乘,丛编杂记,一切刻本所载,无不遍采"②,充分发挥了守门人的检查和加工功能,基本构建了清初至乾隆中期数百年间女性诗歌发展的历程。

恽珠《国朝闺秀正始集》20 卷,补遗 1 卷,录清代闺秀诗人 933 人,诗作 1736 首。作者守门的原则以德为主,"必取其合乎兴观群怨之旨,而不失幽闲贞静之德"③,"择雅正者付之梨枣;体制虽殊,要不失敦厚温柔之旨"④,"以性情贞淑,音律和雅为最,风格之高尚其余事"⑤,"删夫风云月露之词,以合乎二南正始之道"⑥。"温柔敦厚"是恽珠诗教思想的核心,同时也是其选录诗歌的首要标准。恽珠试图通过所选作品发挥女性诗教的导向作用,达到道德教化以及宣扬妇德的目的。

(二)内容的诠释性传播:评点

内容的诠释性传播,是指通过对文本内容进行随感式、鉴赏式的解读和评论,带有较多传播者或守门人的思想观念,可以帮助和引导读者,对他们产生大于原文本的积极或消极影响。表现在女性文学上,评点即对女性作品文本进行诠释性的解读和鉴赏式的评价,在评价各家作品时着重论述其社会背景、师友交往及艺术风格等方面,使更多读者了解和接受女性文人的

---

① 〔清〕黄秩模:《国朝闺秀诗柳絮集·凡例》,清咸丰三年刻本。
② 〔清〕沈初:《撷芳集·序》,清乾隆年间刻本,1 页。
③ 〔清〕恽珠:《国朝闺秀正始集·序》,清道光十一年常州红香馆刻本,1 页。
④ 〔清〕恽珠:《国朝闺秀正始集·例言》,清道光十一年常州红香馆刻本,1 页。
⑤ 〔清〕恽珠:《国朝闺秀正始集·例言》,清道光十一年常州红香馆刻本,5 页。
⑥ 〔清〕恽珠:《国朝闺秀正始集·序》,清道光十一年常州红香馆刻本,2 页。

作品,丰富女性作品的内涵和可读性,从而提高女性作品的地位和价值,集中发挥守门人的评价、导向及桥梁功能,达到传播女性文学作品的目的。诗话对诗名传播的功效是快速而明显的,为作品提供了一个离开原产地和作者而向社会传播的公共空间。① 诗话、词话、诗评等论说文体即是对女性文本的诠释性传播。

沈善宝《名媛诗话》12 卷,收录了明末至清咸丰中期的女性文人 760 位,收录诗词 2400 首,其中家族女性 47 人。作者准确把握了清代女性创作出现的地域化、群体化、家族化趋势,并且将这种趋势融入到《名媛诗话》的写作中。《名媛诗话》采取以类相聚的方式组织材料,其归类大致有以下四种:生平事迹,交游,家族,作品的题材、风格或意境。同一个家族的女作家归属在同一卷中,着重家庭成员之间关系的说明以及相互之间交流唱状况的评述。例如对归安叶氏家族女性文人群体的记载:

> 《织云楼合刻》,为归安叶氏姑妇姊妹之作。叶闻泟方伯佩孙原配,同里周皖湄映青,有《梅笑轩集》。继室晋宁李兰贞含章,有《蘩香诗草》。长女淑君令仪,有《花南吟谢遗草》。长妇陈长生嫦生,有《绘声阁诗稿》。次媳何阆霞若琼,有《双烟阁诗草》。他如附刻之次女淡宜令嘉、三女苹渚令昭,次妇周星薇诸作,皆卓踔不群。信乎家学渊源,非寻常浅学者可比。

不仅对收录叶氏家族作品集的女性人物及其相互关系作了大致介绍,而且还总结了每个家族女性不同的创作风格,如评价周映清《梅笑轩集》中"咏梅五古四章最为清丽",陈嫦生诗"家承有自,绵丽雄浑,兼而有之",何阆霞诗"神似晚唐"。② 可见叶氏家族一门联吟的文学生活,女性文人创作之丰富,风格之多样。以家族群体的方式传播女性文人及其文学作品,通过作者的评价引导受众的接受行为,必定可以收到积极的传播效果。

《名媛诗话》还大量记录了地域性的女性文学活动,特别是环太湖流域女性群体活动的盛况。例如对于蕉园诗社、清溪吟社等女性诗社的记载,为我们展示了当时女性文坛的地域创作盛况。

> 吾乡多闺秀,往者指不盛屈。近如梁楚生太夫人及长女许云

---

① 蒋寅:《清诗话的写作方式及社会功能》,《文学评论》,2007 年第 1 期,19 页。

② 〔清〕沈善宝:《名媛诗话》卷四,《续修四库全书》第 1706 册,上海:上海古籍出版社,1995—2002 年,586—587 页。

林、次女云姜、项屏山、项祖香、汪小韫、吴苹香、黄颖卿、鲍玉士、龚瑟君、诸君诗文字画,各臻其妙。①

记载了女性文人之间结社和交游地域化的盛况。相比于以往的女性文人,清代环太湖流域家族女性们拥有了更广阔的活动空间,她们以"才名"为中心,建立起了广泛的交游网络,为我们研究清代女性诗歌史、家族文学活动以及女诗人之间的生存交流状况提供了宝贵资料。在沈善宝对女性文学发展状况的评价和导向过程中,受众也可以更加明确地体会到女性文学家族化和地域化的发展特点和状况。

除了从群体化角度展现女性诗歌创作,沈善宝还着意选取那些可以体现"天籁自鸣"性灵观的女性作品。"诗本天籁,情真景真皆为佳作",即抒写真实的自我和生命,风格不拘,风神兼美,自然天成,具有"清"、"新"审美趣味的作品。这些标准在评价女诗人诗作时展露无遗。例如在选择屈秉筠的诗歌时,以"清丽圆稳,巧于发端"②论之:

《春雪》:窗影似栖云,窗中声不闻。梅花才有信,昨夜正思君。香茗寒冰煮,宣炉活火熏。遥怜画檐际,饥雀自纷纷。

《落梅》:影乱不可数,香来五处寻。古今同此怨,天地是何心。历历楼中笛,凄凄壁上琴。一场幽梦醒,落月更横参。

在评价陈治筠诗歌时,选取《咏笔》一诗:

自拜中书令,斯文独在兹。管装青镂巧,毫吐绿沉奇。五色才人梦,双弯少妇眉。惟君能倾取,此外有谁知。③

以"工丽非常,咏物妙手"八字赞此诗笔致清丽和体物细腻,足见作者对此类抒发真实感情、风格清丽作品的喜爱。《名媛诗话》被认为是清代最完整的女性诗话专著,不但建构了清代女性自己的文学体系,也呈现了在蜕变过程中女性自身的真实面貌。可以说,沈善宝把《名媛诗话》作为传播女性文学的重要媒介,试图以此来提高女性及女性文学在古代文学和公众视野

---

① 〔清〕沈善宝:《名媛诗话》卷六,《续修四库全书》第 1706 册,上海:上海古籍出版社,1995 2002 年,612 页。

② 〔清〕沈善宝:《名媛诗话》卷三,《续修四库全书》第 1706 册,上海:上海古籍出版社,1995—2002 年,584 页。

③ 〔清〕沈善宝:《名媛诗话》卷四,《续修四库全书》第 1706 册,上海:上海古籍出版社,1995—2002 年,598 页。

中的地位。沈善宝的这种评价形式,不仅高度肯定了女性文人的创作成果,而且也关系到对受众的影响程度和作品传播的覆盖面。

雷瑨、雷瑊《闺秀诗话》16 卷,收录闺秀 1300 余人,其中收录家族女性 56 人,诗作 137 首。在诗话中不仅有关于女性诗歌发展特点的描述,对受众理解女性诗歌具有一定的导向功能。例如在谈到女性擅长的诗歌体式时,指出闺秀诗多律绝,古体不多见,其原因在于力力有所不胜,而曾彦和沈绮二人却有与众不同之处。曾彦《春别离》一章,作者评价为"情文绵婉,气韵逸宕,古芬扑人真乐府遗响"[1],与近时各诗家相比,已属凤毛麟角,何况在闺秀中。沈绮诗"多古体,音节高古,气势浩瀚,无丝毫浮靡之习"[2]。充分肯定了曾彦和沈绮在古体诗创作上的成就。在选评女诗人作品时,雷氏还着意选取内容清真,风格清健的作品进行鉴赏和品评,这是影响传播者守门的关键因素。如评价张芬《水仙花》、《冬日卧病》、《和石帆送陈仙齐出塞》数诗"俱意味清真,风格高朗"[3],左锡嘉《骤雨即止》、《月夜怀小桐五姊》、《望禧儿书》、《柬邻女》等诗"清健不俗,无惭古之作者"[4],张绚霄《春雨》、《重到武昌节署》、《七夕寄怀尚书》等诗"清丽芊绵,尤工体物"[5],俞绣孙诗如《感怀示外子四律》、《忆旧抒怀十二绝》"清高雅洁,无尘俗气"[6]。

雷瑨、雷瑊《闺秀词话》是一部收录宋至清代女性文人的词选。除了少数几篇涉及宋、明女词人外,所收录的超过 4/5 都是清代女词人,籍贯多集中在江浙两省,其中环太湖流域家族女性文人 19 人,词作 43 首。内容涉及作者的生平事迹、创作活动、作品情况及作品评论诸多方面,反映了清代女性文学的发展具有地域化、群体化和家族化的特征,是目前所见最完整的闺秀词话。

在对这些家族女性作品进行评点时,作者着意从家族角度展现一门风雅的文化景观,群体唱和的现象。毗陵张氏可谓其中代表,"张翰风(宛邻)《词选》,为倚声家圭臬,其子仲远曾刊其女兄弟诗词,为《毗陵四女集》。一门风雅,可想见其渊源有自矣"。张琦一门男女皆能词,可谓词学世家。

---

① 〔清〕雷瑨、雷瑊:《闺秀诗话》卷六,民国十一年扫叶山房石印本,5 页。
② 〔清〕雷瑨、雷瑊:《闺秀诗话》卷十一,民国十一年扫叶山房石印本,10 页。
③ 〔清〕雷瑨、雷瑊:《闺秀诗话》卷十三,民国十一年扫叶山房石印本,5 页。
④ 〔清〕雷瑨、雷瑊:《闺秀诗话》卷一,民国十一年扫叶山房石印本,5 页。
⑤ 〔清〕雷瑨、雷瑊:《闺秀诗话》卷一,民国十一年扫叶山房石印本,11 页。
⑥ 〔清〕雷瑨、雷瑊:《闺秀诗话》卷十一,民国十一年扫叶山房石印本,6 页。

仲远大令暨德配孟仪夫人令媞,性均孝友,与叔姊婉纫、季姊若绮两夫人,伉俪同居。家政悉咨叔姊,遵尊甫翰风先生遗命也。两夫人善诗古文词,婉纫夫人尤善作擘窠大字,孟仪夫人嗜文学,工汉隶。姑姊切磋,交相爱敬。姊婿孙叔献王季旭两先生,皆饱经济文章之士,大令才兼三绝。相与商榷古今,啸歌风月,情义如昆弟焉。①

张仲远将家门内联吟的场面绘为《比屋联吟图》,可见张氏家族女性群体之活跃。《闺秀词话》中收录了多首表现姊妹诸人感情的诗作,如张缙英《菩萨蛮·月夜不寐忆亡妹纬青》、《前调·落梅伤纬青亡妹》、《菩萨蛮·落梅伤纬青亡妹》,张纶英《高阳台·和若绮妹咏菊》等。此外,徐自华与徐蕴华姊妹、左锡嘉与左锡璇姊妹、屈秉筠与季兰韵姑嫂、俞绣孙与俞庆曾姑侄并论的体例也反映了清代女性文学发展的家族化特征。

此外,家族女性文学的发展更在地域女性文学的发展中发挥了领袖作用,如毗陵人庄盘珠所作《秋水轩词》,就大受同乡才女的喜爱。"毗陵闺秀,瓣香《秋水》者为多。伍兰仪女史,酷嗜庄盘珠诗词,有《绿荫山房词稿》。"②

对其他女性词作的评价,如常熟宗婉"心情欲托春风诉,怕春风,不到潇湘","秋忆之梦,与叶声同坠","秋风袅袅,洞庭波矣";染指之"认红豆初拈,几误鹦哥偷咽";花光之"晕入东风春欲笑,不定香痕如水"诸语,"可称绝唱"③,其精炼处,亦得白石师法,更称其为虞山席佩兰之后词坛之又一宗主。评价张绚霄词"清丽芊绵,工于体物"④,徐自华、徐蕴华词"秀逸无俗韵"⑤,俞绣孙词"清婉可诵"⑥,钱孟钿《杨花长亭慢》一阕,"咏事殊觉宛约,颇有南宋词人气息也"⑦。

但值得注意的是,女性出版对男性不同程度的依赖势必会影响整个女性文学的风格和水平。主要表现为选录、评论女性作品时,什么样的作品会被删去,而什么样的会被选定,什么样的作品受到编选者的喜爱,而什么样

① 〔清〕雷瑨、雷瑊:《闺秀诗话》卷二,民国十一年扫叶山房石印本,8页。
② 〔清〕雷瑨、雷瑊:《闺秀诗话》卷二,民国十一年扫叶山房石印本,6页。
③ 〔清〕雷瑨、雷瑊:《闺秀诗话》卷二,民国十一年扫叶山房石印本,3页。
④ 〔清〕雷瑨、雷瑊:《闺秀诗话》卷三,民国十一年扫叶山房石印本,8页。
⑤ 〔清〕雷瑨、雷瑊:《闺秀诗话》卷三,民国十一年扫叶山房石印本,11页。
⑥ 〔清〕雷瑨、雷瑊:《闺秀诗话》卷四,民国十一年扫叶山房石印本,2页。
⑦ 〔清〕雷瑨、雷瑊:《闺秀诗话》卷四,民国十一年扫叶山房石印本,5页。

的作品得不到编选者的青睐,都是由守门的男性文人依个人的选录标准、价值标准来判断、决定的。而这样做的结果,导致一部分评论家批评女性作品:"隐遮、阻抑了自己内心真实的感情波澜,丢弃了女性自我的角色心理和艺术品位,结果作品大多苍白乏力,气格平庸。"①这一问题的出现,与女性作品传统的出版形式有很大关联。

> 作为一部女性诗文集的共同赞助者,编者和撰写题词和序跋文的人们从不同含义上讲,为我们提示纯粹又自觉的(女性)声音几乎不存在。……赞助人作为温和、文雅的审查员把自己有关优美品位和卓越文学作品的标准献给她们。②

一方面,女性文人为了作品的保存和出版,会时常考虑亲戚、编者、赞助人和批评家等人群的欣赏标准;另一方面,当女性作品落入男性文人手中时,这些作品就成为了在他们的观点下所呈现的女性声音。评论及选辑基于男性立场的主观意识,可以说是男性文人有意识的将对诗歌的创作观念,通过选辑和评论女性作品来呈现。这种"男性观点的再塑造"又涉及男性文人选择、评价女性作品的目的问题。不管女性作者本人或男性文人出于怎样私人化、个体化的目的,女性文人从闺阁走入读者视野的过程,也是她们被主流文学群体接受的过程。明清时期大量女性作品的刊刻出版问世,从客观上来说,都为女性作品经典化奠定了坚实的基础。

其时文人不仅未对女性文人产生敌意,而且在很多情况下,还是女性出版的主要赞助者,努力推动女性作品走向经典化。不同于以往各时代女性佳作的零星出现,明清时期女性文学的发展和传播可谓中国古代女性文学发展的顶峰。众多优秀的女性文学作品选集、总集以及传记、评论类著作的出版,努力在传播中实现女性文学的经典化,使女性文学进入经典行列,无疑是对女性文学价值的肯定,更是推动了女性文学的传播与发展,在女性文学史上具有不可估量的价值和意义。

第四节　传播受众

受众是传播符号的"译码者",是信息传播的"目的地",是传播效果的

---

① 胡明:《关于中国古代的妇女文学》,《文学评论》,1995年第3期,102页。

② [美]曼素恩:《缀珍录——十八世纪及其前后的中国妇女》,定宜庄、颜宜葳译,南京:江苏人民出版社,2005年,262页。

"显示器"、"晴雨表",在传播活动中扮演着非常重要的角色,是实现信息完整传播的一个重要环节。家族女性文学的受众,不仅是女性文学的消费者,更是女性文学的"译码者";不仅是女性文学传播活动的参与者,更是传播效果的反馈者。因此在传播活动中,受众占有极为重要的地位。作品诞生后便脱离了作者的控制,进而产生在诠释理解时的多义性,即受众在理解作品时往往会因当下历史文化背景以及自身价值判断标准而产生不同的理解。可以说,作品的传播效果取决于受众的接受意识。

家族女性文人在进行文学传播的过程中,其受众对象与其家庭有较高的重合性,即存在血缘、姻亲关系的家族成员是家族女性文学传播和接受的主体。随着家族女性主体意识的觉醒和社交场域的扩大,与家族外人士交流机会的增加,家族外的文人也逐渐成为其文学的接受者。进而,家族女性文人的传播行为经由人际传播、组织传播的方式逐渐进入到了大众传播的领域,在家族内外诸多文人的支持和帮助下,大多数家族女性文人及其作品被收录到诸多女性选集、诗话、诗评和传记中。女性文学发展到此时,可以说,其阅读社群已经扩大到了整个社会,大众圈已经成为女性文人声名和作品传播的受众。

家族女性文学的受众,首先是家族成员。女性文人的成长都是在家族中完成,世家大族为女性文人的成长提供了良好的环境。文学家族中的家学传承渊源深厚,在浓郁家学氛围的熏陶之下,文学修养的培养势在必行;而且家族历代积累下的文化资源,也是培养女性文学才能的土壤和基石。加上家族长辈的悉心教导,家族女性文人的成长和成才拥有了诸多得天独厚的条件。对于女性来说,家庭生活是其生活的重点,所以她们创作的文学作品,受众的第一顺位就是家族成员。

丈夫是妻子的受众。这主要建立在"伙伴式婚姻"的基础之上。丈夫为妻子的文学创作提出建议,并在实际创作中给予一定的指导,鼓励妻子的文学创作。可以说,在女性文学的传播中,丈夫首先是女性文学的接受者,明白和了解女性诸多创作文本的内涵和意义,对女性的创作持积极和肯定的评价,然后才能通过出版等途径对女性文学进行传播。此种文学传播方式下,夫妻二人通过文化上的契合点沟通,妻子作为女性文学的传播者,丈夫作为女性文学的受众,进行诗词唱和、书画题赠,获得情感上的满足,体现了女性文学传播者与受众的复杂关系。

儿女是母亲的受众。正如学者所言:"女性文学的接受与传播最主要的是得益于女师传统：主要有两类，母教与闺塾师。"①江南望族人才辈出，这与女性教育是密不可分的。而家族女性的职责之一就是课儿教子，可以说，家族母教的成果，直接影响下一代的学识和前途，更维系着整个家族文脉的兴衰。如果家族男性过早离世或长期宦游在外，家族女性在培育家族后代、传承家族文化方面，就肩负着更大责任，其家族地位也更为重要。

家族内的其他亲人也是家族女性文学的受众。家族内一门联吟唱和现象在世家大族中颇为常见，兄弟姊妹、姑嫂妯娌之间的唱和可以成为女性文学传播的主要方式。在这个传播的过程中，交流唱和的对象即女性文学的受众。在此类传播过程中，寄赠、送别、和诗等都是在事先设定好预期受众的情况下创作的。② 在这些相互赠答、送别的唱和诗中，我们不仅可以窥探作者与受众之间真挚的情感关系，同时还可以从潜在受众的角度体会女性在表达情感时唤起的受众共同的情感体验，从而直接影响到女性文学传播效果。

其次，家族外的友人是家族女性文学的又一个阅读社群。随着生活交流圈的扩大以及文学自觉性的驱使，家族女性文人开始追求自身的价值，从"闺内吟咏"走向"闺外结社"，开始与家族外的友人进行诗词交流。相比家族内的阅读社群，家族外的阅读社群更加自由和开放，社交意义更加突出。此类作品③是传播者与受众交流的媒介，传播者从受众那里得到更多有益于

---

①　宋清秀：《清代江南女性文学史论》，上海：上海古籍出版社，2015 年，93 页。

②　如叶令仪《寄两妹都门》、叶令昭《寄淑君姊》、叶令嘉《寄淑君姊》、钱孟钿《毕素溪表姊以图扇见贻次韵赠别》、《代书三十韵，寄弟妇循之》、毕汾《留别浣青原倡》、俞绣孙《虞美人·寄仲小姑》、《七夕赠六妹合欢》、《赠文然侄新婚》、俞庆曾《岁暮书怀和弟韵》、《夜坐忆家，偕子戴作，并索阶弟和》、《寄弟于衡阳》、《寄弟》、宋静仪《和于庭大兄陈圆圆妆楼歌》、沈宜修《仲春寄表妹张倩倩》、《金络索·和伯明兄墨梅图》、沈蕙玉《赠小姑》、《折柳寄妹》、曹贞秀《从妹琼娟未婚守志，励节甚高，寄示言志并见怀之作答之》、张绪英《婉纫妹将有山右之行，作此赠之》、《寄若绮妹即寿四十初度，兼示婉纫妹、仲远弟》、宗婉《夏夜登小蓬莱阁，同丽生二弟晋作》、宗粲《谢婉生姊赠兰》、刘如藻《思亲一首寄呈大姊》、《采莲词，偕伯嫂分韵同作》、左锡璇《十叔书问近况，以此答之》、《小云妹见示寄怀诗，即步原韵》、归懋仪《寄映藜四叔父书》、《寄华山弟书》、周月贞《寄淑娴八妹》、查昌鹓《寄曹氏小姑》、张芬《和皎如沈妹见怀原韵》等。

③　如陆卿子《赠毗陵安美人》、《酬范夫人》、《赠桐城吴参知夫人》、《赠冯美人》、《赠袁参知如夫人》、《赠婢》、《赠节妇嬴氏》、归懋仪《答曹夫人书》、《致何春渚征君书》、《答香卿大人书》、《致胥燕亭大令书》、《复吴星槎别驾书》、黄媛介《赠楼居女伴》、《赠徐夫人》、钱孟钿《再寄曼亭》、张允滋《灯花和香溪徐夫人韵》、张芬《白杨花和碧云王妹作》、周月尊《寄随园书》、宗粲《庞书君女史惠赠纨扇，诗以谢之》、左锡嘉《寒夜得萧月楼与乌拉、扎桐云两夫人书，感赋小诗，借以作答》等。

人生、文学技艺等方面的反馈,受众从传播者的作品中了解家族女性真实的生活感受和情感体验,对作品进行理解和记忆,这是家族女性文人不断提高自身文学修养和才能的重要手段,也是女性文学传播的重要方式。

家族女性借由女性亲友扩展人际网络与创作空间,不仅凝聚了女性情谊与女性文化,而且通过诗、词、文创作彼此互动品评的方式,建立起了属于女性文人的传播与接受社群。"家族内外众多女性文人的结社聚会,通过文字往来的方式维系彼此间的联络及情感交流,为来自相同或不同家庭的女性,提供了相聚寻乐或严肃的学术探究场合。"①在互相认同、赞誉的过程中,女性文人不仅能够进行情感交流,获得文化的认同感和归属感,而且也加快了彼此诗作和诗名的传播和接受。

诸多女性文学选集、评论类作品的出版问世,取得了诸多正面反馈,激发和提高了传播者的传播热情,有助于传播者验证传播效果,促进传播者改进和优化传播内容。《正始集》刊成之后,恽珠仍收到各方投来的诗作:

> 太夫人悉收奁中,不忍遗弃,暇则频加删定。疾剧,手授女公孙曰:此四方女士,闻风投赠,及文人采访见寄,恐病不起,有负来者之心,汝其续编,以成吾志。②

可见《正始集》的传播效果在于激发了受众,特别是女性文人受众的创作热情,积极投寄诗作的行为更展现出女性文人自我传播意识的增强。

当然,女性文学的传播也存在"受众的逆反心理"现象。逆反心理是指"人们对某种观点、立场或结论等具有抵触情绪,进行反方向的思维,表示怀疑和不信任,并进而得出与原结论相反的结论,表现出相反的行为。"③章学诚面对女性文学的发展提出的诸多见解,就是逆反心理的代表,针对女诗人拜男性文人为师这一现象进行了严厉抨击。

> 近有无耻妄人,以风流自命,蛊惑士女,大率以优伶杂剧所演才子佳人惑人。大江南北,名门大家闺阁,多为所诱;征诗刻稿,标榜声名,无复男女之嫌,殆忘其身之雌矣。此等闺娃,妇学不修,岂

---

①　[美]高彦颐:《闺塾师——明末清初江南的才女文化》,李志生译,南京:江苏人民出版社,2005 年,192 页。

②　〔清〕恽珠:《国朝闺秀正始续集·序》,清道光十六年常州红香馆刻本,2 页。

③　董璐:《传播学核心理论与概念》,北京:北京大学出版社,2008 年,190 页。

有真才可取。而为邪人播弄，浸成风俗，人心世道，大可忧也。①

其逆反心理具体表现为贬损传播者即女性作者以及袁枚等招收女弟子的男性文人，认为女子为文并不是妇学的内容，标榜声名更不是妇女所应该做的，将女子从师受学说得如此不堪。可见受众在文学传播过程中的复杂性和多面性。

人类传播是一种有目的的行为。就传播者来说，总是希望自己的传播意图为受众所了解、领会，并且按照自己的传播意图行事。而对受众来说，接收信息刺激后总要产生不同程度的反应，在思想、感情、态度和行为等各方面发生某种变化，这种反应或变化就是传播效果。传播效果的大小标志着传播意图在受众那里实现的程度。那么，明清环太湖流域家族女性文学的传播效果如何呢？首先，家族女性作品的大量出版可以让更多人看到女性文学作品，即在认知方面取得的传播效果。其次，在认知的基础上，受众对女性作品中表达的内容产生情感上的认同和接受，即取得的情感效果。再次，以上认知、情感效果的取得，可能使一些受众从反对女性从事文学创作到持赞成鼓励的态度，这种态度的转变即可视为是态度效果。最后，是建立在认知效果、情感效果和态度效果基础之上的行为效果，表现为女性文学的传播激发了更多女性从事文学创作，并积极参与到文学传播的活动中。

席佩兰曾总结女性才名及作品传播不易的原因：

> 女子之诗，其工也难于男子；闺秀之名，其传也亦难于才士。何也？身在深闺，见闻绝少，既无朋友讲习以沦其性灵，又无山川登览以发其才藻，非有贤父兄为之溯源流，分正伪，不能卒其业也。迄于归后，操井臼，事舅姑，米盐琐屑，又往往无暇为之。才士取青紫，登科第，角逐词场，交游日广，又有当代名公巨卿从而揄扬之，其名益赫然照人耳目。至闺秀幸而配风雅之士，相为倡和，自必爱惜而流传之，不至泯灭。或所遇非人，且不解咿唔为何事，将以诗稿覆醢瓿矣！闺秀之传难乎不难？且难之中又不同者。②

明清时期家族女性文学的发展与传播，得到了来自家庭成员和社会名流的鼎力支持，来自"贤父兄"、"名公巨卿"以及"风雅之士"的帮助，直接促

---

① 〔清〕章学诚：《丙辰札记》，北京：中华书局，1986年，98页。

② 〔清〕骆绮兰：《听秋轩闺秀同人集·序》，清嘉庆二年句曲骆氏刻本，1页。

成了女性文学繁荣的局面。明清之际,伴随资本主义萌芽的产生和发展、市民意识的觉醒,形成的社会个性解放思潮,为女性文学的兴盛创造了宽松活跃的社会发展空间。家族女性文学作为女性文学的重要组成部分,其在明清时期环太湖流域的传播与接受具有特殊的价值和意义。文学传播活动既是人类思想文化的传播,也是文学艺术的传播。女性文学的传播活动,不仅促使更多家族女性突破"内言不出"的传统观念,产生了"立言"、"立名"的传播意识,并积极地付诸行动,着手为自己或其他女性文人编辑女性作品选集。家族女性文人由于社交范围的扩大,形成了一个跨越血缘和地域的文学创作和传播网络。家族外的男性文人也纷纷通过多种形式为家族女性文人才名的确立和作品的传播不懈努力,对明清女性文学的发展产生了直接的推动作用。

文学传播效果的大小和影响力,既受到不同传播方式、媒介的影响,也会受到作家社会政治地位、文坛地位、家庭背景和个人身份等非文学因素的影响。明清时期家族女性文人的文学作品借助于各种社群性的文学交往活动,以及多种女性作品的选集、诗话等文本研究传播途径,得以在大众圈中流传。环太湖流域家族女性多有作品刊印于世,固然有其家庭内部因素,既表明家族女性诗歌创作的兴盛,也显示女性作品在当时有一定数量的阅读群和市场价值。晚明文人与名媛选集编纂女性诗歌,如钟惺《名媛诗归》、田艺蘅《诗女史》和沈宜修《伊人思》等,并经书商刊刻蔚为风尚。名媛、文士与书商,以及女性作品的其他受众群,彼此之间交互影响,促使女性编选集的蓬勃,闺阁女诗人也经由这层人际网络,以编者、作者身份,涉足闺门之外的活动空间。女性诗词作品的大量刊印不只是对当时女性文学创作繁荣的具体反映,也是促使其不断进步的主要动力,进而也助长了女性作家文学声名的传播。"通过一代一代对女性文学的传递,一如巡游的塾师,她们超越了闺阁的空间限制,从而经营出一种新的妇女文化和社会空间。"①从纵向时空和横向理论两个维度建构起了属于女性文学自身的文学场域,为明清女性文学的发展奠定了文献和理论基础。明清时期的女性文学已不再是古代文学史的补遗和边缘,而是明清文学史的核心部分之一,重新构建了文学史的版图,这正是女性文学传播的价值和意义所在。

---

① [美]高彦颐:《闺塾师——明末清初江南的才女文化》,李志生译,南京:江苏人民出版社,2005年,4页。

下　编

第五章　家族型女性群体结社活动研究——常熟屈氏

乾嘉年间,常熟屈氏家族涌现了一批以文学创作著称的女性文人群体。她们不仅在家族内部吟咏,更积极地在家族外建立起广泛的文学交际网络,这一交游关系的形成为屈氏家族女性提供了独特的创作环境以及重要的传播渠道。可以说,常熟屈氏家族女性的文学活动与传播是清代乃至整个古代女性文学发展的典范。

第一节　屈氏家族世系与女性文人群体

屈氏之先出自高阳,"高阳之子曰称,称生老童,老童生重及吴回,相继为帝喾火正。渭耀惇大,天明地德,故命之曰祝融。吴回生陆终,陆终生子六人,六曰季连,为半姓,史伯所谓祝融之后已。……通苗裔,鬻熊为周师。成王封鬻熊之曾孙熊绎于楚,亦曰荆子。历十一世而熊通立是为楚武王。武王庶子瑕食邑于屈,号屈侯,始以邑为氏"。之后,屈氏八迁"初一关中,次二成皋,次三汝南,次四徒河,次五临海,次六祁阳,次七汴,次八常熟"[①]。常熟屈氏始迁始祖为宋忠训郎信州副都监屈公,讳裳黻,字崇益,故汴之封邱人。"喜文史,达机宜,任事慷慨。推以功名自期许,遭时丧乱,郁郁不得志,

---

①　〔清〕屈轶等:《临海屈氏世谱》卷十九《自序》,常熟市图书馆藏,清光绪九年刻本,1—6页。

遂移疾去官,课游吴门。……后数年,公慕虞山之胜,始卜居焉"①,自此之后,屈氏子孙于常熟繁衍定居,即成常熟屈氏。

屈氏"自春秋而下,闻人代兴。春秋战国时,有若完、若重、若到、若建、若宜立功立事,三闾大夫文章志行垂范千秋,吴有晃元,魏有遵恒,唐有隐之,宋有坚壮、节奇,勋炳史册。自明以来,明德科贡,代有其人"②。发展到有清一代,常熟屈氏家族兴业,子孙繁衍,为官为学,代不乏人。其中,以屈氏十世屈曾发祖孙四代(图 5-1)最具代表性,除了拥有众多男性文人之外,还出现了以屈秉筠、季兰韵为代表,包括屈静塾、钱珍、叶婉仪、屈凝、屈敏等七人在内的家族女性文人群体,形成了一门风雅、群体唱和的新局面。

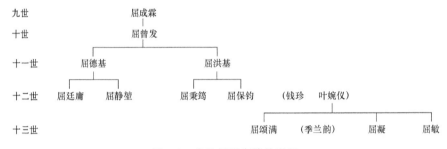

图 5-1　常熟屈氏家族关系网

屈静塾,生卒年不详,屈德基女,常熟人,俞照妻,著有《留余书屋诗文集》,现已散佚。屈秉筠(1767—1810),字宛仙,常熟人,赵子梁室,著有《蕴玉楼集》,现存诗 140 首,词 15 首,文 3 篇。"翰靡所不能,最工白描花鸟,毫柔挽劲,神致超逸,于李因陈书外,别出一奇。古所专志笃好者,尤在于诗于唐宋诸名家,尤瓣香义山。"③钱珍(1770—1789),字温如,长洲人,屈保钧妻,著有《小玉兰遗稿》,现存诗 5 首。叶婉仪(1764—1815),屈保钧继妻,长洲人,涵斋明经女,与屈秉筠"常合写兰菊小帧,人称闺中胜友"④。季兰韵(1793—1850),字湘娟,常熟人,屈颂满妻,著有《楚畹阁集》,现存诗 556 首,词 24 首,文 20 篇,诗词外亦博涉经史书画。屈凝,生卒年不详,字茝湘,叶

① 〔清〕屈轼等:《临海屈氏世谱》卷四,常熟市图书馆藏,清光绪九年刻本,8 页。

② 〔清〕屈轼等:《临海屈氏世谱》卷十六《题屈氏族谱跋》,常熟市图书馆藏,清光绪九年刻本,14 页。

③ 〔清〕孙原湘:《天真阁文集》,《清代诗文集汇编》第 464 册,上海:上海古籍出版社,2009 年,515 页。

④ 萧虹:《中国妇女传记辞典·清代卷》,悉尼:悉尼大学出版社,2010 年,195 页。

婉仪女,举人杨希镛妻,精琴理,并娴楷法,著有《心闲馆小草》,现存诗 21 首。屈敏(?—1816),字梦蟾,诸生陶尚贤妻,著有《松风阁小草》,现存诗 8 首,与姊屈凝有屈氏二妙之誉。

屈氏家族女性文人群体的出现,与屈氏家族的文化特征以及家学传承有着必然的联系。与前代相比,清代女性文人表现出的家族化、群体化特征,既反映了当时女性文学发展的独特性,同时也表明家族的文化根基对家族女性成长的深层浸润与重要影响。包括血缘关系和姻亲关系在内的家庭生活是女性最为主要的生存空间。"门承笃学,家有传书。柳絮庭前,早得联吟之姊;椒花堂上,又添作颂之妻"①,家族的文化特征,渗透于屈氏家族女性成长的每个过程。屈秉筠曾祖父屈成霖(1683—1766),字起商,号传野,一号肖岩,乾隆丙辰(1736)进士,任景州知州,内阁侍读学士加二级,著有《景州志》《习是编》、《屈肖岩自订年谱》等。祖父屈曾发(1715—1780),字鲁传,号省园,乾隆三年(1738)举人,历任贵州毕节县知县、广东肇庆府通判、户部四川司主事,著有《九数通考》。屈秉筠自幼于这样的家族文化中成长,继承家学传统,"毕节君授以经史,略皆上口,即工小诗,世所传《柳枝词》十五章,盖髫岁时所作也",长益工诗。在嫁入夫家后,"归于廿年,中馈之余,不费研削"②,闲暇时,屈秉筠仍继续从事文学创作。屈颂满妻季兰韵亦出身文学世家,祖父季学锦,曾任翰林院检讨、河东盐运使、按察使衔分巡台湾兵备道等职,并参与四库全书的修纂。季兰韵 16 岁时,随为官的父亲前往楚北,途中始向父亲学诗,继承家学传统,走上了文学创作之路。季兰韵随父游历,不仅有机会游览诸多名山大川,而且还接触到诸多复杂的社会现实,深刻体会了百姓疾苦。这些独特的生活经历促使季兰韵写出了诸多满怀深情、具有远见卓识的作品。

良好的家庭教育、优越的学习环境,以及聪颖的天赋,成为培养闺阁才媛的最佳温床。家学所衍,风雅所萃,渊源所自,在这些条件的相互作用之下,屈氏女性在精神与识见上获得充分启发与开拓,无形之中也提升了对自我人生的期待以及理想的追求,并且将这些期待与理想融入文学创作中,赋予文学作品更加丰富的内涵,这也正是清代女性作家多来自书香世家的主要原因。

---

① 〔清〕蔡殿齐:《国朝闺阁诗钞·叙》,《续修四库全书》第 1626 册,上海:上海古籍出版社,1995—2002 年,427 页。

② 〔清〕屈秉筠:《韫玉楼集·传》,清嘉庆十六年刻本,2 页。

第二节　文学交游活动

　　屈氏家族女性的文学交游活动可谓异常活跃。夫妻亲友之间频繁的唱和互动是家族女性文学创作生活的重要组成部分,而与家族外友人的交游酬赠,则在一定程度上反映出屈氏家族女性独特的文学交流网络。由闺内走向闺外的文学交游活动,使她们逐渐意识到表达真实内心情感和实现自我价值的重要性。

(一)家族内部唱和

　　家族性的吟咏,在清代士大夫家庭中颇为流行,而在世家大族中尤为兴盛。夫妻、母女、姑嫂、妯娌之间闲暇时分韵赋诗,一门联吟,乃常见之事。一方面,屈氏家族内三对夫妻——屈保钧与叶婉仪、屈秉筠与赵子梁、屈颂满与季兰韵——的交流唱和,不仅是夫妻之间情感与艺术共鸣的产物,更是夫妻精神契合的最佳写照,可谓琴鸣瑟应,艺林罕有。另一方面,屈氏女性与闺外友人的酬赠唱和,激发了屈氏家族女性的创作热情,反映出屈氏家族女性交流圈的扩大。通过对过往自由、美好交往活动的回忆,表达女性内心深处对友人的无尽思念之情,以及对友人诗艺的钦佩、赞赏之意。

　　屈保钧(1769—1826),字贻石、竹田,屈洪基次子,曾任广东肇庆府通判,精鉴赏,深识画理,擅写墨竹。叶婉仪(1764—1815),屈保钧继妻,"画学得自家传,能以逸笔写生,脱去脂粉,神似名画家陈道复与清代恽寿平两家。女红之暇,作画不辍"①。两人在诗画领域多有唱和。赵子梁与屈秉筠夫妇,"闺房之内琴鸣瑟应,人比之明诚之与清照"②,袁枚、吴蔚光更将二人比作"鸥波眷属"。屈秉筠《韫玉楼集》中收录了多首与丈夫的唱和之作,如《月夜和子梁》、《听雨和子梁》、《秋夜同子梁作》、《冬夕子梁得诗四句属余续成》、《初夏夜韫玉楼赏月联句》、《瓶中秋海棠叠斑字韵联句》、《八月十二夜对月联句》等。

　　　　不依水石不依苔,却向银缸细碎开。(宛仙)春色千家夸夕秀,
　　问心一粟现仙才。(子梁)闲收玉子轻挑落,笑卜金钗暗祝来。(宛

---

① 萧虹:《中国妇女传记辞典·清代卷》,悉尼:悉尼大学出版社,2010年,195页。
② 〔清〕屈秉筠:《韫玉楼集·传》,清嘉庆十六年刻本,1页。

仙)梦觉江郎吟兴好,笔端五色借卿才。(子梁)①

　　不是天长放晚晴(宛仙),定教孤负卷帘情。光华终首轻云蔽
(子梁),爱惜深防画烛明。拂袖欲仙风细细(宛仙),隔花如梦夜盈
盈。争能收拾相思调(子梁),并入楼头玉笛声。②

　　在日常生活中,子梁与宛仙时常针对同一事物、同一情景联吟诗句,表
达各自不同的观点。从以上诗句,我们可以看出,夫妻二人在精神上的交流
是非常契合的,在切磋诗艺的同时也增加了婚姻生活的乐趣。

　　屈颂满(1792—1816),字子谦,号宙甫,屈保钧与叶婉仪之子,工诗擅
画。与季兰韵成婚后,"射雀而堂上屏开,乘鸾而房中乐奏"③的夫妻生活令
人称羡。嘉庆二十年(1815),季兰韵归宁之时,二人笺问往来不绝。屈颂满
有"鼓枕不成寐,浩浩风声起"(《见怀诗》),季兰韵亦有"慢慢夜何长,辗转不
成寐"④,"我对月思君,月照君怀我"⑤等句对吟,"相聚日益深,相别日益
苦"⑥更真切表达了彼此间的相思之苦。二人"绿窗同赋碧桃枝,戏说春蚕作
茧时","清簟疏帘罢弈棋,暑窗分韵友兼师","寒宵常与坐深更,伴读围炉茗
自烹"⑦的婚姻生活仅维持短短一年多,嘉庆二十一年(1816)屈颂满即因病
去世。季兰韵将屈颂满留下的作品整理成册,称为《墨花仙馆遗稿》,并请邑
中文人为之题咏。

　　屈秉筠《韫玉楼集》亦收录了十余首与外姑母茗香,姑若冰,姊屈婉清,
弟妇钱温如、叶苕芳的唱和之作。外姑母茗香曾为《韫玉楼集》题词:"藉藉
声华著玉台,今朝始睹一斑来。缠兰裔自灵均出,咏絮群将道韫推。静若春
松笼澹月,清于秋水隔纤埃。阿咸奇福修偏到,绝世婵娟旷代才。"⑧赞赏屈
秉筠的诗才可与谢道韫比肩。屈秉筠作《外姑母茗香夫人以诗见赠奖誉过
深赋此呈谢》以示感谢,赞茗香夫人"诗主唐音消绮丽,书模晋帖出清苍"⑨,
表达愿追随姑母学习之意。屈秉筠与姊屈婉清虽分隔两地,但仍通过诗歌

---

①　〔清〕屈秉筠:《韫玉楼集》卷二《灯花联句再叠前韵》,清嘉庆十六年刻本,15页。
②　〔清〕屈秉筠:《韫玉楼集》卷二《十四夜月色甚淡联句》,清嘉庆十六年刻本,21页。
③　王秀琴、胡文楷:《历代名媛文苑简编》,上海:商务印书馆,1947年,130页。
④　〔清〕季兰韵:《楚畹阁集》卷二《子谦寄见怀诗奉答数语》,清道光二十七年刻本,9页。
⑤　〔清〕季兰韵:《楚畹阁集》卷二《对月口占寄外时余归宁》,清道光二十七年刻本,5页。
⑥　〔清〕季兰韵:《楚畹阁集》卷二《见怀诗》,清道光二十七年刻本,9页。
⑦　王秀琴、胡文楷:《历代名媛文苑简编》,上海:商务印书馆,1947年,130页。
⑧　〔清〕屈秉筠:《韫玉楼集·题词》,清嘉庆十六年刻本,1页。
⑨　〔清〕屈秉筠:《韫玉楼集》卷一,清嘉庆十六年刻本,10页。

往来保持联系,"今日梦魂劳两地,往来还喜有诗筒"①,"寸心记得丁宁语,尺素书来子细看"②。屈秉筠与温如多以联句的形式唱和,如《纪游联句》:"吾谷枫如锦,清游晚更宜。(宛仙)云开孤雁影,山带夕阳时。(温如)入坐通身画,归舟满棹诗。(宛仙)深闺刀尺者,此景未曾知。(温如)"《舟行联句》:"扁舟摇曳傍山行,(温如)草色朦胧景未明。两岸荻花如雨碎,(宛仙)一滩寒月与霜清。天边嘹唳飞鸿远,(温如)水面萧疏叶落轻。为爱幽溪无限好,(宛仙)归时不觉已初更。(温如)"③记载和抒发二人在出游时的所见所感。

季兰韵《楚畹阁集》收录了 70 余首与伯姒墨香,妹宜兰、珧书等人的唱和之作。与墨香之作多侧重表达二人契合的姊妹情缘,如《立春前二日往访墨香》、《送春前一日往访墨香》、《书寄怀墨香》、《南楼令·雨夜怀墨香》等,在记载与墨香交往事迹的同时表达了与墨香真挚的姊妹情。"闺中难得金兰契,愿结同心过此生"④,"春有去时情永在,须知情尚比春真"⑤,"十载倾心妆台前,同归湘水有深缘"⑥,句句发自肺腑,情真意切。与宜兰、珧书多见怀赠答之作⑦,感叹"梦寐不忘君,常在君之侧","匝月不相见,离愁以难驱"⑧,"几度梦会欣得见,五回书枉说相思"⑨,表达了对珧书、宜兰二妹的无限思念。

屈氏闺阁双丁屈凝、屈敏,幼擅清才,二人"齐心友爱,比萼联跗,竟体芬芳,如兰亚蕙红"⑩,多诗词琴曲唱和,如屈凝《暮春杂咏》、屈敏《社日同姊莅湘》,展现了两人"姐妹花间姐妹禽,花开并艳鸟同心"⑪的姊妹情谊。此外,二人亦有与母、兄、嫂的唱和作品,如屈凝《母氏忆画梅题句命和》、《题子谦

---

① 〔清〕屈秉筠:《韫玉楼集》卷一《寄怀婉清姊》,清嘉庆十六年刻本,15 页。

② 〔清〕屈秉筠:《韫玉楼集》卷二《寄婉清姊》,清嘉庆十六年刻本,4 页。

③ 〔清〕屈秉筠:《韫玉楼集·题词》,清嘉庆十六年刻本,16 页。

④ 〔清〕季兰韵:《楚畹阁集》卷四《喜墨香至》,清道光二十七年刻本,9 页。

⑤ 〔清〕季兰韵:《楚畹阁集》卷五《立春前二日往访墨香》,清道光二十七年刻本,2 页。

⑥ 〔清〕季兰韵:《楚畹阁集》卷五《寿墨香四十》,清道光二十七年刻本,3 页。

⑦ 如《宜兰妹将游繁昌之行感怀畴昔率成三十韵即以赠行》、《宜兰妹之闽口占二律送行》、《十二月望日寄书宜兰妹》、《对雪作寄珧书》、《如梦令·雨夜怀珧书妹》、《长相思·寄珧书》等。

⑧ 〔清〕季兰韵:《楚畹阁集》卷四《十二月望日寄书宜兰妹》,清道光二十七年刻本,17 页。

⑨ 〔清〕季兰韵:《楚畹阁集》卷五《得宜兰妹书知余所寄八函浮沈者五感成二律》,清道光二十七年刻本,7 页。

⑩ 〔清〕屈凝:《心闲馆小草·原序》,清道光十年刻本,1 页。

⑪ 〔清〕屈凝:《心闲馆小草·暮春杂咏》,清道光十年刻本,2 页。

大兄仿倪高士画》《赠嫂季湘娟即题楚畹阁诗后》,屈敏《题子谦兄画菊影小幅》等,赞兄嫂"阿兄才地自翩翩,嘉耦兼资内助贤。从此鸥波传韵事,本来湘水有深缘"①。季兰韵亦有《茝湘姑索题墨梅画扇》等诗与之酬唱。屈凝、屈敏姊妹病逝后,季兰韵更作《茝湘梦蟾两妹遗照各题二律》赞赏姊妹二人的才华"即论贤淑应心服,若较聪明定首推",感叹"天公何苦忌峨眉"②,只留亲人暗自垂泪伤心。

强调抒发真挚情感,是清代才媛诗歌创作的基本原则。屈氏家族中的女性文人也奉行这一基本原则,将对家人的真情实意融入到文学创作中,展露了亲人之间深厚的情感以及诸多生活感悟,表现出屈氏女性缘于性情而自然天成的诗歌风格。

(二)家族外部交游

在相近趣味爱好以及共通情感体验的促使下,越来越多的女性文人乐于通过诗词唱和,表达自身真实的情感历程和生命体验,而不再只是依靠男性的指导来认识和表述女性自身。对女性友人的怀恋是明清女性创作的一个亮点,也是屈氏家族女性群体创作的一个重要内容。

屈秉筠曾多次组织和参加女性文人的聚会活动,曾招集 12 位女史宴于韫玉楼,谋作雅集图,"爰选古名姬,按月为花史……分隶既定,作十二阄,各拈得之。自正月至十二月,为谢彩霞、屈宛仙、言彩凤、鲍遵古、屈宛清、叶苕芳、李餐花、归佩珊、赵若冰、蒋蜀馨、陶菱卿、席佩兰。长幼间出,不以齿也。爰命画工以古之装写令之貌,号《蕊宫花史图》"③,以传久远。被邀请的诸位女史皆为屈秉筠闺中密友,《韫玉楼集》中亦收录了十余首与她们的唱和之作,如《画兰赠谢翠霞夫人》《画兰赠李餐英夫人》《为刘紫绶夫人题扇》等。其中席佩兰与屈秉筠关系最为密切,袁枚曾赞二人:"并蒂同心影亦佳,丹青写出好容华。二妃采罢湘兰后,化作人间姐妹花。"④两人多诗歌往来,如屈秉筠《画荷赠道华》《病中道华以见和送春诗书扇相寄叠韵奉报》《谢道华饷佛手柑》《书道华消寒曲后》等。席佩兰《长真阁集》中亦收录了《促宛仙作九九消寒诗》《问屈宛仙病》《谢屈宛仙惠绢花春若》《谢屈宛仙惠题小

---

① 〔清〕屈凝:《心闲馆小草·赠嫂季湘娟即题楚畹阁诗后》,清道光十年刻本,4 页。
② 〔清〕季兰韵:《楚畹阁集》卷二,清道光二十七年刻本,15 页。
③ 〔清〕孙原湘:《天真阁外集》卷六,《清代诗文集汇编》第 464 册,上海:上海古籍出版社,2009 年,605 页。
④ 〔清〕屈秉筠:《韫玉楼集》卷一,清嘉庆十六年刻本,12 页。

影即次原韵》等作品，赞赏屈秉筠"心是玲珑玉镜台，清光何处染尘埃"①。
《韫玉楼集》中，还附有席佩兰对屈秉筠诗的评注，如赞《与若冰姑夜话》"通
体清丽"②，《珠兰》"托意高婉"③，《别温如归》"一片深情萦回曲折"④，《冰壶
夫人桃原春泛图》"起四字安顿布置最为得法，下亦清逸开旷"⑤等，从布局、
风格、情感抒发等方面点评了屈秉筠的诗歌创作。足见两人关系之亲密，诗
歌交流之频繁。

　　从《楚畹阁集》中收录的作品来看，季兰韵多与常熟归懋仪交流酬唱，作
品如《归佩珊夫人以诗稿见示率呈一律》《佩珊夫人以琅琊女史葬花诗见示
命次原韵》《寄佩珊夫人》《寄佩珊夫人即次见怀诗韵》《题佩珊夫人所贻
诗札后》等。归懋仪《绣余续草》中亦有《次季湘娟同学见怀韵却寄》《寄琴
川季湘娟同学》等诗与季兰韵互相寄酬。季兰韵形容归懋仪为"绝代聪明笔
一枝"⑥，赞其才华"量材可借昭容尺，授业甘蹇宋氏纱"⑦。两人订为姊妹
时，归懋仪曾赠季兰韵团圆砚，"要共心坚翰墨缘"⑧，寓意两人因文学结缘之
意。季兰韵将自己对归懋仪"别后情方见短长"⑨的情谊融入诗歌之中，"得
邀过誉情非假，难慰相思恨莫申"⑩，"相隔竟如千里远，无眠深苦几宵长"⑪
等句，表达了与归懋仪之间的深情厚谊。

　　闺秀借由家族女性亲友扩展人际网络与创作空间，以文学创作互动品
评，建立属于闺秀的女性社群，凝聚女性情谊与女性文化。对文学的热情与
对交流的渴望使她们开始寻求精神上的知己。在表达对一种生活方式无限

　① 〔清〕屈秉筠：《韫玉楼集·题词》，清嘉庆十六年刻本，1页。
　② 〔清〕屈秉筠：《韫玉楼集》卷一，清嘉庆十六年刻本，3页。
　③ 〔清〕屈秉筠：《韫玉楼集》卷一，清嘉庆十六年刻本，9页。
　④ 〔清〕屈秉筠：《韫玉楼集》卷一，清嘉庆十六年刻本，12页。
　⑤ 〔清〕屈秉筠：《韫玉楼集》卷二，清嘉庆十六年刻本，1页。
　⑥ 〔清〕季兰韵：《楚畹阁集》卷十《题佩珊夫人所贻诗札后》，清道光二十七年刻本，23页。
　⑦ 〔清〕季兰韵：《楚畹阁集》卷二《归佩珊夫人以诗稿见示率呈一律》，清道光二十七年
刻本，18页。
　⑧ 〔清〕季兰韵：《楚畹阁集》卷四《己卯秋佩珊夫人以圆砚云笺玉约指绣罗袜见赠，今
倏五载矣，偶检来函，率成二律》，清道光二十七年刻本，16页。
　⑨ 〔清〕季兰韵：《楚畹阁集》卷三《寄佩珊夫人》，清道光二十七年刻本，3页。
　⑩ 〔清〕季兰韵：《楚畹阁集》卷四《己卯秋佩珊夫人以圆砚云笺玉约指绣罗袜见赠，今
倏五载矣，偶检来函，率成二律》，清道光二十七年刻本，16页。
　⑪ 〔清〕季兰韵：《楚畹阁集》卷五《寄佩珊夫人即次见怀诗韵》，清道光二十七年刻本，
16页。

眷恋和追忆的同时,抒发对闺中友人的思念,表达相互欣赏和鼓励,是此类题材的主要内容。在互相认同、赞誉的过程中,获得文化的认同感和归属感,使才名的确立成为可能。

第三节　文学主题聚焦

　　明清两朝出现的女性文人群体,开始不自觉地在创作中流露出女性独有的思维特征和情感方式,在不同创作动机的驱使之下,逐渐形成了与男性不同的创作重心。纵观屈氏女性现存的文学作品,我们可以发现她们的诗词创作题材,不仅包括爱情、写景、咏物等传统女性创作的题材类型,而且也创作了大量咏史怀古、纪事纪行的诗歌作品,除闺怨、伤春等感情之外,还表达了对历史人物、事件以及社会现实的独到看法,显示了屈氏女性广阔的思考视角以及独特的生命体悟。

(一)咏史怀古

　　从古至今,咏史怀古诗都是男性文人的专利。而对于女性文人来说,她们的创作基本是以抒发家庭内的生活感受为主,很少涉及历史人物、历史事件的吟咏。而常熟屈氏家族中的屈秉筠、季兰韵则将更多的目光投入到社会历史与现实中,以严肃的目的创作咏史怀古诗,融入了自己对自然、社会、历史独到的见解。特别是季兰韵,创作了60余首咏史怀古诗,①占其全部诗歌创作的1/10。其吟咏的对象可分为两类,一类是历史人物,包括君王、女性及其他悲剧人物等,表达了诸多不同于世俗的观点和看法。例如:

　　　　晚年信佛荒政治,朝夕梵呗宫中宣。(《读梁武帝本纪》)
　　　　龙门公道心,同列本纪篇。……一事羡项王,虞姬能殉主。无力救人虫,转叹汉高祖。②(《读前汉书杂咏·汉高帝项羽》)③

　　季兰韵将梁武帝亡国的原因归结为梁武帝本人因信佛荒废政治,其奉佛的目的并非为了天下百姓,而是为了自己"欲生天",从而荒废政事,致使

---

　　①　如《读五代史》、《咏古六首》、《虞山怀古迹联句八首》、《读梁武帝本纪》、《读前汉书杂咏十六首》、《长夏无聊杂忆史事得十二首》、《晋书杂咏》、《阅明史纪事作四首》、《宋史杂咏》等。
　　②　〔清〕季兰韵:《楚畹阁集》卷七,清道光二十七年刻本,10页。
　　③　〔清〕季兰韵:《楚畹阁集》卷七,清道光二十七年刻本,7页。

江山破碎。在项羽有无资格被列入本纪的问题上,季兰韵认为将刘邦与项羽同列本纪是公正的评价。对比二人在战场上的成败,刘邦与项羽对待爱情不同的态度和处理方式,显示出了刘邦的可悲之处。季兰韵从女性的角度为项羽发声,诗作末四句明显见出作者对二人爱憎褒贬的情感态度。

同样身为女性,季兰韵对历代诸多著名的女性人物又是何如评价的呢?《题美人画册十首》和《前汉书杂咏》是其中之代表,它们分别对褒姒、西施、明妃、班姬、杨妃、红拂、双文、李漱玉、王娇红、小青;吕后、陈后、许后、赵后等人的事迹进行了吟咏。如:

> 并非褒妃非淑女,幽王自不及文王。(《题美人画册十首·褒姒》)①

> 从来倾国属名姝,却笑夫差意太愚。不使子胥身便死,美人何力可亡吴。(《题美人画册十首·西施》)②

季兰韵一反前人"红颜祸水"的论断,认为周幽王亡国的根本原因是周幽王自身才能低下,耽于享乐,而不是褒姒非淑女,如果遇上周文王,她也可以成为一代贤妃。而西施一个弱女子又有何能力灭掉吴国呢?指出将吴国灭亡之罪归咎于西施实在不公,夫差骄傲自大,不能纳谏,诛杀伍子胥,才是亡国的主要原因。从更为理性的角度为历代"红颜"发声,清楚地看到亡国的本质在于君王的无能和昏庸。

另一类是历史事件,如《长夏无聊杂忆史事得十二首》,针对子产宽猛之政、程婴立孤而死、赵简子立后、吴起杀妻求将、项王东乡坐王陵之母、汉高帝斩丁公、东方朔谏内董淹置酒宣室、京房考功课吏法、光武、严光、马援不入云台、左雄限年之法等历史事件,针对其前因后果发表看法。如:

> 子产论治民,贵以威猛施。水柔人共玩,火烈民畏之。仲尼闻此言,叹为古遗爱。发明子产心,本非刚忍辈。毕竟圣贤辞,读者须善领。有德始可宽,存仁方可猛。(《子产宽猛之政》)③

> 死虽有迟早,攻则无轻重。杵臼不先死,孤儿安可生。程婴不苟活,杵臼志岂成。(《程婴立孤而死》)④

---

① 〔清〕季兰韵:《楚畹阁集》卷三,清道光二十七年刻本,15页。
② 〔清〕季兰韵:《楚畹阁集》卷三,清道光二十七年刻本,15页。
③ 〔清〕季兰韵:《楚畹阁集》卷八,清道光二十七年刻本,4页。
④ 〔清〕季兰韵:《楚畹阁集》卷八,清道光二十七年刻本,4页。

在子产政治策略的问题上,季兰韵认为子产并没有正确领会圣贤之言,单纯以为威猛可治民,殊不知治民之政,必须宽猛并施,有德始可宽,存仁方可猛。《程婴立孤而死》清楚地描绘出在程婴立孤事件中程婴、杵臼、孤儿在复仇过程中的利害关系,并且公正评价了程婴和杵臼的功劳,表现出了季兰韵对历史的深刻见识。

季兰韵从生活经验出发,以女性细腻的心理和独特视角吟咏历史人物和事件。在表达同情、愤慨之情的基础上,还不忘深入追思历史背后的原因,"古之丧邦例非一,大半多由酒与色。亦有幼主遇权奸,亦有暗君听谗慝"①,"功高名重身非福,鸟尽弓藏语不诬。……既然称病疏朝事,何不相同泛五湖"②。在读史的过程中总结了一定的历史经验,为后人留下了诸多值得思考的问题。

(二)纪事感怀

屈氏家族女性创作了大量纪事感怀的作品,③其中最有特点的是季兰韵的纪事诗,不仅在题目中交代了事件的缘由或始末,如《昭庆寺煎茶次家慈韵》、《秋闺寂寞小步闲阶见海棠一枝双花并蒂折供佛座,记之以诗》、《宜兰妹归自闽中余在城南闻信急归,诗以纪实》、《次弟妇方幼琴偕游燕园看桂诗韵》、《两小姑与友松女甥于绣囊清阁仲读诗作字,颇有逸致,口占一绝》等,而且还在一些纪事诗的标题中注明事件发生的具体时间,例如《嘉庆丁丑二月二十六日,嗣夫族兄懋修第三子为子,取名承柱,遵遗命也,诗以纪实》、《三月二十日诸人出观竞渡,余独坐小楼焚香煮茗,以起画稿颇有意味,口占四绝句》、《六月十八日由城南归便舟采莲》、《二月十九日小农侄合萏墨香索诗赋以志贺》、《九月初六日登乾元宫戊寅秋余会一往倏已十年矣,今约伴焚香,诗有记事》等。在这些诗作中,既有闺阁内娱情之事、个人生活感悟的叙述,又有关注苍生冷静理智的剖析。

例如《三月二十日诸人出观竞渡,余独坐小楼焚香煮茗,以起画稿颇有意味,口占四绝句》一诗,在私人化的生活场景和情感叙述中独具特色。诗中不仅可以看到作者平日喝茶作画的场景,"只我闲窗饶逸兴,新茶细品意

---

① 〔清〕季兰韵:《楚畹阁集》卷七《读梁武帝本纪》,清道光二十七年刻本,7页。

② 〔清〕季兰韵:《楚畹阁集》卷三《咏古六首·文种》,清道光二十七年刻本,3页。

③ 如屈秉筠《与若冰姑夜话》、《立秋日邀洵娴姑夜话》、《中秋夜即事》、《冬夜同温如》、《蝶恋花·寒夕与徐姬莲卿闲坐》,屈凝《月夜与四妹弹琴》、《寒窗杂事》、《母病》,屈敏《社日同姊茝湘》等。

悠悠。鹅溪一幅手亲裁,今日知无闺友来。香茗半瓯花几朵,清闲弄笔在楼台。折枝亲供小窗边,画稿天然在目前",而且还提出了其独树一帜的作画精神,"未染深红与浅红,先须起稿莫雷同。幽姿不召蜂和蝶,惟有吟魂落此中"①。季兰韵还创作了诸多记载出游见闻的纪事诗,这对于"内言不出于阃"的女性而言是不多见的。如《清明后一日随家慈扫墓北山即事》以扫墓途中见到的不同风景串联全诗,菜花"一路菜花黄不了,错疑大地尽铺金",西山与北山"省识西山秀虽好,北山深更绝尘嚣",蝴蝶与夭桃"点染春光古墓前",最后启程返家,留得"吟魂犹绕翠微间"。一句"闺中岑寂不知春,出郭方知春已深"道出作者深闺之寂寞,同时也表达了自己"北山深更绝尘嚣"、"不爱看花爱看山"②的生活喜好。但如此闲适的生活并不是季兰韵人生的全部,更多的是对于艰苦生活的控诉和无奈。《长至夕小饮墨花仙馆记事》记载季兰韵因"阿翁宦岭南,连月音书遥。夫亡儿稚小",家庭陷入"薪水当肩劳,门户费支柱。……不能奉蘋蘩,中心为之焦"的状况。作者自愧不能做好妇职,只能夜坐墨花仙馆饮酒作诗,以排遣心中的忧虑,"今夜否已极,开泰观明朝"③,以待明日能够摆脱困境,否极泰来。从感叹生活的艰辛,亲人的抚慰以及自己如何面对的生活感悟,展现了季兰韵真实的闺阁生活和复杂的情感体验。

值得一提的是,季兰韵在纪事诗中还加入了诸多理性思考,这对于以感性思维见长的女性而言更显可贵。如《游钱塘江观潮》:

> 我爱江景佳,遂鼓游江兴。江上集游人,尽道江潮胜,平生安得此壮游。快哉。……砰訇如鼓闻如雷,奔腾汸湃从空起。非涛打人天门里,初如出海云万里,渐如一匹横红练。忽如玉山云海齐倾颓,倏如层楼海市多奇边。传闻大潮来,其势更莫御。昨日狂澜百丈高,没却前村多少树。我思江潮既如此,百姓胡尚居于是。岂其上有吏循良,不为苛政驱民徙。吁嗟乎,恨不九京下起钱武肃,手挽六钧非利镞,尽把江潮射退回,晚年锡汝苍生福。④

季兰韵难得有机会壮游钱塘江,只见钱塘江涨潮之势犹如云海、红练和

---

① 〔清〕季兰韵:《楚畹阁集》卷五,清道光二十七年刻本,12 页。
② 〔清〕季兰韵:《楚畹阁集》卷七,清道光二十七年刻本,10 页。
③ 〔清〕季兰韵:《楚畹阁集》卷四,清道光二十七年刻本,17 页。
④ 〔清〕季兰韵:《楚畹阁集》卷一,清道光二十七年(1847)刻本,第 9 页。

玉山,生动形象地描绘了潮水来势汹汹之壮观景象。面对此景,季兰韵将凶猛的潮水毁掉村庄田地之势,与苛政迫使百姓迁徙的现实联系起来,希望有贤良的循吏可以"手挽六钧非利镞,尽把江潮射退回",使百姓可以休养生息,为天下苍生造福。作者在游览之余不忘关注社会现实,理性剖析苛政的危害,提出对于循吏及循吏政治的呼唤,可见季兰韵对于环境细致的观察和独特的表述视角。

(三)悼念亲友

作为女性文人创作的传统题材之一,悼念亲友的作品特别能够展现女性丰富细腻的情感。屈氏女性的悼念作品,有屈秉筠《哭洵娴》《哭陆蕙缠》《哭钱温和妹》,季兰韵《哭姑》《哭景少娥表姊》《硕之弟聘室蒋素蟾即世为作二律唁之》《哭宜兰妹二十首》《哭珧书》《祭夫屈颂满文》,屈凝《读前母钱安人〈小玉兰堂遗稿〉怆然有作》《哭宛仙姑母》,屈敏《读前母钱安人〈小玉兰遗稿〉同伯姊作》等。

屈秉筠的悼念诗,多从自己与逝者的特殊关系写起,如《哭洵娴》在诗一开头就回忆到与洵娴订为姊妹的缘由:"忆得来归四载前,才经识面荷相怜。一言订得同心契,便许追随阿姊肩。"[1]《哭陆蕙缠》诗前小序大概介绍了陆蕙缠的生平及自己作此诗的目的,诗云:"去年送汝画楼前,不到楼中几一年。自入秋来形梦寐,每逢人至问餐眠。唾壶惊化红成玉,遗笔空余墨似烟。早识别时无后会,肯教归计竟翩然。"[2]蕴含了作者对陆蕙缠的不舍。袁枚曾评价此诗:"情真语至一字一泪,若在唐时,亦必压倒元白。"[3]可见此悼念诗用情之深。

季兰韵的悼念作品中最为悲切的当属《祭夫屈颂满文》与《悼外》诗42首。季兰韵、屈颂满夫妇婚后仅一年多,屈颂满即因病过世,接着,两位小姑屈凝、屈敏也相继离世。痛失爱侣和家人的季兰韵,"肝肠断绝","血泪干枯"。祭文描述先夫人品、气质:"维君腰横紫痣,目有青睛,秉植鳍之雅容,抱吐风之奇质……溯生怡之纯懿,允至孝之彰闻……宗族称其令器,童仆爱其清才,可谓穆氏之醍醐,张家之鸑鷟已。"可见屈颂满人品之佳、才气之盛。二人"或嚼征调商,共作双声之谱;或钩心斗角,互为一字之诗。挥毫则满纸云生,剪烛而并头花粲"的婚姻生活幸福至极。而今日与丈夫音容永隔,梦

---

① 〔清〕屈秉筠:《韫玉楼集》卷一,清嘉庆十六年刻本,18页。
② 〔清〕屈秉筠:《韫玉楼集》卷二,清嘉庆十六年刻本,11页。
③ 〔清〕屈秉筠:《韫玉楼集》卷二,清嘉庆十六年刻本,11页。

寐难通的生活又是何等的凄凉和悲惨。"慨我生之不辰,死诚无恨,惨君年之早逝"①,季兰韵不禁自责是否因为自己的"清才"以及"生之不辰"而使丈夫早逝,更显其对丈夫离去的无奈悲恸。在《悼外》诗中,季兰韵更为细致地描写了丈夫逝后,自己的生活状况:"居丧两载敛眉峰,况在愁中与病中。每到春光明媚日,桃花人泪一齐红。"可知作者在居丧两年后,仍沉浸在忧伤和愁病之中。与丈夫有"绿窗同赋碧桃枝头,戏说春蚕作茧时"、"清箪疏帘罢奕棊,暑窗分韵友兼师"、"寒宵常与坐深更,伴读围炉茗自烹"的美好回忆,而现如今只留我一人"独吟辈往事,似残将死吐残丝",感叹"天上经年终小别,人间一别竟千秋",不禁泪流满面。"只堪痛苦过年华"、"一双清泪哭秋风"、"一度思量一怆神"、"任教血泪湿麻衣"、"新啼痕渍旧啼痕"等悲痛之语,足以"写破晴天几朵云"。丈夫弥留之际"言尽嘱修思往日,计窃还与约来生"的嘱托与季兰韵"此情百劫难消灭,化石还须有烂时"②的誓言,将此诗的情感力量推向高潮,可谓一字一心肝,一展一泪血。

第四节 文学传播效应

"有清一代,二百余年间,其妇女文学之所以超迈前古者,要亦在倡导之有人耳。"③屈氏家族成员不仅在创作上给予女性文人支持和鼓励,更积极为她们刊刻出版作品集。赵子梁刻屈秉筠《韫玉楼集》并为之作传略,屈凝丈夫杨希镛合刻屈凝《心闲馆小草》与屈敏《松风阁小草》,并撰写《元聘室临海君墓志铭》附于后,屈见复将屈秉筠、季兰韵、屈凝、屈敏四人作品汇辑入屈氏家集《虞山屈氏丛书》中。这些都足以说明,屈氏女性文学的发展已经成为展示屈氏家族文化的重要载体,对于扩大家族文化的整体影响力发挥了突出作用。此外,屈氏女性文人也以传播者的身份积极投入女性文学的传播过程中,如前文所述,屈秉筠曾于韫玉楼宴集 12 位女史,作《蕊宫花史图》,其目的即希望通过分韵唱和、雅集聚会,使得女性文人的创作得到更好的传播。这一文学传播活动不仅能够激发女性的创作热情,提高女性的创作才能,而且也有利于提高屈氏家族女性文人在家族、地域乃至整个清代文坛中的地位和作用。这也正是屈氏女性文学取得的

① 王秀琴、胡文楷:《历代名媛文苑简编》,上海:商务印书馆,1947 年,130 页。
② 〔清〕季兰韵:《楚畹阁集》卷二,清道光二十七年刻本,10—14 页。
③ 梁乙真:《清代妇女文学史》,北京:中华书局,1968 年,215 页。

传播效应之一。

明清时期的文坛才子们，如钱谦益、吴伟业、王士禛、毛奇龄、袁枚等，大多都有爱惜闺才的心理，他们以酬答唱和、撰文赠序等方式支持、称许女性才华，"文人的关心和倡导……大面积地和有效地提高了女性的艺术修养，这是清代文人的功绩"①，由男性文人带动的时代风尚，也间接激发了女性文人的创作。姚福增在道光二十八年（1848）将季兰韵与屈颂满遗稿同刻为《墨画仙馆合刻》13卷，并为之题跋。屈秉筠作为随园女弟子之一，受到袁枚的赏识，赞其创作"能一空依傍，不拾古人牙慧，仍不失唐贤准绳，求之须眉中，未易多得"②，更收其诗入《十三女弟子诗》，并命其续呈近作，以备后选。屈秉筠作《随园先生命题十三女弟子图》《长至前五日蒙随园先生见过并拜红绫之赐赋诗呈谢》等诗记其从师学艺的过程以及对于袁枚提拔的感激之情。陈文述更多次为屈秉筠画作题诗，如《屈宛仙画白莲花》《宛仙绘白描诗囊见贻赋此奉谢》《宛仙以莲叶砚白描桃花画幅见贻诗以奉达》《题屈宛仙女士韫玉楼诗卷》等，肯定其诗才与画技。更将屈秉筠与席佩兰并提，盛赞屈秉筠所作《蕊宫花史册》"以花代人，极其工妙"③。处处彰显了文坛才子对屈氏女性的鼓励、提携之意。

在诸多传播者的努力之下，屈氏女性文学取得的传播效应，亦可从以下几点加以印证。

从历代文学作品选集收录的屈氏女性作品来看，现存规模最大的清代女性诗歌总集——《国朝闺秀柳絮集》中，屈氏家族女性钱珍、屈秉筠、季兰韵三人共13首诗歌作品被收录于"才媛"类作品中，这些诗歌被认为是其时重本事、真性情的典范。《国朝闺秀正始集》及《续集》收录屈秉筠诗1首，屈凝诗2首，屈敏诗1首，体现作者恽珠温柔敦厚、合乎雅正的诗歌选录标准。此外《撷芳集》收录钱珍诗5首，屈秉筠诗3首；《小檀栾室闺秀词》收录屈秉筠词15首，季兰韵词24首；《历代名媛词选》收录屈秉筠词5首，季兰韵词5首；《全清词钞》收录屈秉筠词2首，季兰韵词1首；《历代名媛文苑简编》收录屈秉筠《小像自赞》一文，季兰韵《祭夫屈颂满文》一文。

从历代诗话、词话对于屈氏女性及其作品的评论来看，《名媛诗话》称屈

① 严明、樊琪：《中国女性文学的传统》，台北：洪叶文化事业有限公司，1999年，33页。
② 〔清〕袁枚：《韫玉楼集·题词》，清嘉庆十六年刻本，1页。
③ 〔清〕陈文述：《颐道堂诗外集》，《续修四库全书》第1506册，上海：上海古籍出版社，1995—2002年，463页。

凝、屈敏姊妹二人"可谓闺阁双丁,诗亦飒爽"①。单学傅《海虞诗话》记屈秉筠《病中语子梁谢索诗画》一诗,赞曰"闺阁才人可书座右矣"②。《墨林今话》赞誉屈秉筠白描花卉之技,"前古未有,时号闺阁中李龙眠。……名播海内,索画者纷集"③。这些评论不仅代表了其时文人对于屈氏女性作品的肯定,同时也引导了广大受众对于屈氏女性作品的接受行为,必定可以收到积极的传播效果。此外,屈静塆、屈秉筠、屈凝以及屈敏四人的作品更被收录至《常昭合志稿·艺文》"闺秀遗著"一门中,可见屈氏家族女性文学已得到官方的认可和接受。

屈氏家族的女性文学,在家族内外诸多人士的帮助之下传播,刊刻出版个人别集,加之文学选集、诗话等典籍对屈氏女性及作品的选录和评介,让更多读者有机会接触到她们的文学作品。通过阅读这些作品,让读者与作者进行情感上的交流,使得女性文学逐渐得到大众的认可,地方士绅也乐于通过记录女性的文学创作才能,成为反映地方文化实力的重要代表。这一认同与接受的过程,进一步激发了更多的女性从事文学创作,并积极投入到女性文学的传播活动中,为女性文学的发展提供更多助力。这些思想、感情、态度和行为等方面取得的效应并不是屈氏家族女性文学传播所特有的,在整个古代女性文学发展史上也是不可或缺的。

随着清代社会经济的繁荣,以及"重才尚才"风气的兴起,女性受教育的机会大大增加。特别是江南地区,雄厚的经济基础以及浓郁的文化气息,直接促成了大量女性文人的养成。自晚明崇尚自由、个性思潮的兴起,至清中叶,新型才女文化的形成,更是成为女性文学发展的强大动力。其时德才兼备,"才"能促"德"的新型才德观出现。

一方面,肯定女子的才能,"读书则明理,明理则万事发生之原也。推之经史、词章、图画、体育诸学,可以益人神智,算学、针黹、工艺、烹饪诸学,可以供人效用。能秉此学以相夫,则家政以理,能秉此学以训子,则教育以兴"④,强调女性接受教育的重要性。这在一定程度上也激发女性文

①　〔清〕沈善宝:《名媛诗话》卷三,《续修四库全书》第 1706 册,上海:上海古籍出版社,1995—2002 年,579 页。

②　单学傅,《海虞诗话》,《续修四库全书》第 1706 册,上海:上海古籍出版社,1995—2002 年,89 页。

③　〔清〕蒋宝龄、蒋茝生:《墨林今话》卷十二,《续修四库全书》第 1706 册,上海:上海古籍出版社,1995—2002 年,13 页。

④　〔清〕曾懿:《女学篇》卷一,清光绪三十三年刻本,10 页。

人追求知识学问的热情和交流意识，促进她们逐渐从闺内走向闺外，形成了自己的交际网络。交际对象从家族内的亲属，扩展到了家族外志同道合的友人；亦不再局限于女性范围，与男性文人的交流已成为普遍现象。除了结社、从师，作序跋、题画、题集，均是屈氏闺秀间，甚至是与男性文人之间交游的方式。此类作品[①]在表达对自己或他人诗词集、书画作品阅后感受的同时，展现自我真实的学问功底和内心想法。在互相理解和认同的基础上，屈氏女性文人通过书写与交流，不断提升和扩展自身文学创作的水平。

另一方面，“才”能促“德”的内在关系逐渐被人们重视，女性才华已成为家族之间联姻的重要条件。季兰韵在丈夫去世后，承担起抚育儿子，教育小姑的责任，如《全儿上学》：“才赋寒窗课字诗，旋看束发受书时，聪明恰喜儿如父，爱惜翻劳祖作师。敢望才名千卷著，但求世泽一经诒。”[②]《春日课小姑》：“稺小直看姑似女，聪明漫认我为师。七篇女诫凭抄授，一卷周南待教知。”[③]可见季兰韵作为屈氏家族母教的代表，为培育家族后代做出的努力和贡献，不仅有功于家族文化的传承，而且也提高了女性在家族中的地位和作用。这一现象在清代环太湖流域文学家族中较为普遍，足以证明女性“才德合一”的新型才德观已逐步得到社会的认可，这也正是清代闺阁诗坛生机端萌的表现。

屈氏家族女性群体的文学活动，证明了清代女性有条件，也有能力创作诸多题材类型的文学作品。屈氏家族发展的一般特点以及女性自身成长的特殊性，为屈氏女性的文学创作提供了丰富的思想内容。家族外，屈氏女性与文人的交流唱和，不仅可以管窥屈氏女性日常生活和文学创作生活的特点，而且也进一步显示了屈氏女性开始积极表达属于自己的创作观点和看法，以及对于自我人生价值的表达和追求。士大夫文人的赞誉和提携更是为屈氏女性作品提供了多样的传播渠道，以此取得的传播效应更是逐步奠定了屈氏女性文学在清代女性文学中的地位和影响。可以说，常熟屈氏女性文人群体的发展，是家族内外不同因素共同作用的结果，是女性和男性共

---

① 如屈秉筠《为刘紫绶夫人题扇》、《题温如诗卷》、《菩萨蛮·题扇》，季兰韵《题吴冰仙梨花白燕图》、《题何浣碧夫人藕香馆诗稿》、《题张孟缇女史澹菊轩诗稿》，屈凝《题子谦大兄仿倪高士画》，屈敏《题钱氏庶妗谢雪卿夫人遗稿》、《题子谦兄画菊影小幅》等。

② 〔清〕季兰韵：《楚畹阁集》卷四，清道光二十七年刻本，8页。

③ 〔清〕季兰韵：《楚畹阁集》卷六，清道光二十七年刻本，1页。

同努力的结果。作为乾嘉时期女性文学发展的代表群体,屈氏女性文学为清代女性文学发展注入了新的动力,成为中国古代女性文学的重要一部分,其研究价值和意义不言而喻。

第六章　地域型女性群体结社活动研究——归安叶氏

作为湖州文学家族女性群体的代表,乾嘉道年间的归安叶氏家族,一门母女、姊妹、姑嫂、妯娌之间联吟唱和,风雅之盛,"为吾浙冠"①。家族中涌现了8位女性文人,并有作品合集《织云楼诗合刻》传世,在咏史、咏物及咏怀等题材上,呈现出不同的创作特点和新意。叶氏女性在家族群体创作的基础上,积极向外部空间寻求交流和认可。不同空间的流动经历,扩展了叶氏女性文人的视野和交游网络,更在自身与外部空间的互相作用之下,为有利于女性创作的社会空间的建立提供了基础。

第一节　叶氏家族世系与女性文人群体

叶佩荪(1731—1784),字丹颖,号辛麓,浙江归安人,乾隆十九年(1754)进士。

> 先世自宋石林公由括苍迁湖。……辛卯卓异引见,擢河东道。乙未戊戌再署按察使。己亥授山东按察使。辛丑授湖南布政使,咸以硕果舆为君庆。壬寅护湖南巡抚事。东抚败,以不先举发,吏议当革职。奉旨降补知府,君入都,请校书万册自效。……某于易

① 〔清〕潘衍桐:《两浙輶轩续录》卷五十二,《续修四库全书》第1687册,上海:上海古籍出版社,1995—2002年,169页。

究心十五六年若可自信矣。他著录《尚书》、诗礼经义及诗、古文，又数十卷。其沉思勤学，而心力亦瘁。……竟以九月八日卒。呜呼，若君之廉而惠在所，则民受其益而寿于年，不溥其施矣。[①]

妻周映清，字皖眉，浙江归安人，约生活在乾隆年间。"姑年未四十，已偕鸾鹤翔。金花荣紫诰，令德叶瑀璜。彩笺留遗编，清词纷琳琅。仪型迈锺郝，岂况顾与王。幽怀渺难写，爱此清景光。明月流素辉，玉梅生古香。"[②]娴吟咏，著有《梅笑集》，存诗107首。

继妻李含章（1744—?），字兰贞，云南晋宁人，李因培长女，著有《繁香诗草》，存诗101首。

长子叶绍楏（?—1821），字琴柯，一字振湘，浙江归安人，著有《谨墨斋诗钞》。

叶绍楏，浙江归安人。乾隆五十年由举人于四库馆议叙，授内阁中书。五十三年丁母忧。五十五年服阕，补原官。五十八年进士，改庶吉士。六十年散馆授编修。嘉庆三年二月大考二等，五月充日讲起居注官。四年二月改河南道监察御史，四月命巡视南城。……五年转掌江西监察御史。六年五月充云南乡试正考官，八月命提督云南学政。九年差竣回京。十年命巡视天津漕务。十一年六月升工科给事中。十八年二月京察一等，七月升鸿胪寺少卿，十一月迁顺天府丞，旋升大理寺少卿。十九年授广西布政使。二十二年擢巡抚。[③]

叶绍楏妻陈长生（1757—?），字嫦笙，浙江钱塘人，太仆寺卿陈兆仑孙女，读书工词翰，有谢家林下风，著有《绘声阁初稿》、《绘声阁续稿》，存诗175首。陈文述曾赞其"金闺福慧竟双修"[④]。

次子叶绍荃妻周星薇，浙江乌程人，"方汝来嫁时，婳婳昭仪容。上堂拜

① 〔清〕钱仪吉：《碑传集》卷八十五《湖南布政使叶君佩荪墓志铭》，《清代传记丛刊》，台北：明文书局，1985年，722—724页。

② 〔清〕陈长生：《绘声阁初稿·恭题先姑周太夫人月明林下遗照》，《织云楼诗合刻》，嘉庆二十二年刻本，8页。

③ 〔清〕李桓：《耆献类征·叶绍楏》卷一百九十六，《清代传记丛刊》，台北：明文书局，1985年，867—871页。

④ 〔清〕陈文述：《颐道堂诗外集》卷六，《续修四库全书》第1505册，上海：上海古籍出版社，1995—2002年，465页。

姑婷,鸣玉声璁珑。柔嘉叶娣姒,温惠孚奚僮。汝德淑且慎,汝貌顾而丰。"①
声容并貌,今存诗《悼鹦鹉赋》一首。

三子叶绍本,字仁甫,号筠潭,清嘉庆六年(1801)进士,改庶吉士,授编
修,历官山西布政使,降鸿胪寺卿。著有《白鹤山房诗钞》②14卷。妻何若
琼,字阆霞,山阴人。

长女叶令仪,字淑君,钱慎妻。"六岁随周太夫人居都门,十一即娴吟
咏,颖妙若夙习。……于归后居钱塘三载,还吴兴吟帙满奁箧"③。著有《花
南吟榭遗草》,存诗63首。

次女叶令嘉,字淡宜,沈昌培妻。今存诗《答淑君姊诗》一首。

三女叶令昭,字苹渚,侍讲学士丘庭潍妻。著有《浣香诗钞》④1卷。

图6-1　归安叶氏家族世系

叶家家族女性群体合著有《织云楼合刻》,收录周映清《梅笑集》、李含章
《蘩香诗草》、叶令仪《花南吟榭遗草》、陈长生《绘声阁初稿》《绘声阁续稿》
及叶令嘉、叶令昭、周星薇各诗一首。由叶绍楏于乾隆五十六年(1791)秋刊
刻出版,后于嘉庆二十二年(1817)再版,所录诗"皆冲淡雅切,明白如话,无
格格之弊"⑤。

第二节　多元地域文化的交融

家族女性的空间流动,在这里特指迈出闺门外的一切出行活动,或是随
性而行,或是随父亲、丈夫或者儿子宦游,期间不同社会环境与文化背景空
间的碰撞,不仅在一定程度上扩展了家族女性的生活空间与视野,同时也必

①　〔清〕李含章:《蘩香诗草·哭次媳周星薇》,《织云楼诗合刻》,嘉庆二十二年刻本,21页。
②　〔清〕叶绍本:《白鹤山房诗钞》,清道光二年刻本。
③　〔清〕叶令仪:《花南吟榭遗草·跋》,《织云楼诗合刻》,嘉庆二十二年刻本,17页。
④　〔清〕叶令昭:《浣香诗钞》,清道光七年刻本。
⑤　梁乙真:《清代妇女文学史》,北京:中华书局,1927年,126页。

然推动才女内在精神空间的变化和成长。叶氏才女基于丰富的随宦经历，创作了大量纪游纪行诗，诗中蕴含了她们对不同空间山水风物、民俗人情的记录和思考，同时将游历过程从感官层面，上升到意识或精神层面，甚至进入社会交往层面，成为其社交的重要内容。这不仅是叶氏才女的创作特色，同时在清代诗歌史上也具有重要意义。

弁山，又名卞山，位于长兴县东南 40 里，雄峙于太湖南岸，高 300 丈，周 140 里。据同治《长兴县志》载："弁有三岩，曰秀岩，曰云岩，曰碧岩，惟碧岩最胜，上有碧岩庵，俯视太湖，洪涛万顷，弥漫无际，岩旁有瀑布泉二道。"①弁山东麓有著名的法华寺，又名白雀寺，是太湖沿岸历史最悠久、影响最深远的佛教名刹之一。周映清与李含章都有吟咏此地风景和名胜的诗作。如周映清《游弁山》：

> 风磴萦迴泻涧泉，松声清与梵声传。傍山丈室蜂房簇，引水修筒螳磨旋。听法那能依白石，诵经曾说涌青莲。闲闻午饭钟鱼静，更得同参玉版禅。②

将寺庙环境的天籁清幽与法华寺流传的神话传奇故事融合在一起，表达自己游历名山古刹的所思所感。李含章亦有《白雀寺》一首：

> 杏花风细春晴早，暂作春游趁春晓。晓寒尚觉薄侵人，宿露遥看浓湿草。垂杨夹岸拂黄帽，官菜千塍映红袄。长松瘦柏认齐梁，坏塔残碑失寅卯。入山但觉花更妍，到寺始惊春正好。幽寻宛转见飞叶，久坐更番换啼鸟。佛镫青冷照千古，阅历朝昏定多少。灵雀飞来竟何在，昙花现处空如扫。剩有珠幡拜儿女，只听金铙鸣可岛。前生慧业不敢问，后事苍茫欲何祷。归来但诵佛名经，篆烟一缕心香袅。③

与周映清不同的是，李含章诗着重展现山林之春色以及寺庙之清冷，更加细致描写了春游的见闻。入山前"垂杨夹岸拂黄帽，官菜千塍映红袄"，春色明亮晓畅。入山后亦觉花更妍，春更好。由山入寺，由写景转而议论。"佛灯青冷照千古，阅历朝昏定多少"，对于"前生"与"后事"，自有其定论。对李含章而言，她"归来后"仍是那位诵读佛经，始终保持"一缕心香"的妇

---

① 〔清〕赵定邦、周学濬、丁宝书纂修：《同治长兴县志》，清光绪十八年刻本，213—214 页。
② 〔清〕周映清：《梅笑集》，《织云楼诗合刻》，嘉庆二十二年（1817）刻本，第 2 页。
③ 〔清〕李含章：《繁香诗草》，《织云楼诗合刻》，嘉庆二十二年刻本，31 页。

人。此诗所表达的思想似比前者更加深入与明确。可见即使同一题材,每个作者都有不同的思考角度,选择不同的层面揭示事物的本质,或表达自我的感受,寄寓各自的思想情感。

李含章乃云南晋宁人,幼时随父仕宦南北,通经史,善诗文,后嫁入叶家,亦随丈夫叶佩荪宦游四方,历览各名山大川。故《繁香诗草》中收录了30余首记载其出行路经山西、湖南、河南、江南等地的诗歌,以七律居多,有《襄城道中夜行》、《霍山道中》、《平定州道中》、《湘江道中》、《常州道中口占》、《陕州道中》等,如《常州道中口占》:

> 西风飒飒送行舟,又过兰陵古渡头。路已近家翻觉远,人因垂
> 老渐知秋。回头京洛空尘迹,此地湖山有旧游。太息年来归计缓,
> 夕阳枫叶不胜愁。①

此诗充斥着作者归心似箭的急切,对于往事的回首以及年华易逝的彷徨之感。李含章长期宦游的特殊经历,赋予了其诗歌更复杂的思想内容,不管是深夜赶路的匆忙,还是记载路途的艰辛,亦或是旧地重游的惆怅,或者对于家乡的思念,迟暮之感始终萦绕心头,抒发触景伤情而产生的离愁别绪是其诗歌的主要内容。如:

> 廿年旅梦系京华,此日重看北地花。每历旧游疑隔世,暂休征
> 旆当还家。安心莫问门如水,容膝何嫌室似蜗。剧喜青藜光彻夜,
> 八骏人漫说官衙。②
>
> 车铃响入霖烟中,去路苍茫接远空。官树阴迷鸿雁月,长河怒
> 卷纽鱼风。乱山积雪千层白,古塔绕灯六面红。异地不堪愁思积,
> 千家寒砧正匆匆。③

故地重游,回想往事犹如隔世,异地羁旅时,对故土的思念显得格外强烈深刻。这些生活经历,使李含章的创作不同于一般才女的无病呻吟,而是基于亲身体验之上对于人生的体会与思考,这一思想境界已不再局限于个人,而是具有了普遍的社会价值和意义。

陈长生生于北京,其后随父官于登州、江南等地。于归叶家之后,亦随夫仕宦南北。常年随宦的经历为其纪游纪行的创作提供了绝佳素材,写景

---

① 〔清〕李含章:《繁香诗草》,《织云楼诗合刻》,嘉庆二十二年刻本,29 页。
② 〔清〕李含章:《繁香诗草·重至都门》,《织云楼诗合刻》,嘉庆二十二年刻本,27 页。
③ 〔清〕李含章:《繁香诗草·陕州道中》,《织云楼诗合刻》,嘉庆二十二年刻本,14 页。

状物中也融入了作者内心的情感变化,这与单纯描写闺阁生活有很大不同。《绘声阁稿》中收录了多首陈长生随宦安徽、山西、山东、湖南、江南等地的经历。如《渡扬子江》、《自吴兴之武林舟行即景》、《宿州道中》、《陕州道中遇雪》、《茅津渡济河》、《重过东昌道中》、《雨中登岳阳楼》、《夹浦舟行》、《游陶然亭》、《渡芦沟桥口占》、《临湘舟次偶成》、《辰谿舟中作》等。《忆旧诗》十章即是陈长生回忆其在登州、姑苏、金陵、济南、钱塘、吴兴、都门等多地官署生活的记录。

其一:髫年何处认芳闱,回首蓬莱梦已迷。海气凉侵衣袂润,岛云浓压画楼低。花间泻露红犹渍,镜里梳鬟绿未齐。镇日牵衣随阿母,幽吟只在曲廊西。

其二:阊闾城下泊轻航,银烛光中促理妆。翠幕千重红菡萏,锦屏七十紫鸳鸯。平安排就金钱字,意可烧残玉鼎香。尽说绿窗春正好,采衣犹喜侍高堂。

其四:回首金陵忆梦痕,衙齐清傍谢公墩。一帘东阁黄昏雨,九日西风白下门。郭外残阳停画舫,篱边瘦菊饯金樽。伶俜始作辞家女,冷月啼乌正断魂。

其八:碧窗曾记绾双鬟,行遍天涯又重还。裙衩绿湔沿岸水,镜台青借隔江山。开奁姊觅吟余稿,掠鬓亲怜病后颜。底事牵衣愁远别,罗襟犹染泪痕斑。[①]

陈长生借诗抚今追昔,回首其"马迹重重"、"似露如烟"的随宦往事。其一记少女时期在登州官署惬意悠然的闺阁生活;其二描绘了在姑苏官署时泛舟出行,春光烂漫,家庭其乐融融的欢乐场景;其四记在金陵官署时的生活,黄昏、西风、残阳、瘦菊、冷月等意象衬托出其时作者离家后的伤心孤独之感;其八记多年后重回钱塘故居,人事已非,家人远别,愁病交加的生活。这一系列不同生活空间的描写,向我们展示了作者一幕幕或欢乐、或孤独、或忧愁的人生场景。不同的人生阶段、不同的生活空间带给作者不同的生命体验,外部空间的变化与内部空间相互作用,形成了作者对于人生价值的感悟和认同。这不仅是一个自我认识的过程,也是获得社会主流文化圈认同的需要,这比起单纯描写深闺生活有质的飞跃。

在出行远游的过程中,叶氏才女创作的纪行纪游诗,对所至、所见及所

---

① 〔清〕陈长生:《绘声阁续稿》,《织云楼诗合刻》,嘉庆二十二年刻本,1—4 页。

感都各有侧重记录和描述。无论是山水虫鱼、风花雪月、佛寺道观、碑刻造像，还是沿途所见的人文风俗、市井繁华，都被叶氏才女看在眼里，映入心中，并诉诸笔墨，描绘出一系列广阔的出游画面，表现了她们对于山水风情的描绘以及亲友故土的思念。不同空间的山水风物也因作者情感的不同而呈现出多样的面貌，或蕴含丰富的人文气息，或富有深刻的人生思考，都在一定程度上表达了作者的寄托观、娱情观，以期实现人与地、心与景的交流和融合。

第三节　历史与现实的深度思考

叶氏家族女性文人，尤其是李含章与陈长生，自幼成长于具有优良文学传统的家族，在家学传承以及家族教育的影响下，形成了较为广阔的文学视野和深厚的文学功底，在历史事件的识见上展现出不凡的见解。同时在事物的刻画以及情感的表达上，表现出女性独有的细腻和真挚。

李含章，晋宁李氏家族第三代代表人物。其父李因培（1717—1767），乾隆十年（1745）乙丑科进士，翰林院编修，历任江浙主考官，四部侍郎，湖南、湖北、福建三省巡抚。兄弟三人李翊、李翯、李翃及李翃二子皆能诗擅文，有《李氏诗存合刻》家集本。李含章出嫁前深受李氏家族诗文传家的熏陶，嫁入叶家后，又得益于丈夫叶佩荪的言传身教，诗学益进。

李含章《读晋史十四首》：

> 鼎足重教更九洲，征西余焰黯然收，阿童自有西风利，肯使黄旗见石头。焚裘断靮事堪师，恭俭争传泰始时。一自楼船平外患，羊车宴罢早朝迟。蛙鼓官私未是痴，东宫手迹尚能知。阿翁此座原无恙，只怕南风烈烈吹。金谷园林化紫烟，铜驼荆棘一凄然。自从七尺珊瑚碎，引动秋风蓴菜船。十载戈矛起弟兄，呼韩邪竟走长鲸。石弓银研君须记，绝胜君家骨肉情。戎服青衣出洛都，琅耶安稳制东吴。中兴果把中原复，谁信牺牛石马图。刘石威名震朔天，纷纷列镇递降笺。淋漓大义明于日，只有刘琨劝进篇。辅相功成纪永昌，伯仁由我死堪伤。将军正梦营中日，莫向龙床让太阳。雷池一步寇氛深，越局勤王岂患侵。不是天门曾折翼，惜阴何异击壶心。十里青溪栅夜焚，西风尘自满江濆。南楼觞泳浑无事，又请朝庭北伐军。枋头一败事何如，犹有孙公直笔书。笑杀东山老太傅，

独为性命忍须史。汉阳柳色老征鞍,侵略中原事亦难。若向千秋论雄略,可人直欲许曹瞒。裙屐风流宰相功,深源夷甫让从容。小儿辈不能平贼,高阁先应束谢公。书画船多压上流,三山峰火使人愁。长星劝汝一杯酒,已有真人起荻洲。①

此诗以 392 字的篇幅概括了西晋至东晋 150 多年的历史,重点记录了八王之乱、泰康中兴、北伐战役、枋头之败、淝水大捷以及孙恩起义等重大事件。李含章对两晋的诸多历史人物,例如司马炎与王导,给予较为全面公正的评价。首先斥责了以司马炎为首的统治集团的荒淫无度,腐败不堪,进而歌颂了勇于抗争的司马睿,寄予其光复中原的期望,以深远的眼光揭示了西晋与东晋二朝治乱得失及兴衰缘由,充分显示了李含章的才气与学力。

对昭君出塞这一故事的吟咏,可谓老生常谈,但李含章《明妃出塞图》一诗,可谓独有见地:

> 龙沙万里日色晡,大阴山色青模糊。云霾雾掩壮士且悲死,况此绝世佳人乎。我闻灭秦诛项困冒顿,汉庭宵旰惟匈奴。和亲下策出高帝,例刷民女称皇姑。鲁元誓不作阏氏,娄敬有女归毡庐。嫖姚兵还贰师死,元帝孱弱无人扶。我恐昭君当时即不点大破,未必别谴宫中都。又况竟宁建始祸水作,六宫内事知何如。大抵美女如杰士,见识迥与常人殊。春花不枯秋不落,要令青史夸名姝。一日不画画千载,安有黄金百镒烦涂鸦。雁门古冢生青芜,香溪碧水流珊瑚。吁嗟此意难描摹,区去延寿安足诛,酹酒三拜明妃。②

开篇描写塞外漠北云霾雾掩的恶劣环境,壮士尚且难以忍受,以衬托昭君出塞后的艰难境遇。续以社会历史政治背景的交待,进一步赞扬了昭君主动选择承担和亲使命,"春花不枯秋不落,要令青史夸名姝",以求名垂青史的远见卓识,成功塑造了一个勇于自我牺牲、以国家大事为重的昭君形象。

陈长生亦有《明妃出塞图》:

> 一曲琵琶靖塞尘,千秋青冢尚生春。画工若画麒麟阁,定识功臣是美人。③

---

① 〔清〕李含章:《繁香诗草》,《织云楼诗合刻》,嘉庆二十二年刻本,11—12 页。

② 〔清〕李含章:《繁香诗草》,《织云楼诗合刻》,嘉庆二十二年刻本,10—11 页。

③ 〔清〕陈长生:《绘声阁初稿》,《织云楼诗合刻》,嘉庆二十二年刻本,15 页。

简短四句,没有论述昭君出塞的历史背景,但仍可看出陈长生对昭君高尚人格的崇敬。陈长生的咏史诗创作不多,对于历史人物或事件的识见程度也远不及李含章深厚。从此诗亦可见得。

叶氏女性文人对场景、事物的刻画与细腻心绪的描写颇为擅长,因而在咏物、咏怀等题材上常常能有独得之妙。同为咏梅,周映清、李含章与陈长生三人表现出不同的侧重与情致。周映清《梅花三首》

其一:古梅生疏香,幽致邈难写。临风濯寒秀,相对足闲雅。琼姿妙天然,未许粉黛假。譬如歌阳春,曲高和者寡。开轩涵明月,顾影自潇洒。惟应翠袖人,亭亭伴林下。

其二:爱梅入骨髓,思作梅花唫。横斜疏影句,谬许孤山林。拟议误唐突,粉蝶兼霜禽。竹外一枝好,坡老诚赏音。何如妙无言,淡然惬素心。不见江贯道,抚琴不弹琴。

其三:谓梅如宰相,调羹待异日。谓梅如高人,迥与枯槁别。谓梅如美女,不炫倾城色。谓梅如神仙,空羡罗浮蝶。鉴怀天地初,想象太始雪。此意明月知,可悟不可说。①

周映清极爱梅花,从其将作品集取名为《梅笑集》就可见出。《梅花》第一首是赞扬梅花疏香、幽致、闲雅的特性,及其曲高和寡,遗世独立的天然琼姿。第二首化用林逋《山园小梅》"疏影横斜水清浅,暗香浮动月黄昏。霜禽欲下先偷眼,粉蝶如知合断魂",表达了作者对梅花入骨之爱,亦是作者幽独清高、淡然惬意的人格写照。第三首更将梅喻为宰相、高人、美女、神仙,将梅花的不同特性进行了形象描绘,此情此意,亦"可悟不可说"也。淋漓尽致地展现了作者对于梅花的喜爱之情。

李含章《官阁咏梅次韵》:

似此丰标剧有双,瑶台不欲拟寒簧。十年风雪劳相忆,万里江湖见古香。寒未消凭云作障,梦无痕入玉为堂。幽吟湿尽钗头露,一笑应闻在曲廊。②

此诗并没有过多描绘梅花的疏香、幽致的特性,而是以抒情为主,联系作者十年的人生经历,表达了对梅花的思念,以及对梅花高尚品格的赞扬。

① 〔清〕周映清:《梅笑集》,《织云楼诗合刻》,嘉庆二十二年刻本,1页。
② 〔清〕李含章:《蘩香诗草》,《织云楼诗合刻》,嘉庆二十二年刻本,5页。

此诗的"梅花"应是另有所指。首先,诗作题名为次韵,应是与丈夫的唱和之作;其次,"万里江湖见古香",不是用"闻",而是用"见",可知此处作者想念的是其离家远宦的丈夫;最后,"一笑应闻在曲廊",亦留给我们更多的想象空间。可见,李含章的这一咏梅诗是以物喻人,寄托了对丈夫的无限思念。

而陈长生的咏梅之作《病起见盆梅偶成》又是另一番景象:

> 辜负韶华事药炉,忽惊古盎挺虬株。雪余孤萼寒犹欢,风定疏
> 香淡欲无。小坐对君成主客,无言伴我各清癯。挑灯留住横斜影,
> 写向屏山作画图。①

作者近日病体难支,时光飞逝,竟浑然不觉梅花已盎挺盛开。窗外风雪寒气犹在,吹得梅花的疏香渐为清淡。主客对坐,惟愿留住这位"红闺伴"②与这番"横斜影"。梅花清幽高冷的姿态与作者日渐消瘦的身影融合成一幅冬季悲凉、凄楚的画卷。

三首咏梅诗,三人在不同的生命境遇下,表达不同的人生感受。第一首轻快活泼,第二首富有生活情趣,第三首则更多孤独凄凉之意。

李含章《长沙节署感赋,时外摄大中丞事》:

> 廿年咏絮鸣环地,今日随君幕府开。画角乍迎新使节,春风犹
> 忆旧妆台。殊恩象服惭难称,遗爱棠阴待补栽。闻道江城舆颂美,
> 如冰乐令又重来。③

李含章多年前曾随父任居长沙,今日因丈夫任湖南巡抚亦再次来到长沙官署,唤起她对父亲当年在任时廉洁作风、深得民心的回忆,同时也以此勉励丈夫勤政爱民,完成父亲未完之业,塑造了一位富有远见卓识的贤内助形象。《初归吴兴感赋》:

> 楚水燕山忆旧时,廿年踪迹总相随。今朝独返蘋洲棹,冷月寒
> 灯照爨丝。每话归田倍怆神,转头谁认旧巢痕。可怜八里桥边水,
> 难返三生石上魂。乌上桥南卜一庐,辛勤留得大官钱。缘知清白
> 能传后,负郭何须二顷田。弁岭青连笠泽湄,登楼旷望不胜悲。报

---

① 〔清〕陈长生:《绘声阁初稿》《织云楼诗合刻》,嘉庆二十二年刻本,12 页。

② 〔清〕陈长生:《绘声阁续稿·盆梅盛开偶成》其二:"旅迹天涯感雪泥,故园姊妹惜分携。今朝结得红闺伴,道是孤山处士妻。"《织云楼诗合刻》,嘉庆二十二年刻本,16 页。

③ 〔清〕李含章:《繁香诗草》《织云楼诗合刻》,嘉庆二十二年刻本,19—20 页。

*君一语君知否,绕郭湖山似昔时。*①

独自一人返回吴兴,山水依旧,但陪伴的人已经不在,形单影只,冷月寒灯,不免顾影自怜。与丈夫归田之约已成泡影,只愿丈夫能赴"三生之约",伉俪之情可以想见。登楼远望,触景生情,使诗歌充满了无限苍凉之感。

同为除夕夜的感怀,周映清重在怀人,"怀人千里外,聚首两年前"②;李含章重在表达对故乡的怀念,"长宵荒店酒,短梦异乡情"③;叶令仪重在展现过年之气氛,"垂髫儿女各欢然,强受残灯晓未眠"④;陈长生重在描绘家人忙碌的情景,"频繁效职敢言勤,料理残念到夜分"⑤。

在同一家族群体内,才女创作风格和视角的不同,展现了各人之性格特点和创作特色,表达了她们对于文学创作的热爱以及在文学创作中呈现出的不凡见识和细腻情感。

第四节　跨地域社交网络的形成

诗歌酬唱是文学家族成员交流的主要方式之一,通过诗歌交流情感,切磋诗艺,形成家族化、群体化的队伍。才女在家族内部得到自我认同后,开始向外部空间寻求更多交流,自我空间的社会化程度逐渐提升。借由家庭、地域内部联系建立起的文学交流网络,是叶氏才女文学创作的基础场所。同时,叶氏家族女性文人群体也逐步建立起以社交为目的的跨地域交游网络。这不仅为叶氏才女提供了更为广阔的创作环境,而且也为叶氏女性文学作品的传播提供了更多样的渠道。

周映清课训子女有法,明确提出了对于女儿文学才能的评价和期望,其《娇女诗》云:

> 我家娇女齐蕙芬,媚如春月回微光。终朝据案弄卷轴,清吟婉转调莺簧。今年十二解声韵,七字五字吟琅琅。亦知弱腕乏警策,颇有慧语余清锵。闺门尚德不尚艺,四诫初不夸词章。岂知陶冶有妙用,能使冰炭消中肠。温柔敦厚本诗教,幽闲贞静传闺房。但

①　〔清〕李含章:《繁香诗草》,《织云楼诗合刻》,嘉庆二十二年刻本,30页。
②　〔清〕周映清:《梅笑集·除夕》,《织云楼诗合刻》,嘉庆二十二年刻本,13页。
③　〔清〕李含章:《繁香诗草·舟次除夕》,《织云楼诗合刻》,嘉庆二十二年刻本,19页。
④　〔清〕叶令仪:《花南吟榭遗草·除夜戏笔》,《织云楼诗合刻》,嘉庆二十二年刻本,16页。
⑤　〔清〕陈长生:《绘声阁稿·除夜偶成》,《织云楼诗合刻》,嘉庆二十二年刻本,6页。

令至性得浚发，勿务浮艳鸣荒唐。我昔南楼强解事，力穷汉魏兼齐梁。即今所得尚无几，颇觉辛苦难为偿。怜汝娇憨亦不恶，岂必刘鲍争低昂。作诗因汝感畴昔，只恐明镜生秋霜。①

传统妇德中，与诗文词章的艺相比，道德的规范是更为重要的，所以周映清在夸耀女儿读书写作聪慧用功，倍感欣慰之余，也不免担心。虽然闺门尚德不尚艺，但周映清仍提出诗有陶冶性情之功用，且诗教之温柔敦厚，正好与妇德之幽闲贞静相通。在妇德与诗教之间，找到了一个合理的平衡点，即"但令至性得浚发，勿务浮艳鸣荒唐"，创作必须以抒发性情为主，切忌浮艳荒唐。由此可见，周映清无疑是"才德相成"的支持者，以裨益教化的观点，为文学创作寻求更加自由的社会空间。其课训诗在家族文学的发展与延续上起到了重要的推动作用。

又《送履东弟南归迎慈与之隆安少府任》：

晨风吹庭树，游子理归鞍。尽我一樽酒，话此心痛酸。吾宗衍苕霅，近苦门祚单。阿爷岁方壮，撒手辞尘寰。哀哀痛吾母，绿鬓悲离鸾。汝时孤且幼，讵识茹荼艰。旦晚觅棘栗，麻经犹童顽。纺绩课书史，伴此篝火寒。幸汝早成立，偕予来长安。辛苦得微禄，廿七歌弹冠。显扬从此始，藉卜堂上欢。归去奉板舆，三秋辞故山。桂林古象郡，此地控白蛮。汤汤牂牁水，兀兀瓦甸关。努力事驰驱，勿愁行路难。佐吏有仁术，何必羞微官。公余赋射鸭，阿母开笑颜。调羹有贤妇，可以劝加餐。婉娩两娇女，连袂幽且闲。聚首剧可乐，荣利非所干。嗟予阻京国，不得从汝还。奉书庆高堂，忍此涕沈澜。白云自南飞，风急失雁翰。后会知何期，恻恻伤肺肝。②

此诗重在勉励履东弟。从年幼时家庭状况写起，到其读书识字，考取功名为止，规劝其"努力事驰驱，勿愁行路难"，以仁术为官，务以官小为耻。阿母、贤妇、娇女一家合乐，可惜履东弟不得还家，"后会知何期，恻恻伤肺肝"，表达了两人离别之伤感。

李含章亦有一首《闻五弟翙捷云南解首，诗以志喜》，记其五弟终得云南解首，劝其"苦心茂种德，食报庸匪丰。愿子服厥初，善保千莫锋。七年植豫

---

① 〔清〕周映清：《梅笑集》，《织云楼诗合刻》，嘉庆二十二年刻本，10 页。

② 〔清〕周映清：《梅笑集》，《织云楼诗合刻》，嘉庆二十二年刻本，28 页。

章,灌灌同弱曼。千里走驶骎,跛足均凡骜。先人朴斫志,待子竟厥功"①,对五弟寄予厚望。

李含章与三个女儿感情深厚,经常联吟赋诗,《繁香诗草》中收录了三首写与女儿的作品:

> 《送大女令仪还武林》:蒲津花落送归轺,忆我初来一黯然。床下低鬟方弱岁,窗前分秀又经年。定知亲党夸新妇,此去湖山入旧编。说到相逢吾恐老,鬓霜应照雪溪边。②

> 《二女令嘉于归都门》:乘髫看长大,沾袖送于归。衣履吾亲制,金珠姊亦稀。和鸣谐凤卜,远信仗鸿飞。命汝无他语,姑言慎莫违。③

> 《三女令昭于归都门》:在家为客莫言勤,此去方知是主人。百岁毁誉关阿母,一时贤否定诸亲。金萱昼永储甘旨,玉笋官清课米薪。倦辍余闲吟谢絮,锦囊应寄济川滨。④

李含章嫁入叶家时,叶令仪虽"低鬟方弱岁",但已"独具成人相,能知宦邸艰"。20年间随李含章读书,随后返湖州,一句"定知亲党夸新妇"可知李含章对于长女的赞赏。不料两年后,令仪"劬劳成死病,衿慎失良医",香消玉殒,天人永别,使得李含章悲痛万分,"老眼无穷泪,临风一斛倾"⑤。二女于归都门,李含章亲制衣履,拂袖相送,劝其"姑言慎莫违"。三女于归,李含章嘱咐其"倦辍余闲吟谢絮",闲暇时莫忘吟诗相寄。句句蕴含了李含章对于三个女儿的无限关爱和怜惜之情。

叶氏三女叶令仪、叶令嘉与叶令昭姊妹情深,昔日在官署中联床赋诗,"长宵相对话绸缪"⑥的场景屡屡被提及。即使三人出嫁离家,大姊归武林,两妹在都门,也经常互通书信,保持联系。叶令仪有《寄两妹都门》:

> 红闺雁影惜分离,强说相逢定有期。此日燕山空绕梦,何年官

---

① 〔清〕李含章:《繁香诗草》,《织云楼诗合刻》,嘉庆二十二年刻本,26页。
② 〔清〕李含章:《繁香诗草》,《织云楼诗合刻》,嘉庆二十二年刻本,10页。
③ 〔清〕李含章:《繁香诗草》,《织云楼诗合刻》,嘉庆二十二年刻本,14页。
④ 〔清〕李含章:《繁香诗草》,《织云楼诗合刻》,嘉庆二十二年刻本,16页。
⑤ 〔清〕李含章:《繁香诗草·哭长女令仪》,《织云楼诗合刻》,嘉庆二十二年刻本,27—28页。
⑥ 〔清〕叶令仪:《花南吟榭遗草·岁暮写怀示二妹》,《织云楼诗合刻》,嘉庆二十二年刻本,15—16页。

阁伴题诗。海棠庭院敲棋处,鹦鹉帘栊唤茗时。往事依稀休重问,
有人绿鬓已添丝。

三人两地分离,回忆官阁相伴读书写诗,海棠庭院一起下棋等往事,容
颜易老,竟不知何时才能相逢。叶令嘉与叶令昭亦有两诗相和:

> 峨原分手隔天涯,风雨联床愿尚赊。两地空烦诗代简,三春同
> 有梦还家。病多渐识君臣药,别久愁看姊妹花。他日相思劳远望,
> 五云多处是京华。(叶令嘉《答淑君姊诗》)

> 绣阁当年共理妆,伤心此日各分行。寄书已过樱桃节,惜别休
> 闻芍药香。晓月鸣鸡惊好梦,夕阳归雁感殊方。平生舟楫偏无分,
> 枉说江南是故乡。(叶令昭《答淑君姊诗》)①

姊妹三人分手后,相隔天涯,只有梦中才得以还家相聚,现实中只有以
诗代简,诉说远望相思之情。当年绣阁共理妆的场景依然历历在目,而今晓
月鸣鸡,夕阳归雁,江南虽是故乡,但又不能乘舟归去,多有无奈。

叶令仪亦有与叶绍楏弟的《寄贺琴柯弟花烛》一诗:"画船箫鼓下江南,
花簇珠屏春正酣。阿士文章推第一,令娴才调本行三。裙拖百叠浓于茜,鬢
画双湾远似蓝。他日北堂酬唱满,更将采笔赋宜男。"②表达了对于弟弟与弟
妇美满婚姻的祝福。

陈长生祖父陈兆仑,雍正八年(1730)进士,授知县,乾隆元年(1736)举
博学鸿词,官至太仆寺卿,工诗善书,有《紫竹山房诗文集》。父陈玉敦,乾隆
时举人,曾任山东登州府同知、云南临安府同知等。外祖父汪上堉,曾任云
南府和大理知府。出嫁前,陈长生亦深受家族文化的影响,于归叶氏后,成
为叶氏家族女性群体中的一员,与叶氏三女多有唱和。常年随宦的经历使
陈长生突破了叶氏家族内的文学交流圈,促使她以闺秀诗人的身份在家族
外寻求同道知音,与家族外女性文人的交往互动频繁。从《绘声阁初稿》、
《绘声阁续稿》中得知,汪虚白、金镜清、汪嗣徽乃陈长生闺中的诗伴姊妹③,
多有唱和。

汪虚白即潘素心,字虚白,因适汪润之,故称汪虚白,著有《不栉吟》、《不

---

① 〔清〕叶令仪:《花南吟榭遗草》,《织云楼诗合刻》,嘉庆二十二年刻本,13页。
② 〔清〕叶令仪:《花南吟榭遗草》,《织云诗楼合刻》,嘉庆二十二年刻本,4页。
③ 〔清〕陈长生:《绘声阁初稿·将返吴兴呈春田家姊并留赠嗣徽夫人》,《织云楼诗合刻》,嘉庆二十二年刻本,30页。

栭吟续刻》，与陈长生同为随园女弟子。《不栭吟》中有《陈秋谷孺人招同金采江宜人法缘寺看海棠》、《陈秋谷夫人以新诗见示病中述怀即以代柬》、《约秋谷十八人看菊因病不果赋此寄之》、《秋谷宜人招同法缘寺看菊》、《寄秋谷宜人》等五首与陈长生的交往之作。陈长生亦有《题汪虚白夫人诗集》一诗："幽兰四座伴哦诗，黄绢争传幼妇辞。只合水晶帘子下，细研薇露写乌丝。东越群夸咏絮才，新词百叠总清裁。教依应接浑无暇，真个山阴道上来。"①赞赏汪虚白的咏絮之才。何若琼也为《不栭吟续刻》题跋："清刚隽上，风骨高骞而悱恻缠绵，得诗人敦厚之旨。班蔡遗型于斯，未坠玉台，群媛俱当铸金事之。"②

金镜清，即金蓉，乃潘素心丈夫汪润之的舅母，仁和钱氏家族一员，著有《小漪诗屋吟稿》，收录于光绪二十二年刊《湖墅钱氏家集》。陈长生有数诗③记录与金镜清的聚会往事。《谷雨后八日，金镜清夫人、汪虚白夫人、蕊珠妹法源寺看海棠分赋》诗云：

> 卖饧时节住长安，共约城南觅坠欢。十日雨声迟把袂，一年春事又凭栏。名花清淑晴逾艳，古树阴森画亦寒。小坐莫辞游赏倦，漫空飞絮已成团。垂垂幡影隔红墙，胜地真宜礼法王。修竹阴中楼阁暮，落花风里佩环香。阶前细草留春色，檐隙疏铃话夕阳。拾得残红归去晚，绿窗幽韵满诗囊。④

陈长生与金镜清、汪虚白及蕊珠妹同约长安城南法源寺赏花。名花、古树、飞絮、修竹、楼阁、落花、细草、疏铃以及夕阳，成为诸位女性诗中描写胜地春色如画的意象。类似群体出游或者聚会的活动，是陈长生文学生活中最为重要，也最有意义的交流活动。

如果说《午梦堂集》很好地展现了吴江沈氏家族庞大的文学创作群体和丰富的文学作品，"午梦堂"一词成为沈氏家族女性文人群体的代名词，那么《织云楼诗合刻》则彰显了归安叶氏才女创作的实绩。卷首载祝德麟、王鸣盛等人所作题诗 14 首，钱大昕题辞曰：

---

① 〔清〕陈长生：《绘声阁续稿》，《织云楼诗合刻》，嘉庆二十二年刻本，8 页。

② 〔清〕潘素心：《不栭吟续刻·题跋》，清道光年间刻本。

③ 《镜清夫人索书，谷雨后八日，桐君妹招叙紫籐花下，二律附书二绝句，兼怀桐君并柬汪虚白夫人》《谷雨后八日，金镜清夫人、汪虚白夫人、蕊珠妹法源寺看海棠分赋》、《谷雨后八日，桐君妹招同汪虚白夫人小集籐花下，时妹将侍蒋姊母夫人南归，即席感赋》等。

④ 〔清〕陈长生：《绘声阁稿》，《织云楼诗合刻》，嘉庆二十二年刻本，10 页。

　　霓裳同咏大罗天,传诵秦嘉赠答篇。难得管彤相授受,一家儿
女总诗仙。苦吟莫笑淡生涯,浮艳嫌它粉黛夸。如此香车才不俗,
风流美煞石林家。把病双声析茧丝,深闺亦复有严师。左家娇女
王家妇,黄绢争题绝妙辞。优昙示现去难留,应逐香山汗漫游。舌
本青莲犹未损,然脂一字定千秋。频年诗社结吴阊,得见君家最小
郎。不似琅琊王子敬,尚烦道韫解围忙。①

赞叹叶氏一门传承授受,在父母的言传身教下,培养出了一群"诗仙"儿女。

　　继午梦、松陵之后,归安成为女性文学创作的又一阵地。其一,叶氏才
女群体以"从宦游"的人生经历为文学创作的主要内容,在纪行诗的创作上,
能够突出不同地域、不同文化精神对自身人生阅历的丰富以及人格塑造上
的影响,多元地域文化的融合也逐渐提高了女性文学的内涵,而不是仅仅停
留于闺阁内的伤春悲秋。在感怀诗的创作上,能够切身体会出走异乡时对
故土亲人的怀恋与思念,表现其立于深闺之外对于社会问题、人生飘零的复
杂思考,其吟咏范围及所包含的思想价值已远超普通女性文人。其二,叶氏
才女群体在创作题材上有所突破,特别是咏史诗,能够突破家庭的"私领
域",扩展到与社会文化结合的"公领域"层面,以更加宏阔的视野看待历史
人物与事件,表达自身对于历史变迁的深刻思考,展现了清代女性文人创作
的深度与广度。其三,叶氏才女群体注重通过文学创作寻求个体独立价值,
摆脱附属于家族男性的边缘地位,争取女性自身的文学话语权,确立女性文
学在古代文学发展史上的独特价值与地位。李含章《论诗》依据"文变染乎
世情,兴废系乎时序"②的时代背景,以其长期创作实践经验为基础,专门论
述其诗歌创作理论。从"好诗如佳人,何必炫奇服"、"好诗如好鸟,应节喧百
族"、"笑啼根至性,风声任枨触"、"兰苕集翡翠,无由起迟瞩"、"色黜剪彩艳,
声异叩缶俗"、"发情止礼义,性灵藉陶淑"③6个方面,明确阐释了其重自然、
重人性、重真情的诗歌审美倾向,为其时才女诗歌创作指明了发展方向,奠
定了清代女性诗歌创作重性情重本真的情感基调。

---

①　《织云楼诗合刻·题辞》,嘉庆二十二年刻本,1页。
②　刘勰:《文心雕龙·诗序》,武汉:崇文书局,2014年,8页。
③　杨开达:《从李含章的〈论诗〉诗看其审美倾向》,《云南师范大学学报(哲学社会科学
版)》,1998年第3期,21—25页。

第七章　社交型女性群体结社活动研究——阳湖左氏

清代咸同时期,常州阳湖左氏家族世笃忠贞,门有通德,皆以诗鸣于其时。家族聚会时,常群体联吟,赋诗写怀,情深语挚,被喻为"浣花之嗣音"①。左氏女性文人将人生的经历和感悟融入诗词创作中,其反映亲情、爱情和友情的作品不仅是她们人生轨迹的缩影,更是她们展现真实自我,寻求心灵出口的重要手段。"三绝声名传竹素,一门风雅撷英华"②,作为常州女性文人群体的代表,左氏家族女性丰硕的创作成果,向后人展示了不同于其他女性文人群体的创作风格和内涵。

第一节　左氏家族世系与女性文人群体

左氏乃书香世家,其"家学渊源,流传有绪"③(图7-1)。

左辅(1751—1833),字仲甫,一字蔄友,号杏庄。乾隆四十八年(1783)乡试举人,五十八年(1793)进士,殿试二甲,历任巢县、南陵、霍邱、阜阳、亳州、合肥、怀宁、泗州直隶州等州县,嘉庆十七年(1812)署理宁国府知府,十九年(1814)升授颍州府知府,二十一年(1816)擢广东雷琼道,二十三年(1818)补授浙江按察使,二十五年(1820)升授湖南布政使,同年补授湖南巡

---

① 〔清〕曾懿:《古欢室诗词集·序》,清光绪三十三年刻本,7页。
② 〔清〕曾懿:《古欢室诗词集·题辞》,清光绪三十三年刻本,1页。
③ 〔清〕曾懿:《古欢室诗词集·序》,清光绪三十三年刻本,5页。

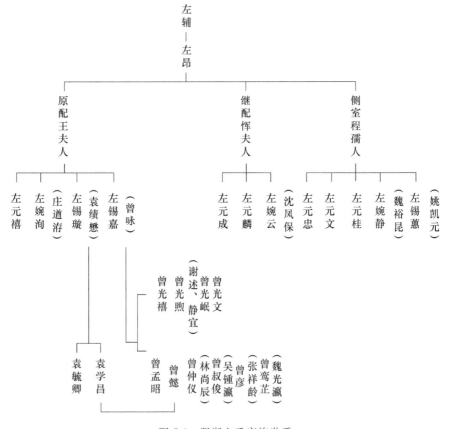

图 7-1　阳湖左氏家族世系

抚。善诗词,诗"句奇格正,有唐人之盛","才情横溢,寄托遥深"①,尤工倚
声,"所感甚大"②。与洪亮吉、黄景仁、陆继辂、恽敬、张琦辈友善,是当时常
州词派主要词家之一。其著作有《念宛斋集》及《念宛斋词钞》二种。左锡嘉
有《述祖德诗二首》:

> 明哲重道术,栖志在云端。既抱康世姿,而不逐颓澜。楚贤仕
> 无愠,郑卿猛济宽。平仲示国俭,夷吾策民安。在昔有明政,斯世
> 无旷官。济物惠所及,战乱思其难。鸿功播千载,清埃恒仰叹。达
> 人缅往哲,縻爵愧素餐。振藻掞春华,流声馥秋兰。抚绥荫江汉,

---

① 徐世昌:《晚晴簃诗汇》卷一百零八,《续修四库全书》第 1633 册,上海:上海古籍出版
社,1995 年,220 页。

② 〔清〕谭献:《箧中词》卷三,扬州:江苏广陵古籍刻印社,1982 年,6 页。

圣心启巨权。

　　中原昔多故,万姓赖抚字。鸣琴百里宰,麾铖九江治。皖北敷仁泽,荆南宣韬智。皇恩岂已矣,经纶昭吏事。俭已由道情,宽民主惠义。文德孚嘉师,鼎勋著彝器。君子谢华名,归林栖素志。心念川壑美,目倦修途异。负高构云屋,临流泛荷荩。逸情舍尘虑,懋功怀远致。①

　　歌颂了左氏家族光荣的官宦史,尤其是祖父左辅一生高风亮节的为官事迹,可见左氏优良的家风传统。

　　左昂(1794—1870),字德举,一字省堂,号巢生,左辅六子。道光二十年(1840)举人,安徽凤阳府同知。精研古书,熟习法度,"摒弃弗道,尤耽精书法,取率更诚悬两家心,摹力追得其神理,一时誉望籍里"②,"学植素丰,兼峙品节"③,著有诗集《求己斋交集》。原配汪氏(1794—1837),汪赞勋女。继配恽氏(1813—1886),恽敬女。

　　受教于左辅、左昂等家族长辈,左氏一门才女辈出,"盖以冷云为之目,红蕉为姑,蜀章季硕为之弟妹,家学渊源,流传有绪,根抵厚而阅历深,自不同于嘤鸣以为声,劈积以为富者"④。不仅人数甚多,而且跨越领域甚广,成就斐然。胡文楷《历代妇女著作考》著录了左氏 7 位才女:左锡嘉、左锡璇、袁毓卿、曾懿、曾懿、曾鸾芷、左白玉。⑤ 施淑仪《清代闺阁诗人征略》则提到 4 人:左锡璇、左锡嘉、袁毓卿、曾彦。据统计,左氏家族涌现了以左锡璇、左锡嘉为代表,包括左次芬,左婉润、左锡蕙、左白玉、曾懿、曾彦、袁毓卿、谢述等十余人在内的女性文人。她们之间的关系,包括姊妹关系的左锡蕙、左锡璇、左锡嘉与左白玉、曾懿、曾彦与曾鸾芷;母女关系的左锡璇与袁毓卿,左锡嘉与曾氏三姊妹;婆媳关系的左锡璇与曾懿,左锡嘉与谢述;姑侄关系的左次芬与左锡蕙姊妹。她们皆富文采,不仅长于诗词,且工于书画,并有作品传世。

---

　　① 〔清〕左锡嘉:《冷吟仙馆诗稿·述祖德诗》卷三,清光绪十七年曾光煦晋宁官署刻本,13 页。

　　② 〔清〕左元成:《常州左氏宗谱》卷五,清光绪十六年左氏裕德堂木活字本,6 页。

　　③ 〔清〕左锡嘉:《冷吟仙馆诗稿》卷八,清光绪十七年曾光煦晋宁官署刻本,1 页。

　　④ 〔清〕曾懿:《古欢室诗词集·序》,清光绪三十三年刻本,5 页。

　　⑤ 〔清〕李濬之:《清画家诗史》:"左白玉,字小莲,阳湖人,杏庄中丞辅孙女,知县常熟言良鉁室。……工画,有《餐霞楼遗稿》。"北京:中国书店,1983 年,516 页。

左氏女性文人群体,以左锡璇、左锡嘉、曾懿与曾彦为代表。左锡璇(1829—1895),字芙江,武进袁绩懋室,著有《碧梧红蕉馆诗词稿》,现存诗565首,词73阙①。左锡嘉(1831—1894),字韵卿,一字小芸,号浣芬,又作婉芬,丈夫殁后,改号冰如,华阳曾咏室,善吟咏,工书画,著有《冷吟仙馆诗词钞》以及《曾氏家训》。"生性淑婉,聪颖过人,幼工绣谱,喜诗书。……才名尤啧啧于三党间"②,"刺绣之余,与诸姊习诗画,尤工篇什,当时皆以兰陵绝唱誉之"③,有左家娇女之称。曾懿(1853—1927),字伯渊,一字朗秋,武进袁学昌妻,左锡嘉女,左锡璇媳,著有《古欢室诗词集》、《女学篇》、《中馈录》、《医学篇》。曾彦,字季硕,左锡嘉女,知县张祥龄室,著有《桐凤集》、《虔共室遗集》。

第二节　亲情唱和

左氏家族女性文人自幼即受到家族文学的熏陶与家族长辈对其文史、诗词、书画的训练,形成了一门内兄弟姊妹群体唱和的景象。左锡嘉出嫁前,常与兄弟姊妹读书,"澣纤之暇,诸女兄读书作字,日有程余,及更及画"④。其《秋闺三十首寄大姊婉洵即咏姊秋兴原韵·序》亦有详细记录:

> 秋风四起,深馆无聊,因忆幼在江乡与诸姊同居,念宛齐浏览文史,倚石选韵,吉苔袭衣,开帘坐花蝶,上冀一朝,远别千里,相思值此,萧辰益深,遐想落叶辞树,如闻蛩音,凉月入帘,恍睹颜色,爰赋短什,以记前游。⑤

左锡嘉回忆左氏姊妹一同浏览文史,赋诗唱和的美好往事。曾懿亦有《浣花草堂新营住宅,山绕溪回,杂花翠竹,好鸟嘤鸣,石獭淙淙,重闺静逸,偶拟三十韵,以写四时佳境,同书俊四妹、季硕五妹作,寄仲仪三妹》:

> 骨肉依依形影随,联吟伴绣傍萱闱。年来徒解相思意,别妹离

---

① 林玫仪:《左锡璇诗词集辑校》,《中国文哲研究通讯》,2007 年第 3 期,255—308 页,2007 年第 4 期,187—232 页,2008 年第 1 期,175—204 页。

② 〔清〕左锡嘉:《冷吟仙馆诗稿·诰封夫人外姑曾母左太夫人寿言节略》,清光绪十七年曾光煦晋宁官署刻本,32 页。

③ 〔清〕左锡嘉:《冷吟仙馆诗稿》卷八,清光绪十七年曾光煦晋宁官署刻本,20 页。

④ 〔清〕叶大锵:《华阳县志》卷十九,民国二十三年刻本,4 页。

⑤ 〔清〕左锡嘉:《冷吟仙馆诗稿》卷一,清光绪十七年曾光煦晋宁官署刻本,16 页。

兄各一涯。波光云影浸楼台,诗社吟成醉绿醅。笑语喧哗争得采,百花深处夺魁来。①

记录了兄弟姊妹骨肉相依,分韵联吟,掌笺酬唱的生活,"每至乌啼月落,犹吟哦不休,颇以为乐"②,"其家庭酬唱之乐,则同而黻佩相庄,兰玉竞爽"③。家族群体唱和实乃古今才媛不可多得之遇也。

即便是兄弟离家仕宦,姊妹各自远嫁后,左氏兄弟姊妹们也常书信往来,表达相思之情,赓和之作更是俯拾皆是。如左锡嘉出嫁后,"屡以诗见寄,予亦以诗答之,邮筒往来,稍解离恫"④。如《七夕寄怀诸姊》:

> 黄姑织女会今夕,顾我怀人愁如结。银湾不流玉露凉,合欢枝上红香湿。兰思蕙叹情脉脉,追忆璇闺感畴昔。畴昔秋风金井阑,认线敲诗玉阶立。并刀如水判浮瓜,藕丝宛转牵飞雪。一朝分手类飘蓬,独我随宦长安中。吴山越水渺相隔,飞渡不得心忡忡。⑤

正值七夕之际,怀念诸姊妹之情"愁如结",追忆闺中往事"感畴昔"。左锡嘉孤身一人随宦长安,纵使隔着千山万水,飞渡不得之心何其哀伤。

左氏家族女性中,以左婉洵、左婉静、左锡璇、左锡嘉四人的感情最为深厚。从《碧梧红蕉馆诗词》与《冷吟仙馆诗稿》中收录的作品可知,诸人多寄怀唱和之作。大姊左婉洵,适同邑庄涑浯,工花卉、翎毛。婉洵出嫁后,左锡璇创作了多首诗词,以表相思之情,如《久不接大姊信,偶占》:

> 远道无由问起居,竭来眠食复何如。徒闻北至三湘雁,不见传来迟素书。⑥

《接婉洵大姊来书感赋》:

> 天光飞鸿送远音,一时悲喜不能禁。书犹未启愁先释,话到关怀痛转深。规我童心真介石,感君良语重南金。三年往事成尘迹,

① 〔清〕曾懿:《古欢室诗词集》卷一,清光绪三十三年刻本,1页。
② 〔清〕左锡嘉:《冷吟仙馆诗稿·吟云集序》卷二,清光绪十七年曾光煦晋宁官署刻本,1页。
③ 〔清〕曾懿:《古欢室诗词集·序》,清光绪二十二年刻本,6页。
④ 〔清〕左锡嘉:《冷吟仙馆诗稿》卷二《吟云集序》,清光绪十七年曾光煦晋宁官署刻本,1页。
⑤ 〔清〕左锡嘉:《冷吟仙馆诗稿》卷二,清光绪十七年曾光煦晋宁官署刻本,5页。
⑥ 林玫仪:《左锡璇诗词集辑校》,《中国文哲研究通讯》,2007年第3期,279页。

断肠谁怜此际心。①

从久不接大姊信时的担心，到接到大姊来书时"悲喜不能禁"之态，生动展现了姊妹二人因分隔两地，维系彼此情感的艰难。"离心宛似抽丝茧，愁思浑如未展蕉"②，此种"离心"、"愁思"，正印证了其"相思最苦"③之语。

左锡嘉亦有《和大姊婉洵兼呈五姊芙江》、《与大姊婉洵别后感作》、《怀大姊婉洵》、《春晚寄怀大姊婉洵》、《秋闺三十首寄大姊婉洵即用姊秋兴原韵并序》等诗表达对于大姊婉洵的怀恋。

> 天涯泛泛似沙鸥，寄迹尘寰不自由。过眼云烟都是幻，离怀风雨总关愁。鸿留泥爪天仍雪，燕带乡心岁易秋。未必柳桥情有尽，萧萧芦荻满沧州。
>
> 衣襟尘染酒痕绲，小句重吟系远思。万里秋心悲永夜，几回明月忆前期。梧桐雨过琴初润，杨柳风多笛自知。望断云天人不见，消愁惟赖掌中卮。
>
> 别后思君又一年，无聊情绪总堪怜。才眠欲吐丝难尽，蝶醉空归梦未圆。遥度园林开绣阁，更宜风月满华筵。诗人合住佳山水，岚影波光屋几椽。
>
> 又到中秋月满楼，梦回南浦水悠悠。帆移鹢首催兰枻，帘卷虾须冷玉钩。青鸟信来空寄语，黄花吟瘦伥支愁。别离未惯原生小，独坐含思泪暗流。
>
> 绕砌疏花带露开，满林风叶卷苍苔。无端萍影随鸥泛，多少秋光并雁来。写怨书残龙沥纸，焚香温尽鸭炉灰。何时聚首披离绪，重话乡山醉绿醅。④

通过沙鸥、云烟、燕、荻芦、梧桐、杨柳、玉钩、青鸟、黄花等象征悲凉、哀伤、孤独的意象抒发了对于故乡和亲人的远思。骨肉之情，万里相隔，纵使有尺素相寄，仍难以诉说胸臆。只能期待下一次的聚首，重话当年事。

三姊婉静，适魏裕昆，年二十即卒。左锡璇有《寄居竹深荷净斋，有怀三

---

①　林玫仪：《左锡璇诗词集辑校》，《中国文哲研究通讯》，2007年第3期，270页。

②　林玫仪：《左锡璇诗词集辑校》，《中国文哲研究通讯》，2007年第3期，303页

③　林玫仪：《左锡璇诗词集辑校》，《中国文哲研究通讯》，2008年第1期，179页。

④　〔清〕左锡嘉：《冷吟仙馆诗稿》卷二《和大姊婉洵兼呈五姊芙江》，清光绪十七年曾光煦晋宁官署刻本，8页。

姊》、《忆婉静三姊》、《寄三姊》、《接三姊信,作此奉寄》、《哭三姊婉静》等,左锡嘉亦有《忆秦娥·送三姊婉静南归》、《哭三姊婉静》等作品记述与三姊的往事。左锡璇与左锡嘉更是姊妹情深,从锡璇为锡嘉《吟云集》所作序可知。

　　小云六妹性敏慧,喜吟咏。曩在闺中时,姊妹联床,擘笺分韵。每至乌嗁,月落幼吟哦不休,颇以为乐。辛亥秒,予归里门,南北暌违,相忆之情,积诸梦魂。六妹屡以诗见寄,予亦以诗答之。邮筒往来稍解离恫。而未窥全豹,心终憾焉。丙辰三月,六妹将近年作寄示,并丐予点定。予翻阅再三,取径极高,寄意极远,较之从前旧稿,另换一番境界。盖诗学与年俱进矣。夫诗者所以言情也,情不至,诗必不工。六妹素深于情,手足之间,无微不至。故缠绵恺悌,自然流露。又得吟村农部为偶,昕夕唱随。伉俪极笃噙香摘艳,旖旎风流,情至文生,诗之所以工也。噫,予与六妹别七年矣,遥望长安,握手未知何日。因将原寄诗本留置坐右,另缮一帙略加润饰,以还之。纵此雨晦风潇,互相吟唱踪迹虽远,而两人心事各相喻于笔墨之外,正不减昔年闺中情景也。因叙其颠末如此。[1]

　　二人在闺中时联床分韵,唱和不休,至左锡璇出嫁后,二人仍通过邮筒以诗见寄,倡答示怀,以笔墨相善相知,不减昔年闺中相依之情。对于六妹诗学之益进,左锡璇更是不惜笔墨赞赏有加,以"取径极高,寄意极远"、"缠绵恺悌,自然流露"、"旖旎风流,情至文生"等语总结了左锡嘉诗歌创作的特点。

　　二人的诗词唱和甚多,如左锡璇有《中秋夜与六妹同作》、《雨雪交作,天气骤寒,同六妹联句》、《小云妹惠芙蕖一枝,作此奉答,即步原韵》、《忆别小云妹,即步送别原韵》、《小云妹见示寄怀诗,即次其韵奉答》、《次小云妹寄怀原韵》、《春困示六妹》、《十二时·步小云妹寄怀韵》、《与六妹夜话,适值微雨》等,左锡嘉亦有《寒夜寄怀五姊芙江》、《和大姊婉洵兼呈五姊芙江》、《和五姊芙江寄怀韵》、《五姊芙江为其夫袁厚安观察在闽阵亡作招魂诗寄示沈恸凄绝令人为之悲惋》等。

　　柳堤荻岸路漫漫,远水边天一棹远。镜槛人归芳草碧,布帆秋冷白云间。情怀潦倒千杯酒,烟雨空蒙万仞山。良会有期应未远,

　　① 〔清〕左锡嘉:《冷吟仙馆诗稿》卷二《吟云集序》,清光绪十七年曾光煦晋宁官署刻本,1页。

劝君暂为破愁颜。

看花几日到将离，迢递情牵宛转丝。人似征鸿怀远别，心随归雁最相思。愁生羌笛秋风里，泪尽巴弦夜月时。此去眠餐须自惜，莫教瘦损旧腰支。

骊歌一曲谱南游，烟水苍茫客思悠。野渡云飞千嶂晚，高林叶撼一声秋。寒侵翠袖盈盈泪，书叠红笺字字愁。回首自怜凄欲绝，天涯遥望几登楼。①

辛亥季秋，左锡璇南归，锡嘉送别。"柳堤荻岸"、"远水边天"的送别地点，"布帆秋冷"、"烟雨空蒙"的送别气氛，渲染了姊妹二人"迢递情牵宛转丝"的远别不舍之情。"此去眠餐须自惜，莫教瘦损旧腰支"，对于姐姐关怀爱护之情溢于言表。左锡璇亦作《忆别小云妹即步送别原韵》三首赓和锡嘉。

回首京华路杳漫，相思祇有梦回还。荒堤草长人踪断，仙馆云凉雁影闻。往事如烟蹉逝水，新愁如雾著秋山。从来易水难为别，一笛西风损旧颜。

江篱飒飒荇参差，撩乱情怀似茧丝。夜雨益增霸客感，遥天徒切望云思。青灯照壁虚长夜，白社抽箴忆昔时。客里可堪频怅别，晓妆揽镜瘦难支。

才赋离居更远游，流光如驶去悠悠。江干惨澹归帆远，草木凋零野戍秋。渺渺绿波沉旧梦，萧萧哀柳镇情愁。天涯莫漫伤离别，我亦萍逢不自由。②

往事如烟，新愁如雾，锡璇对于故乡亲人的思念只有"梦回还"。漫漫长夜惟有抽箴忆往昔。离别相思之情，不仅"损旧颜"，更是"瘦难支"。草木凋零之季，萧萧哀柳之景，更添离别伤感之情。

"残柳"、"疏灯（残灯）"、"疏星"等意象在二人诗中经常出现，表达作者悲凉、孤独的心境。如左锡璇《小云妹见示寄怀诗，即次其韵奉答》其一：

静夜悄难寐，行吟月渐阴。疏星下残柳，飞路湿空碪。酒酿相思泪，灯摇怨别心。永弦不复理，恐作断肠音。③

---

① 〔清〕左锡嘉：《冷吟仙馆诗稿》卷一，清光绪十七年曾光煦晋宁官署刻本，20页。
② 林玫仪：《左锡璇诗词集辑校》，《中国文哲研究通讯》，2007年第4期，212页。
③ 林玫仪：《左锡璇诗词集辑校》，《中国文哲研究通讯》，2007年第4期，217页。

左锡嘉《寒夜寄怀五姊芙江》：

> 长夜寒萧瑟，虚落群籁寂。梦断南山阿，残灯悬素壁。帘静玉钩垂，新箨扫积雪。烟霜杂空林，疏星半明灭。鸿飞关塞遥，云水无消息。相思渺何许，月落遥天白。①

左锡璇、左锡嘉二人与兄弟之间的怀念唱和之作，亦有左锡璇《扬廷二弟见惠盆菊二林，赋此志谢》、《忆别寄象如弟，即次见赠原韵》、《哭心资弟》、《送心资弟枢至长椿寺夜坐感赋》、《忆心资亡弟感赋》、《雨夜忆亡弟》、《寒夜梦见亡弟有感》、《亡弟忌日感赋》，左锡嘉《赏牡丹同如之二弟科芝三弟》、《和科芝三弟秋兴用东坡岐亭韵》、《哭科芝三弟》、《至吉安代简寄诸弟》等，可见左氏兄弟姊妹之间感情的深厚，此不赘述。

值得一提的是，左锡嘉还创作了大量课子诗。如写予长子光禧之诗，"丈夫志四海，顾与前贤齐。奉勉贵日新，忠信为纲提。先德慎勿忘，云程自有梯"②，"男儿志四方，安能久暇逸。行踪计南闽，道远心先怵。薄职念所司，慎勿羞末秩。处世抱忠信，临事戒回遹。齐家重纲常，出入谨纤悉"③，劝勉光禧做人为官应胸怀大志，固守忠信，谨言慎行，重伦理纲常。三子光岷光绪十五年(1889)中进士，锡嘉亦赋诗勉励，言行应正直谦虚，不忘忠孝礼义之根本，为匡时济世立功勋。"男儿立身当自强，礼门义路任周行。正直不为威武屈，谦光应戒接舆狂。努力崇德保性真，玉汝成材多苦辛。论交莫近游侠子，处世常钦老成人。以兹勉励思悠悠，感今悲昔不自由。人生忠孝为根本，我今于汝无他求。京华甲第望纷纷，得失升沉何足云。正逢天子圣明日，犹当匡济立功勋。"④

在母亲左锡嘉的言传身教之下，不仅儿子多有成就，女儿亦诗画兼通，尤其是二女曾懿与五女曾彦，幼承母训，工诗善画，"引篆、弹丝、剪彩，靡不精妙"⑤，名满蜀都。

---

① 〔清〕左锡嘉：《冷吟仙馆诗稿》卷二，清光绪十七年曾光煦晋宁刻本，3页。

② 〔清〕左锡嘉：《冷吟仙馆诗稿》卷六《送禧儿之冬川》，清光绪十七年曾光煦晋宁刻本，6页。

③ 〔清〕左锡嘉：《冷吟仙馆诗稿》卷七《禧儿授邵武府经历，将之官，作此勉之》，清光绪十七年曾光煦晋宁刻本，4页。

④ 〔清〕左锡嘉：《冷吟仙馆诗稿》卷八《闻岷儿捷南宫，赋以勉之》，清光绪十七年曾光煦晋宁刻本，16页。

⑤ 〔清〕叶大锵：《华阳县志》卷十九，民国二十三年刻本，6页。

曾懿、曾彦与家人之间的寄怀唱和之作亦不胜枚举，①以《辛卯秋赴太和阻雨六安，正白云在天，苍波无极，回忆故乡，骨肉大半天涯，死别生离，不胜悲感，因和杜陵秋兴八首，以寄兄弟姊妹》为例：

极目长空雁字斜，天涯有弟倚京华。九阶露渥凌云翼，万里心萦碧海槎。日暮霜寒愁作客，山高城小怯闻笳。何时共饮茱萸酒，笑傲东篱醉菊花。

出岫晴云媚曙晖，鸣泉百尺檐声微。舟回山翠侵衣湿，人艺清空羡鸟飞。歧路悲丝嗟远别，青春聚首愿无违。消愁惟有诗千卷，红叶霜浓秋正肥。

斗酒新诗玉局棋，鹡鸰飞散忽成悲。魂招闽海春三月，肠断吴山秋尽时。毕竟有才天意妒，忍教永别痛心驰。鸣琅佩玉他年赠，遗我怀中千载思。

扁舟夜宿碧山头，枫叶斜阳艳暮秋。月隐闽峤鱼信杳，云封剑阁雁书愁。一官淡泊清如鹤，同病相怜瘦似鸥。记得昔年离别苦，不堪风雪过忠州。

文成织锦朵天工，贻我诗囊襟带中。寡鹄悲鸣咏素月，茅庐课读伴秋风。桂湖终古埋愁绿，纨扇题诗溃泪红。宦海飘蓬无定所，何如渔父与村翁。

平畴雨润绿逶迤，疏柳含秋映泽陂。衔古松蟠苍翠盖，庭间菊胜傲霜枝。年年愁病风尘苦，夜夜乡心四海移。珍重天涯诸弟妹，

---

① 如曾懿《登楼回文和蕴芳二嫂原韵》《草堂寺赏梅同诸弟妹作》《七月七日咏牛女同季硕五妹作》《季硕五妹由川往苏皖垣小聚别后赋此》《新春惜别再叠前韵，寄怀书俊四妹》《和旭初二哥松滋留别原韵》《玲珑四犯·次白石头和三弟》《好事近·和蜀章三弟渔父》《采桑子·甲辰秋七月，邀旭初二哥、静仪二嫂游秦淮，并践援华女侄沪滨游学用欧阳永叔体》，曾彦《七月七日咏牛女同伯渊二姊作》《明君辞同书俊四姊作》《答兄旭初定襄》《答弟蜀章》《十五夜作寄未二兄寄》等。

莫教两鬓雪丝垂。①

第一首忆京华之弟;第二首是丁丑年曾懿归闽,四妹归铜梁,二人分手时所作;第三首表达对于庚辰春三妹殁于闽,后五妹又卒于吴的无限悲痛之情;第四首感怀官于闽的大哥及官于晋的二哥、二嫂厚待自己的感恩;第五首怀恋精于绣工的孟昭大姊、静专从妹;第六首则是全诗的总结,重在表达希望分散在天涯四海的骨肉至亲各自珍重之意。

左锡嘉与儿辈在杜甫草堂旁共结浣花诗社,书清篇,吟丽句。据曾光煦《古欢室诗词集·序》所记:"回忆浣花溪畔,水木清华,楼榭参差,阑干曲折;豪情壮采,觞咏流连,结社分题,追欢如昨。"②关于浣花诗社,左锡嘉与女儿曾懿都有相关诗作记载。如左锡嘉《浣花诗社歌》:

> 锦官城外西复西,江桥濯锦通花溪。细柳菖蒲青裹裹,桤林碍日幽禽啼。江上小堂白少岸,少陵旧宅今壮观。我来结社托比邻,笑辑英灵主诗案。新荷叠翠生微波,水毂红泛芙蕖窠。芳华照人香沁骨,清篇脱手思如何。静女淑姬抱神悟,花底招凉入新句。钿笔飞英环佩低,柳絮因风谁独步?垂鬟女郎兴更豪,新声三复重推敲。余音缭绕碧云外,响答松末生虚涛。玉尊写露留清赏,美人苕苕为神往。书盈十幅浣花笺。珠箔晶帘月初上。③

首先对少陵旧宅四周江桥、溪流、桤林、幽禽、新荷、芙蕖等景进行了描述。"我来结社托比邻,笑辑英灵主诗案",可知左锡嘉为浣花诗社的招集人和主持人。在此景之下,诗社成员"静女淑姬"才得以"抱神悟"、"兴更豪",而"钿笔飞英"、"入新句",道出了众人于浣花草堂内吟诗作笺之内容。

曾懿亦有《浣花诗社歌》:

> 浣花溪水何洋洋,绕溪珍木郁苍苍。楼阁瞰流各低昂,湘帘十二卷夕阳。中有诗人清且扬,芝兰竞秀雁成行。明月为裙云为裳,高谈妙语翰墨香。依依梦锁春草堂,笔花灿烂生辉光。丽句争传碧琳琅,浣溪风月富锦囊。松篁敲韵入潇湘,波光云影皆文章。染墨绮靡不可忘,诗情遥共海天长。诗万卷,酒千觞,吟咏之乐乐未

---

① 〔清〕曾懿:《古欢室诗词集》卷三,清光绪三十三年刻本,8—9页。

② 〔清〕曾懿:《古欢室诗词集·序》,清光绪三十三年刻本,1页。

③ 〔清〕左锡嘉:《冷吟仙馆诗稿》卷六,清光绪十七年曾光煦晋宁官署刻本,17—18页。

央。但愿人生欢聚永无荒,千秋万岁,合与骚人共草堂。①

以浣花草堂外之溪水、珍木、楼阁、夕阳之景衬托浣花诗社成员"清且扬"之品性,以"芝兰竞秀"、"高谈妙语"、"笔花灿烂"、"丽句争传"刻画诗社成员翰墨唱和的吟咏之乐,同时也许下"人生欢聚永无荒,千秋万岁"之愿望。可见浣花诗社唱和的内容形式,以及对于成员之意义。

左氏家族内部成员之间的亲情唱和,以日常生活之情、景为内容,"离索之思,音书之间,靡不本其肺挚发于歌词,婉转绸缪,性真毕露"②。在维系彼此感情的基础上,更是丰富了左氏女性文人的文学生活。作为家族女性文人的代表,左锡嘉更是招集众人结"浣花诗社",以一定的组织形式进行诗词创作,为女性文人创作与交流提供了一个良好的场所,鼓励、指导女性的文学创作行为。诗社成员之间的互动交流作为左氏女性文人文学创作的重要部分,不仅有利于女性文人文学素养、才能的积累提高,更为家族文学的传承提供了优秀的人才储备。

第三节　爱情唱和

基于真实、真挚的情感互动和文学交流——夫妻之间的爱情唱和,展现了左氏女性不同时期的性格特点和生活风貌,在一定程度上,也展现了女性文学创作随着生活际遇变化而产生的变化。

左氏家族内有四对文学夫妻,其一是左锡璇与袁绩懋。袁绩懋(1820—1858),字厚安,道光丁未(1847)进士,原籍江苏阳湖,乾隆初,补宛平诸生,遂隶籍宛平,著有《味梅斋诗草》四卷。《大清畿辅先哲传》有云:"绩懋幼承家学,读书精考证。年末及冠,通群经之学辨晰疑义,往往为先儒所未发。为文宏博壮丽,能自成一家,一时名公巨卿,若林则徐、庆麟,皆雅重之,推为伟器。道光十七年举于乡,二十七年成进士殿试以第二人授翰林院编修,举朝争以得贺。"③可知袁氏在考证、为文方面的特点。

咸丰元年(1851),二人成婚,后举家迁居福建。袁绩懋是锡璇最重要的

---

①　〔清〕曾懿:《古欢室诗词集》卷二,清光绪三十三年刻本,6 页。

②　〔清〕曾懿:《古欢室诗词集·序》,清光绪三十三年刻本,7 页。

③　徐世昌:《大清畿辅先哲传》,《清代传记丛刊》,台北:明文书局,1985 年,23 页。

文友,二人或和韵、或奉答、或联句、或同作,"琴鸣琴应,致相得也"①。如袁绩懋有《江干晚眺》诗二首,表达对于乱世之担忧,而左锡璇和作《写怀步厚安江干远眺原韵》二首则流露出对于丈夫思念之意。二人亦常借题画传递心曲,乃令人称羡之风雅韵事。左锡璇曾画兰花一幅,袁绩懋赠以诗:

> 细垂密叶倒垂根,花气迷茫月有痕。湘水无情风瑟瑟,不知何处是香魂。曾向倦洲冠众芳,一声履鸿恨茫茫。江干寂寞无颜色,风雨空留九畹香。空庭鹤吊月迷离,憔悴孤花剩一枝。我愿馨香长作佩,循防重补白华诗。芳情脉脉骨珊珊,话到同心结古欢。付与春风勤护惜,年年秀色画中看。②

诗中以花拟人,"我愿馨香长作佩"、"话到同心结古欢"、"付与春风勤护惜"等句,表达对妻子的爱惜,二人惺惺相惜之情溢于言表。左锡璇遂步其韵奉答,作《长昼无以消遣,画兰一枝,厚安作诗见示,即步原韵奉答》诗四首:

> 细叶参差半露根,碧窗蘸墨写秋痕。幽姿零落空山冷,肠断何堪觅返魂。性自孤高品自芳,楚山湘水共微茫。缘何赘篆长为伍,空令人间惜国香。疏帘清策梦迷离,午倦无聊写折枝。曾记春风明月下,一丛相对自吟诗。婷婷瘦影倍珊珊,煮茗焚香意自欢。好借湘弦弹一曲,名花长共素心看。③

锡璇以自画兰花自拟,借此表明心迹。又以"性自孤高品自芳"、"幽姿零落空山冷"等句,向丈夫传达深闺孤寂的心境。

和作或步韵外,左锡璇尚有八首与袁绩懋的联句作品,如《闻广西贼氛未平,与厚安联句,复用前韵》:

> 西粤烽烟接九霄(娟),荔宫何日值甘蕉。军威已似云龙盛(厚),敌势难同水蛙消。沪水空挥诸葛扇(娟),蛮溪时涨尹公潮。从戎我欲弹长铗(厚),剪灭鲸鲵在此朝(娟)。④

---

①　〔清〕丁绍仪:《听秋声馆词话》卷十二,《续修四库全书》第 1734 册,上海:上海古籍出版社,1995—2002 年,145 页。

②　〔清〕袁绩懋:《味梅斋烬余草》卷四《芙江画露根兰一枝,活色生香,自饶丰韵。偶有所感,成小诗四绝,即题纸尾》,民国刻本。

③　林玫仪:《左锡璇诗词集辑校》,《中国文哲研究通讯》,2007 年第 4 期,204 页。

④　林玫仪:《左锡璇诗词集辑校》,《中国文哲研究通讯》,2007 年第 4 期,306 页。

《闻贼兵围武昌城,感赋,与厚安联句》：

> 匝地烽烟接汉皋（厚），楚山湘水阵云高。灯前看剑心犹壮
> （娟），夜半闻鸡气倍豪。回首空城悲玉石（厚），惊心楼椿趁风涛。
> 洗兵何日逢时雨（娟），我欲从戎试战袍（厚）。①

表达了二人对于战况的关切以及冀望天下太平之意。

又有二首题为"同作"之诗,《怀浣香亡姊与厚安同作》与《夜窗对菊与厚安同作》。联句是各有所司,隔句赓续,而同作则是二人合作完成。二人或各逞捷才,或商量斟酌,必有另一番乐趣。左锡漩与袁氏聚少离多,相聚时光何等珍贵。二人酬唱不辍的生活成为二人生活情趣的重要部分。因袁绩懋仕途坎坷,夫妻二人聚少离多,因此左锡璇婚后,相思离别之作占据了其诗词创作的大部分。如《金缕曲》：

> 江上秋风急。看几行、白苹红蓼,不胜清绝。野岸荒凉芦荻
> 冷,千里水天一色。经多少、山程水驿。此夜知君何处泊,这相思、
> 两地谁能识。毋忆我,添凄切。别来渐觉腰围窄。掩重门、眠思卧
> 想,回肠欲折。岁岁年年哇远别,常恨影孤人只。雁过也、也无消
> 息。庭院凄凉人迹杳,又潇潇、疏雨空阶滴。别离恨,何时歇。②

秋风来袭,野岸荒冷、庭院萧疏、疏雨满落之景,勾起了作者对丈夫的相思之情。两地分离之愁肠渐使衣带渐宽,离别之恨从何开始说起,又何时才是尽头。

其时局势混乱,"匝地烽烟何日靖,连番羽檄催行急"（《满江红·闻慎芬将进兵邵武》）③,左锡璇倍加担忧丈夫的安危,"夜夜惊魂入梦频,惊心烽火满江城"（《思佳客》）④,诗词中充满了惶恐不安之感,"居行苦无定,岁岁事长征。烽火连吴楚,关山满甲兵。因君消息断,累我梦魂惊"（《久不得厚斧消息却寄》）⑤。在此种局势下,左锡璇只愿"他生愿学鸳鸯老,无浪无风了一生"（《思佳客》）⑥。

---

①　林玫仪：《左锡璇诗词集辑校》,《中国文哲研究通讯》,2007年第4期,216页。
②　林玫仪：《左锡璇诗词集辑校》,《中国文哲研究通讯》,2008年第1期,189页。
③　林玫仪：《左锡璇诗词集辑校》,《中国文哲研究通讯》,2008年第1期,184页。
④　林玫仪：《左锡璇诗词集辑校》,《中国文哲研究通讯》,2008年第1期,192页。
⑤　林玫仪：《左锡璇诗词集辑校》,《中国文哲研究通讯》,2007年第4期,220页。
⑥　林玫仪：《左锡璇诗词集辑校》,《中国文哲研究通讯》,2008年第1期,192页。

不幸的是,咸丰八年(1858),袁绩懋在福建顺昌抵抗太平军时战死。左锡璇为赋《招魂》一首,分析了战争之严峻形势,"念孤城之困守兮,剑林立以围攻。叹塘垣之无十雄兮,何当百万之泉雄。外无军兵之援救兮,内无粒粟以可充。惨生民之为饿拜兮,独忧愤乎其中。日死伤以计百兮,哀声彻乎苍穹。"尽管如此,丈夫仍"力虽竭而志不夺兮,甘奋节而效忠。微躯捐于锋摘兮,白骨寄于蓄蓬。誓此身之报国兮,愿冒矢以冲锋。"丈夫之惨死,使左锡璇"心伦恻而如割兮,气愤葱而填胸。望天涯以目极兮,挥痛泪之汹汹","心惶惶而不知所向兮,泪进流而如雨"①。血泪交迸,字字凄惨,令人不忍卒读。

由和谐温馨的亲情唱和发展到与丈夫成婚后经历生离死别的人生书写,左锡璇前半生流离之身世、多舛之命运,表现在诗词创作中,多抒发孤独忧逝、相思离怀之感慨,诗歌风格哀婉沉郁。

其二是左锡嘉与曾咏。曾咏(1813—1862),字永言,号吟村,成都华阳人,道光二十四年(1844)进士,官户部主事,历转郎中。著有《吟云仙馆诗稿》一卷,"偶以写怀,不计工拙,亦鲜存录。录者十馈卷,尝次遗失,惟剩零星残稿"②,由左锡嘉编次。锡嘉于咸丰元年(1851)归曾咏,为曾咏继室,"太仆公时官户部,太夫人操持内政,敬顺有礼,中馈、缝纫,一己兼之,常以大义相规勉。京曹类清苦,犹能节奉寄家,为两亲寿,无阙无乏"③。婚后二人"昕夕唱随,伉俪极笃"④,琴鸣瑟应,举案齐眉。曾咏亦有"金闺幸有同心侣,葵藿填雄气似兰"⑤之语。

二人不仅相互理解敬爱,更能赋诗唱和,话旧共饮。左锡嘉《冷吟仙馆诗稿》卷二、三收录的是与曾咏婚后生活(1851—1862)的创作。二人唱和之作有曾咏《落花》、左锡嘉《和外子落花原韵》,左锡嘉《春夜咏雪,与外子分韵,得南字》、曾咏《和内子咏雪原韵》,曾咏《醉中感作》、左锡嘉《与外子话旧》,《秋夜听雨联句》等。

　　一片春魂任落花,东风无力驻年华。夕阳有意空明树,流水无情自浣纱。红雨点苔香径冷,苍烟锁柳野桥斜。韶光转瞬生惆怅,

①　林玫仪:《左锡璇诗词集辑校》,《中国文哲研究通讯》,2007 年第 4 期,231—232 页。

②　〔清〕左锡嘉:《冷吟仙馆诗稿·序》,清光绪十七年曾光煦晋宁官署刻本,2 页。

③　〔清〕左锡嘉:《冷吟仙馆诗稿·附录》,清光绪十七年曾光煦晋宁官署刻本,32 页。

④　〔清〕左锡嘉:《冷吟仙馆诗稿》卷二,清光绪十七年曾光煦晋宁官署刻本,1 页。

⑤　〔清〕曾咏:《吟云仙馆诗稿》,清光绪十七年曾光煦晋宁官署刻本,10 页。

绿叶成阴巢乳鸦。(曾咏《落花》)①

春风一刼散飞花,逝水流光感岁华。金谷无缘寻坠粉,玉楼有意点轻纱。池塘春泛帘波冷,杨柳阴多酒斾斜。惆怅夕阳红欲断,满林苍翠乱栖鸦。(左锡嘉《和外子落花原韵》其一)②

夫妻二人或联句赋诗,或以同韵诗唱和应答,足以说明曾咏与左锡嘉的"伙伴式婚姻"关系中,不仅有真挚感人的爱情,还包括了思想和精神上的共鸣。正是所谓"伦则夫妇,契兼朋友"的人生伴侣。

其三是曾懿与袁学昌。袁学昌,字幼安,宛平人,光绪五年(1879)举人,官湖南提法使,"无文不综,且酷好金石"。两人于光绪元年(1875)成婚,婚后同心和谐,风雅倡随,"遍搜天下汉隶各碑,亲为校勘,装粘成册。朝夕讲求,乐以忘忧","本范郑之旧姻,联鲍恒之佳偶。刘娴既独矜善秀,徐悱亦早誉清新。炉熏夕而共香,镜照尘而同影。浣花堂畔互赓消夏之词,芳草洲前共赋采莲之曲。斯则画眉京兆让,此多能鼓瑟杨郎,羡兹嘉耦者矣"③。

曾懿《古欢室集》中收录了多首记录夫妻生活、表现夫妻深厚感情的作品,④如《自君之出矣》:

自君之出矣,镇日垂帘旌。香留隔夜篆,心念旧时人。
自君之出矣,玉壶慵贮春。春寒侵翠被,暂别愁方新。
自君之出矣,不忍画双眉。春风将别恨,偷上绿杨枝。
自君之出矣,梦度关山隔。愿为双龙剑,随君远行役。
自君之出矣,空庭发华滋。折得同心蕊,聊以寄相思。
自君之出矣,不复绣鸳鸯。深情托锦瑟,欲诉不成章。
自君之出矣,不复登层楼。羌笛无端奏,有人楼上愁。
自君之出矣,妒煞梁燕双。愁绪纷朝夕,月明又到窗。
自君之出矣,不复理新妆。为怜嫁时镜,照影不成双。
自君之出矣,无聊理绣丝。怕绾同心结,偏成连理枝。

---

① 〔清〕曾咏:《吟云仙馆诗稿》,清光绪十七年曾光煦晋宁官署刻本,16 页。

② 〔清〕左锡嘉:《冷吟仙馆诗稿》卷二,清光绪十七年曾光煦晋宁官署刻本,10 页。

③ 〔清〕曾懿:《古欢室诗词集·序》,清光绪三十三年刻本,1 页。

④ 《园中丁香碧桃盛开,借外子幼案赏花于百花潭上》、《闽中忆别呈外子都中》、《自君之出矣》、《春晴同外子作》、《新年感怀用外子和同人原韵》、《冬夜玩月,偶见南园梅花微绽,与外子尊酒赋此》、《由石封之沪就医,道经嘉湖苦雪途中即景,书寄外子》、《南浦·春水用玉田韵寄幼安涡阳》等。

自君之出矣，细雨簇芳尘。鹧鸪花里唤，愁煞倚栏人。

自君之出矣，花事已零星。愁病非关酒，酒醒愁难醒。①

此组诗 12 首，记丈夫远行，自己从夜晚到白天，已无心顾及"理新妆"、"绣鸳鸯"、"登层楼"等日常生活之事，其中亦有触景生悲之顾虑。"照影不成双"、"愁煞倚栏人"、"酒醒愁难醒"三句生动展现了作者其时充满离愁别恨的心境状态。

其四是曾彦与张祥龄。张祥龄（1853—1903），字子馥，汉州人，光绪十八年（1892）进士，后改庶吉士、大荔知县，作品有《子苾词钞》、《双伽陀词》、《和珠玉词》、《半箧秋词》、《受经堂集》。

曾彦《桐凤集》和《虔共室遗集》中收录数诗②，表达了与丈夫分隔两地的相思之情与孤独之感，如"初离愁未升，新别思未盈。愁思虽不满，心情讵能展。恐君灭容仪，畏己带围缓。人前强作欢，灯前泪如线"③，"江滨鱼雁传书歇，寸心千万愁思发"④。更加难能可贵的是，曾彦在诗中还多次提及对丈夫雄心志向的支持，"愿各保德行，勿为君子嗤"⑤，"偕时进德业，崇礼期昌世。感君笃道义，努力自勖励"⑥，"高贤思济物，怀安将何及。敢以君自私，舍念助明德"⑦，劝其"保德行"、"识明德"、"进德业"、"笃道义"、"思济物"，以实现其抱负。曾彦也自我期许"愿为琼玉佩，依君识明德"⑧，"但为同心花，莫作双飞翼。双飞爱翱翔，同心常芬芳"⑨。如《前有一樽酒行寄慰子馥》诗云：

前有樽酒休叹息，请君展眉听余说。自古贤豪多坎坷，济清

---

①　〔清〕曾懿：《古欢室诗词集》卷二，清光绪三十三年刻本，10—11 页。

②　《秋日登池上亭呈子馥》、《愁子馥富顺》、《于成都答子馥》、《从子馥还汉州作》、《答子馥》、《别子馥》、《学梁武帝体贻子馥京邑》、《人间世诗二首献子馥》、《同子馥出楼中玩月》、《重与子馥泛湖》、《寄子馥顺天》、《吴姬曲呈子馥》、《梦游天吟寄子馥京都》、《春风曲寄怀馥君》、《拟杜子美咏物诗同子馥作》、《夏夜同子馥作》、《六月十五玩月同子馥作》、《闲居呈子馥》、《赴宴归同子馥作》、《和子馥秋夜坐雨》等。

③　〔清〕曾彦：《桐凤集·学梁武帝体贻子馥京邑》，清光绪十五年受经堂刻本，14 页。

④　〔清〕曾彦：《虔共室遗集·再寄馥君》，清光绪十七年受经堂刻本，9 页。

⑤　〔清〕曾彦：《桐凤集·别子馥》，清光绪十五年受经堂刻本，14 页。

⑥　〔清〕曾彦：《桐凤集·答子馥》，清光绪十五年受经堂刻本，11 页。

⑦　〔清〕曾彦：《桐凤集·寄子馥顺天》，清光绪十五年受经堂刻本，33 页。

⑧　〔清〕曾彦：《桐凤集·愁子馥富顺》，清光绪十五年受经堂刻本，9 页。

⑨　〔清〕曾彦：《桐凤集·学梁武帝体贻子馥京邑》，清光绪十五年受经堂刻本，14 页。

河浊今谁识。君不见相如涤器临卭道,不遇良时亦潦倒。祇图一割塊铅刀,敢云朝野知音少。又不闻富贵尊荣悲患多,惟有贫贱可无他怀,忧一国廿一肉。何如陌上耕桑麻,空持科第称奇才。纵使成名亦可哀,荆榛得地比松柏。蕙兰不采同蒿莱。莫言闺中无意气,蓬门投奔惊车骑。琉璃共酌且高歌,书剑苍茫动天地。停杯惆怅缄此辞,玉阶凉月萦相思。儒生得失等闲事,徒倚微吟风雨诗。①

此乃曾彦宽慰丈夫之作。以古今贤达多仕途坎坷,比喻丈夫的仕途不顺,开解丈夫即使成名之后,亦会遇到诸多尴尬之境遇,劝其以"不以物喜,不以己悲"之怀看待官场得失,展现了曾彦对官场通达之道的认识。

第四节　友情唱和

对女性文人而言,与闺中友人的交游可以帮助她们发掘出更多能够展现真实自我的方式,为她们寻找心灵的出口以及人生的意义。左氏家族女性与家族外友人的唱和,不仅从宏观上描绘了家族女性的交游网络,亦可从作品中发现家族女性文人之间联系与交流的方式、内容等具体情况。

左锡璇与浣香一见如故。"如云密意有谁知,握手谈心恨转迟。今日花前同订约,愿教永作合欢枝"(《喜晤浣香二姊,因与订交》)②,义结金兰之欣喜溢于言表。"彼此同一心,当筵不辞醉。惟愿长相亲,浮名非所贵"(《浣香二姊招饮,作此奉赠》),"诗情款款风前展,花影依依月下看。移近小窗频抚玩,助余诗兴夜吟寒"(《浣香姊惠菊,并系以诗,作此奉答》)③。二人经常把酒言欢,谈诗论文,姊妹依依之情亦可称之为"同心侣"④。可惜左锡璇新婚燕尔之时,浣香即与世长辞,锡璇作《哭浣香姊》诗10首,以诉其哀痛。人天相隔之伤离感逝,令人柔肠寸断。

　　伤心绵缀语难忘,从此音容恨渺茫。举首问天天不语,招魂何处唤巫阳。

①　〔清〕曾彦:《虔共室遗集》,清光绪十七年受经堂刻本,11 页。
②　林玫仪:《左锡璇诗词集辑校》,《中国文哲研究通讯》,2007 年第 3 期,282 页。
③　林玫仪:《左锡璇诗词集辑校》,《中国文哲研究通讯》,2007 年第 3 期,297 页。
④　林玫仪:《左锡璇诗词集辑校》,《中国文哲研究通讯》,2007 年第 3 期,285 页。

　　百结回肠自郁纡,华堂寂寂锁青芜。笔床砚匣皆零落,药饵香消翡翠炉。

　　墨香茶味两无憀,爆竹声中酒半消。自此人天相隔绝,可怜断梦亦寥寥。

　　拈毫浣泪遣愁难,杯酒生平未尽欢。雁响夜凄人语细,破窗风撼一灯寒。

　　伤离感逝积忧深,陟岵难舒游子心。我有唾壶频击缺,纸余血泪染枫林。

　　一穗疏灯惨不红,夜台缥缈路难通。长天碧落斯人杳,冷雨凄凄泣断鸿。

　　伤心忍作千秋别,泡影昙华转瞬间。死恋衰亲难瞑目,香魂应已返家山。

　　毕竟才多命不长,梅花小劫证前因。可知斯世原难著,回首西风暗怆神。

　　轻尘短梦怅何之,灯影荧荧怆旧思。可奈卷葹心已苦,那堪重读断肠诗。

　　雁行比翼忽离群,往事悠悠似断云。浊酒盈搏倾未得,残钟凄绝渺思君。①

　　左锡璇曾受业于张琦之女张𬩽英,《碧梧红蕉馆诗词稿》中收录了多首二人的交往之作,②在诗中,左锡璇多次表达师从张𬩽英后"私衷喜欲狂"(《呈孟缇寄母》)③的心情。二人常剪烛谈诗,"沉沉莲漏夜黄昏,促膝谈心酒一尊。泣露芙蕖悲断梗,吟风蟋蟀警愁魂。人来尽槛摇花影,水绕空亭绉月痕。剪烛谈诗情不厌,筌蹄相证欲忘言"(《孟缇寄母招饮,留宿竹深荷净斋,即景口占》)④。这份师徒情谊也深刻影响了左锡璇的创作,"青眼而今有几人,感深于我太多情。欲愁知己无长物,幸得依君慰此生。竹叶满樽尘尽洗,梅花入句雪同清。鲤庭问字私衷遂,展诵瑶华对短檠"(《张孟缇夫人折

　　① 林玫仪:《左锡璇诗词集辑校》,《中国文哲研究通讯》,2007 年第 4 期,195—196 页。

　　② 如《张孟缇夫人折柬招饮并命为寄女赋此志感》、《孟缇寄母招饮,留宿竹深荷净斋,即景口占》、《秋夜呈孟缇寄母》、《呈孟缇寄母》、《孟缇寄母赴楚半载,作此奉怀》、《接孟缇寄母来书,作此奉寄》等。

　　③ 林玫仪:《左锡璇诗词集辑校》,《中国文哲研究通讯》,2007 年第 3 期,302 页。

　　④ 林玫仪:《左锡璇诗词集辑校》,《中国文哲研究通讯》,2007 年第 3 期,279 页。

柬招饮并命为寄女赋此志感》）①，对恩师的感激之情展露无遗。

左锡嘉的家外交游多发生于同治元年（1862）丈夫去世之后。丈夫的去世，迫使左锡嘉进一步深化了与家外友人，特别是赵佩云、赵悟莲姊妹，庄莹如、庄碧如姊妹，宗婉，萧月楼等人的往来。通过闺阁雅集、彼此探访等形式吟诗唱和，互诉心事，为孤寂的生活增添些许生趣；同时也开拓视野，对文学才能的提高也有一定促进作用。

赵佩云与赵悟莲为兰陵赵邦英之女。赵韵卿，字友兰，号悟莲，吴县潘曾莹妻，著有《寄云山馆词钞》。赵书卿，字友兰，一字佩云，号书卿，"天才俊敏，气韵雅逸，以近日才媛论治，足与花帘相抗衡矣"②，著有《澹香阁词》。赵云卿、赵佩云、赵悟莲姊妹，亦称"兰陵三秀"，有《兰陵三秀集》。赵氏与左家皆一门风雅，女性才人辈出。从《重答赵悟莲寄怀原韵》、《赵悟莲惠寄梅花作短章谢之》、《答赵悟莲》、《访悟莲晚归》、《梦访赵悟莲寄此代柬》、《新居感作呈陈季婉、赵悟莲》、《移居百花潭答赵悟莲》、《桃园忆故人·寄赵佩云、赵悟莲》等作品可知，左锡嘉与赵悟莲以翰墨结缘，情同金兰。时赵悟莲居未远，"故人怜寂寞，殷殷常枉顾"③，友情可比岁寒松柏。左锡嘉"镇日酬书画，先期计米盐"，"饱偿儿女债，恐负古人心"的守寡抚孤生活使其"零泪满衣襟"、"星霜两鬓添"④。幸有闺友相伴相慰，"酌我郫筒酒，酒波泼㷉黛。荐我青精饭，淡中识真味。告我时世艰，古道久芜废。赠我白完善，报以苍玉佩"⑤，充满了对赵悟莲"差慰离肠"⑥的感激。

左锡嘉与庄璧如、庄莹如姊妹的交往，可追溯至左氏家族与庄璧如夫家缪家的关系。左氏家族与缪家乃蜀中旧识，左锡嘉称缪荃孙为"表弟"，缪荃孙在《艺风堂文续集》中亦有言："荃孙与左有连，在蜀时，太夫人叙及戚谊，余妻庄思琇亦能画，实就正太夫人，气谊之孚，几同骨肉。"⑦缪荃孙妻庄莹如，名思琇，元和人。庄碧如乃庄莹如姊，二人为庄裕崧女。庄裕

① 林玫仪：《左锡璇诗词集辑校》，《中国文哲研究通讯》，2007 年第 3 期，274 页。

② 施淑仪：《清代闺阁诗人征略》，台北：鼎文书局，1971 年，515 页。

③ 〔清〕左锡嘉：《冷吟仙馆诗稿》卷六，清光绪十七年曾光煦晋宁官署刻本，1 页。

④ 〔清〕左锡嘉：《冷吟仙馆诗稿》卷六，清光绪十七年曾光煦晋宁官署刻本，19 页。

⑤ 〔清〕左锡嘉：《冷吟仙馆诗稿》卷七，清光绪十七年曾光煦晋宁官署刻本，12 页。

⑥ 〔清〕左锡嘉《冷吟仙馆词》，《小檀栾室汇刻闺秀词》第七集，清光绪二十二年南陵徐氏刻本，12 页。

⑦ 〔清〕缪荃孙：《艺风堂文续集》，《续修四库全书》第 1574 册，上海：上海古籍出版社，1995—2002 年，187 页。

崧,字少甫,阳湖人,精绘事,尤长山水、花卉。庄氏姊妹继承家学传统,皆善诗画。左锡嘉以"萍逢知己"与"相逢意最殷"来形容庄氏姊妹与己之密切关系,并以姊妹二人"双福慧"与己"染尘氛"进行对比,赞二人"澄怀天地小,放眼海云宽","有儿成父志,玉立白珊珊"①,"四美无不具"②。与庄氏姊妹相交,令左锡嘉感到甚为可喜,也在一定程度上抚慰了其常年忧伤的心灵。

　　光绪七年(1881),锡嘉就养入晋,与宗婉、萧月楼交往甚密。宗婉,字婉生,常熟人,有《梦湘楼诗稿》二卷、《词稿》一卷,因父兄亡故,家亦贫,遂以教授女弟子维持生计,抚养子女。宗婉曾寄诗与锡嘉,锡嘉亦敬仰其"词笔健于我,母仪贤仰渠"③,集中收录了多首写与宗婉之作,④如《访萧太夫人宗婉生不遇》:

> 好好情天长,知交感离散。璇闺空仰止,三岁怀殷眷。诗书征凤缘,倏阻生遐怨。今兹客并门,欣欣遂所愿。驱车访旧庐,秋风闲庭院。紫豆闲著花,行迹滋香蔓。踟蹰立路隅,长袖垂绝缦。邻姬步蹒跚,短衣不至骭。指话贤母子,前月发阳县。责我来何迟,参商苦不见。萧然返寄旅,新月悬一线。申函报故人,北渡劳征雁。春风期再亲,杖履祝清健。郁郁结中肠,怅惘兴咨叹。⑤

　　左锡嘉驱车造访宗婉居,可惜未遇。知己未能相见之怅惘,郁结于心。只有寄诗祝好,期望再次相见。又《凤凰台上忆吹箫·题宗婉生梦湘楼诗集》:

> 好句如仙,新声绝妙,碧云吹断参差。把满腔幽怨,写出兰思。天与生花双管,纱幔设、韦母堪师。空赢得、灯篝一粟,霜鬓千丝。迟迟。雁书远阔,骚首问云天,握手何时。况茹冰含蘗,各有孤儿。同向并州听鼓,琴堂静、合补笙诗。笙诗外,从今又添,唱和新词。⑥

---

① 〔清〕左锡嘉:《冷吟仙馆诗稿》卷六,清光绪十七年曾光煦晋宁官署刻本,11页。

② 〔清〕左锡嘉:《冷吟仙馆诗稿》卷七,清光绪十七年曾光煦晋宁官署刻本,14页。

③ 〔清〕左锡嘉:《冷吟仙馆诗稿》卷七,清光绪十七年曾光煦晋宁官署刻本,10页。

④ 如《和萧太夫人宗婉生寄怀原韵》《访萧太夫人宗婉生不遇》《并门访宗婉生》《满江红·答萧太夫人宗婉生》《凤凰台上忆吹箫·题宗婉生梦湘楼诗集》等。

⑤ 〔清〕左锡嘉:《冷吟仙馆诗稿》卷八,清光绪十七年曾光煦晋宁官署刻本,2页。

⑥ 〔清〕左锡嘉:《冷吟仙馆词》,《小檀栾室汇刻闺秀词》第七集,清光绪二十二年南陵徐氏刻本,18页。

可见左锡嘉对于宗婉其人其诗之欣赏。

萧月楼(1825—1888),高安人,著有《月楼琴语》。其夫周天麟,字石君,丹徒人,山西泽州知府,有《倚月楼词》。周天麟曾侍锡嘉父左昂,又为左锡嘉夫曾咏好友,同官都门,时相往还,乃莫逆之交。后辅佐锡嘉子光煦为官,亦为锡嘉诗集作序,并参与校订工作,可谓"论交两世苔岑好"①。锡嘉亦有数诗记录了与周天麟夫妇的交往②,如《寄怀萧月楼》:

> 鸿爪泥痕又一时,自悲两鬓早成丝。感君念旧情如海,回首并门系梦思。老去心情感慨多,种情人世奈情何。版舆薄俸家迢递,岁岁关门送雁过。知音惜别感参商,只隔重城路已长。安得夜窗重剪烛,词源诗律细评量。③

左锡嘉与萧月楼知交已逾30年,知音惜别之情每每上演。虽相隔重城路长,仍以词源诗律续前缘。

从地缘来看,左锡嘉的闺阁雅集聚会大多都在四川,尤其是移居浣花草堂之后,闺友之间彼此探访,聊以吟诗唱和为趣。而晚年锡嘉由二子迎养至山西后,闺阁交游多以书信方式,以诗会友,以画赠友,以此维系友情,抒发离情别绪。

左氏家族一门风雅,群体联吟,以诗鸣于其时。自十五世左锡璇、左锡嘉辈至十六世曾懿、曾彦辈,左氏两代才女辈出,这一集结了十余人在内的家族女性群体,不仅在诗词书画等艺术领域诸多涉猎,更有甚者如曾懿,其《女学篇》、《中馈录》、《医学篇》,在女学、中馈、医学等领域均有所创建,可见左氏女性多方面的思想内涵和艺术才能。于文学而言,左氏女性基于亲情、爱情与友情的文学创作,不仅呈现了女性文人充满血泪的人生历程,记录了她们出嫁前后所经历的社会动荡、亲人离散等不幸遭遇,更是对于她们生命精神的解读。人生在不同的阶段都具有不同的特征,生活方式的改变与经历的丰富,促使女性文人开始认真思考文学的生命与价值。对于左氏女性而言,由幼年父兄姊妹之团聚生活,到出嫁后,对于兄弟姊妹的怀念以及丈

---

① 〔清〕左锡嘉:《冷吟仙馆词》,《小檀栾室汇刻闺秀词》第七集,清光绪二十二年南陵徐氏刻本,19 页。

② 《周石君太守天麟见过》、《石君夫人萧月楼师妹宿遂灾都久钦闺范一朝握手情若同怀因陈短句以申感慕》、《寄怀萧月楼》、《读周石君太守倚月楼合稿,词清意婉,钦仰曷深。嘉未识宫商,素难合拍,感今念昔,不免怅怀,勉力倚声,犹怀错谬耳·金缕曲》等。

③ 〔清〕左锡嘉:《冷吟仙馆诗稿》卷八,清光绪十七年曾光煦晋宁官署刻本,3 页。

夫远宦的思念,再到丈夫去世后,肩负家计和抚孤的艰难孤寂,期间经历的生离死别、忧患伤逝,都通过诗词如实地记载和表述。这反映出左氏女性文人对于社会生活认识的深度和广度,也赋予了女性及其作品更加深刻的意义,犹如人生"传记"般,向我们展示她们的人生故事。其中在战乱时期关于家事的书写,同时也是国事的书写;诉诸于文学创作中的情感表达在一定程度上代表了其时很多人的诉求和心声,这也正是左氏女性不同于其他家族女性创作的最突出特征。

结语　女性群体结社活动的独特文学价值

在传统书写价值体系中,受限于以男性文本为主流的价值取向,女性的声音经常被忽略,然而自明末到晚清,正式出版诗集的女性就有 2300 多位。面对自身书写权利被剥夺的境遇,才女们采用集体的方式争取认同,以集体的方式融入文化发展;以结社的方式形成女性互动,与文学对话,在融入中促成文学历史分流的发展,促成了女性诗社的不断兴起。政治上,清朝至中叶升平日久,而有乾嘉盛世;经济上,资本主义萌芽,环太湖流域商业发达;文学上,诗坛盟主袁枚倡导"性灵说",为倡导人性情感自由发展推波助澜,并收有女弟子,公开支持、赞助女性文人。时风转变之下,除袁枚外,当时有许多文人为女性发声,与闺秀往来唱和。除了环境给予女性反抗传统礼教势力的机缘外,女性自身也能逐步争取表现自身、追求自主的权利:相较于"才德相妨"的顾虑,清代才女能提出更强有力的论点支持自身的文学追求。

明清时期,女性文学呈现地域化、家族化以及群体化的发展特征,而环太湖流域文学家族女性群体的出现正是这一现象的最好反映。不同的时空环境可以孕育出不同的地域特性。在清代女性文学地图中,尤以环太湖流域最为兴盛。高彦颐认为:"儒家传统动态和多样性、江南地区的城市化以及商品带动财富的累积和经济活动的发达,女性受教育、读书、旅游、出版的机会增加都促使才女文化在江南地区蓬勃发展。"①其中最关键的是环太湖流域家族文学与地域文学的发展,在此基础上,女性文学表现形式进而多样

---

① ［美］高彦颐:《闺塾师——明末清初江南的才女文化》,李志生译,南京:江苏人民出版社,2005 年,19—25 页。

化,表现为结社的普遍性。因此,环太湖流域才女结社问题在中国古代女性文学发展史上可谓极具典型意义。

环太湖流域才女结社活动,是建立在文学家族基础之上的。清代士大夫家族多重视子女的教育,亦认为妇人能诗足以光耀门楣。这样的转变,和清代士人对于妇女才德观的转变、对于才女的认识和向往,以及大家闺秀(有别于有才华的歌伎)的自发性崛起有关。

家族型结社活动可以称为具有初步"结社"性质的活动,才女群聚联吟大多在有血缘关系的亲眷间进行,带有明显的家庭化倾向。这是女性结社最自然的一种形式,诗社数量也最多。陈维崧《妇人集》:"黄(名运泰)、毛(名奇龄)撰《越郡诗选》一书。其凡例曰:闺秀则梅市一门甲于海内。忠敏擅太傅之声,夫人孕京陵之德。闺中顾妇,博学高才;庭下谢家,寻章摘句。楚纕(德蕙)、赵璧(德蓉),援妇诫以著书;卞客(德琼)、湘君(祁湘君),乐诸兄之同砚。其他巨室名姝,香奁绣帙。董、陶、徐、郑,咏览颇多;玉映、静因,流传最久。编题姓氏,约十二家,闺阁风流,莫此为盛。"[①]此文概览晚明以来女性文学渐渐热闹登场的情形,认为有 12 家堪足代表闺阁风流。其中以常州张氏一门(14 人)的棣华馆课社、常州左氏一门的浣花诗社、武进钱氏一门的浣青诗社为代表,以家族血缘与联吟为基础,在家族男性的影响与指导之下,定期在家族园林内举行结社唱和活动,较为优秀的作品被收入家集中,以彰显家族文化实力。家族男性在此类性质的结社活动中起到了至关重要的作用,女性不自觉受到家族男性聚会或结社活动的影响,萌发参与其中的期待与想法。家族男女互相酬唱成为一门风雅的象征,也是家族型结社的特色所在,具有维系家族成员关系、传承家风、积累家族社会声誉等作用。但家族型结社也有其无法延伸扩展的先天限制。

在地域型结社活动中,因长期生活在同一地区而有机会聚集活动的才女群体,以清溪吟社、蕉园诗社、绿凤仙花唱和群为代表。明清区域经济普遍开发,促进地域文化的多元发展,人们对于地域文化差异和地域传统的认识,随着交通和传播的发达而加深。与地方志编纂相伴的地方性文学总集、选集和诗话不断涌现,文学的地域传统日益浮现,并在比较中得以深化,形成地域性"小传统"(对应的"大传统"以经典文本为代表),并且在"大传统"与"小传统"的互动中不断建构地域文学意识。清溪吟社即以地域为范围结社联吟的代表。社员以承继吴地文风自任,"吾吴襟带太湖诸水,及东西洞

[①]　〔清〕陈维崧撰,〔清〕冒褒注:《妇人集》,上海:商务印书馆,1936 年,20—21 页。

庭之胜,山川灵秀钟毓犹奇"①,充分体现张允滋及其所属清溪吟社文风的地域性。当时女性创作群体不断增加,清溪吟社在诗作中将地域、文风相结合,是建立团体特殊性的手法之一。

"自来闺秀之结社联吟,提倡风雅者,当推蕉园诸子为盛。"②蕉园诗社的诞生,从社会文化发展的角度看,蕴含着女性对自身创作发展的重视与自我肯定;在社会文化建构上,两性文人相得益彰的局面逐渐形成。蕉园诗社成立后,这一群女诗人,借由诗会展开不同的活动。林以宁《重游愿囿有怀又令季娴云仪诸子》:"携来花外,共订文盟,牙签同检韵写新词,字字轻清。还与丰标称,待从头评定,谁行第一,谁堪厮并。"蕉园诸子结伴出游,吟咏所见景致,拈题唱和,较量彼此的才情,评赏上选之作,西湖、孤山、湖心亭等都留下蕉园女性文人的芳踪。

此类结社活动已突破家庭空间对女性的束缚,虽紧密程度不及家族型结社,但文学交流方式更加开放自由,主要通过社约来建构和维系结社活动。特定地域才女的集结交流,更能展现不同地区独特的文化背景和成员之间不同文学思想的碰撞,展现女性文学创作的丰富性和复杂性。

地域型结社活动是女性自我意识觉醒的重要体现,她们已不满足于家庭内部的交流,更希望得到家族外志同道合之士的认可与接受,已逐渐生出确立并传播才名的思想。地域性结社活动,一方面是女性自我意识的激发,另一方面也是被相同或相似地域文化凝聚的结果,具体表现为具有相同地域文化背景、相似的成长环境,包括社会环境、家庭环境、教育环境等。正如魏爱莲(Ellen Widmer)《十七世纪中国才女的书信世界》所述:"女性文人的交游显示同性之间彼此声援的重要,比起异性的支持来说更是促成才女发展的主因。"③以文会友成为聚会时重要的活动,借成立诗社达成情谊的交流与凝聚,女性诗社表现在情意与娱乐上的意义似乎更为浓厚。

在师门型结社活动中,清代女性审美向"才学"方向倾斜,促使一部分男性文人支持和引导女性诗社的发展,甚至直接招收女弟子,其中以随园女弟子、碧城仙馆女弟子、榕皋女弟子为代表。延续清初钱谦益、吴伟业、毛奇龄、王士禛等人对女性创作的奖掖提倡,清中晚期的沈德潜、袁枚、阮元、陈文述、俞樾等名士更进一步,以编选女诗人作品、大张旗鼓招收女弟子等形

---

① 〔清〕张允滋:《清溪诗稿跋》,《吴中女士诗钞》,清嘉庆二十四年刻本,16 页。

② 梁乙真:《清代妇女文学史》,上海:中华书局,1927 年,24 页。

③ 〔美〕魏爱莲:《十七世纪中国才女的书信世界》,《中外文学》,1993 年第 6 期。

式,广为闺阁品题,与闺秀赠答酬唱,持续奖倡。这为清代女性文学发展注入更大的力量,也成就了清代男性文学圈一股别具势力的文化风潮。在文坛具有一定地位的男性文人的提拔与奖掖,不仅有利于提高才女的创作兴趣和诗词技艺,还使她们能够以同一师门的形式开展交流活动。两个师门型女性结社分别编有《随园女弟子诗选》及《碧城仙馆女弟子诗》传世,比之家族型与地域型结社,这对女性群体或者个人诗名的传播更具优势。

结社活动中,男性师长与女性弟子之间的互动交流是师门型女性结社的突出文学表征。梁以真《清代妇女文学史》载:"清初诗人,颇喜奖掖妇女文学,其最著者,梅村、西河、渔洋三人。"[①]到了袁枚,对于闺阁诗作的奖掖扬善更是不遗余力,不但推动妇女文学创作的风气,更使女性的作品受到重视,对于女性写作的影响确为前所未见。

师门型结社活动的兴盛,一方面表现出女性追求"才学"已突破家族、地域的限制。拜师名士,不仅有助于增长"才学",更有助于提升"才名"。才女之间的交流也在一定程度上突破了家族、地域的限制,开始由"地域"走向"社会"。另一方面,名士提拔才女也成为文坛佳话,才女与才子往来酬唱,可谓相得益彰。文人得以亲近闺秀才女,弘奖才华,才女亦可借由文人的推许而名噪当时。女性创作有了文人的支持赞誉,也间接鼓励了妇女写作的风气。这种互相成就的关系是师门型结社的重要特征。

社交型女性诗社可以说是真正成熟的女性诗社,不仅脱离了家庭游乐的窠臼,而且也相对摆脱了男性文人的扶持。其中以由女性诗人自己组织的非血缘关系诗社——秋红吟社为代表,《听秋轩同人集》《蕊宫画史图》分别代表社交型结社活动的两种典范形态,展现了才女的文化自觉和艺术追求。社团中两大群体的交流,亦是地域文化(江南与京城)与民族文化(满汉)的交流,这是社交型女性结社独特的文学表征。这不仅是女性结社质的飞跃,而且清晰地展现了不同地域文化的互动与交流。女性结社从家庭、地域、师门逐渐扩展到整个社会的层面,突破了以往家庭、地域、男性、民族对才女的束缚,使得女性文学的发展真正具有普遍性价值。作为真正意义上的结社活动,社交型结社在女性文学发展史上具有重要的意义,它不仅意味着女性文人作为独立个体成为文学史中的一员,不依附于家族、地域、名士,不局限于家庭、同乡、好友,更是意味着女性文学成为整个中国古代文学史的重要组成部分,从势单力薄到兵强马壮,从单打独斗到组团作战,与男性

---

① 梁乙真:《清代妇女文学史》,上海:中华书局,1927年,51页。

社会抗衡,与男性为主的文坛抗衡。当然,抗衡并不是目的,她们的目的是让更多人看到女性、女性文人、女性文学的价值与成就。

当然,受到诗学流派、家学风尚、个人兴趣等因素的影响,女性结社必然呈现出文学观念的差异性,主要有追求审美愉悦与闲适自得(以绿凤仙花唱和群为代表)和渴望个人才名远播(以随园女弟子群唱和为代表)两种。绿凤仙花唱和群的雅集唱和更多的是一种精神上的愉悦与享受,倡导回归自然、简单朴素、闲适自得的生活方式,以及注重精神追求和心灵修养的人生观。她们认为,人生的真正意义在于内心的平静与和谐,以及与自然和社会的和谐相处,被认为是才女诗意生活的真实写照。而随园女弟子、清溪吟社、碧城仙馆女弟子等群体中,自身才名得到认可与传播的渴望似乎更为直接与明显。这在一方面鲜明地体现了文学女性对生命意义与价值的不同追求,另一方面也表明这些诗学观念的形成也随着女性结社活动的扩展而深入。多样的诗学观念从另一个侧面反映了女性理论精神层面的不断发展,呈现清代女性文学发展的典型意义。

清代女性文人在不违反"三从"要求的前提下,逐步跨越了家族、地域、时间以及社交上的限制,借由"结社"来相互交流、激荡创作灵感,并且在创作空间、时间以及社交等方面有所突破。这揭示了清代女性文人在才、德、命之间的新调适,以及清代对女性教育由重视社会性别的"女"转向对女性"教"的重视。清代闺秀心中虽仍有"才命相妨"的观念,但从整体上而言,已能挣脱其桎梏,不仅能正视、肯定自身及其他女子的才华,更能将此等意识化为实际行动,积极地迈向创作之路,致力于文学创作。而这些闺秀的进步思想与积极作为所展现出来的力量,不但超越了支持女性创作的袁枚等文士,更是其他反对女性创作的男性文人远远无法企及和比拟的。

"德在才先"的传统主张除为男性文人所称道、提倡外,女性也以此自我要求,至明末清初,这样的才德观发展成"女子无才便是德"。但值得注意的是,清代妇学除了传统的家庭教育外,有能力的家庭经常为家中闺秀聘请女教师——"闺塾师",作为才媛所受母教(家庭教育)的一部分。而除了伦理道德上的教导,在清代才媛养成教育上,"母教"更起了实际作用,即作为才媛的母亲在娘家所受的文学训练,往往通过"母教"传与子女。由此可见,清代对女教的关注点由对女性行为、道德上的规范、约束,转变为重视女教中的"教",也就是偏向"才学"方面的教育及养成,从中可看出清代社会风气转变的轨迹。

清代才女结社活动尤以环太湖流域最为典型。家族型结社活动,以血缘与姻亲为纽带,得益于家学传统与家教深厚,家族女性得以增长才学,在一定意义上有了女性意识的觉醒,表现出对于才学的渴望,多以家族联吟、家庭游乐为主,但存在过于依附家族,有无法拓展延伸的先天局限。地域型结社活动,是在同一地域文化的影响之下形成的,突破了家族的限制,希冀在同乡、好友等一定范围内赢得才名的认可、接受与传播,对于才名的渴望更为强烈,但地域的局限性限制了才名的传播与地位的提升。师门型结社活动,是在男性文人的提拔与奖掖之下,男性师长与女性弟子之间的互动交流。文士以自身在文坛的地位与影响,通过奖掖、提拔、指导等形式,引领女弟子在文学创作、艺术修养等方面累积才识、传播声名。不同家族、地域的才女集聚,一时成为文坛佳话,才女与文士在一定程度上互相成就。社交型结社活动,即以日常社交为目的,不以家族、地域、师门为限制,摆脱了对于家人、同乡、好友、同门、名士的依附,在文学创作活动中与男性文士处于同等地位。虽然此种意义上的女性社团数量极少,但无法否认清代才女在清代文学史上所做的贡献,在"女子无才便是德"的背景之下书写了时代女性之音。

从纵向来看,从家族型、地域型、师门型到社交型的结社活动,清代才女的成长轨迹以及清代女性文学发展的规律与脉络如下:女性意识的觉醒→对才学的渴望→对才名的期望→对才名被认可、接受的企望→对才名传播的翘望。从横向来看,女性自身的才性、家学是渊源,地域文化是特质,社交网络是载体,三者共同形成了清代女性文学的特质。从清代才女的结社活动,可以窥见清代女性文学家族性、地域性、群体性的发展特征。家族性体现在最初形态的结社活动中,往往受到家庭教育与家学传统的影响,在父兄长辈的影响之下生发出对才学的渴望与对才名的追求;地域性主要体现在受相同或相似地域文化的影响,同一地域内几个家族女性之间的联吟唱和,呈现相似的创作倾向、文风、思想;群体性主要体现在女性社团的出现,这与家族、地域的影响也是息息相关的。

附表　明清环太湖流域女性文人群体一览

朝代	地域	家族	类型	成员及其作品	相关著录
明清	浙江秀水	黄氏家族	母女、姐妹、婆媳、妯娌、姑嫂型	沈纫兰《效颦集》、《浮玉亭词》、《助隐宾庐诸稿》	《槜李诗系》、《众香词》、《明诗综》、《清闺秀艺文略》等
				黄淑德《遗芳集》	
				黄双蕙《禅悦剩稿》	
				项兰贞《裁云草》、《月露吟》、《咏雪斋遗稿》	
				周慧贞《剩玉篇》	
				黄媛介《南华馆古文诗集》、《越游草》、《湖上草》、《如石阁漫草》、《离隐词》、《梅市唱和诗钞》	《然脂集》、《撷芳集》、《全明词》、《两浙轖轩录》、《林下词选》、《清闺秀艺文略》、《清代闺阁诗人征略》、《历代妇女著作考》等
				黄媛贞《云卧斋诗集》	
				黄德贞《名闺诗选》、《雪椒草》、《冰玉稿》、《蕉孟稿》、《避叶稿》、《擘莲词》	
				孙兰媛《砚香阁稿》	
				孙蕙媛《愁余草》	
				屠莅佩《咽露吟》、《钿奁遗咏》	
				周兰秀《粲花遗稿》	
				桑贞白《香奁诗草》（存）、《二姬唱和集》、《和陆氏诗》	
				陆宛椒	

朝代	地域	家族	类型	成员及其作品	相关著录
清	浙江秀水	杨氏家族	姐妹型	杨素中《石轩诗稿》 杨素华《香雪楼吟稿》 杨素书《静宜阁诗钞》 杨素英《墨香阁诗》	《历代妇女著作考》、《香咳集》等
清	浙江秀水	钱氏家族	祖孙、妯娌、姑嫂型	陈书《绣余闲课》、《复庵吟稿》（存） 李心蕙、李纫兰 陈尔士《听松楼遗稿》（存） 钱聚瀛《雨花庵诗余》（存）、《雨花庵词话》（存）	《杭州府志》、《历代妇女著作考》、《清代闺阁诗人征略》、《国朝闺秀正始集》
清	浙江桐乡	孔氏家族	姐妹型	孔素瑛《飞霞阁诗集》、《兰斋题画诗》 孔传莲《礼佛余吟》 孔继孟《桂窗小草》 孔继坤《听竹楼偶吟》 孔继瑛《南楼吟草》、《瑶圃集》、《慎一斋诗集》 孔广芬《从桂轩诗稿》 孔兰英 孔昭蕙《桐华书屋诗钞》 孔昭蟾《月亭诗钞》	《晚晴簃诗汇》、《续檇李诗系》、《清闺秀艺文略》、《历代妇女著作考》等
清	浙江石门	徐氏家族	祖孙型	蔡氏、徐畹贞 徐蕙贞《度针楼遗稿》（存） 徐自华《听竹楼诗稿》、《秋心楼诗词》、《忏慧词》（存） 徐蕴华《双韵轩诗词稿》	《历代妇女著作考》、《清稗类钞》等
清	浙江德清	许氏家族	母女型	梁德绳《古春轩诗钞》（存） 许延锦《鱼听轩诗抄》 许延礽《福连室集》	《清代闺阁诗人征略》、《清闺秀艺文略》、《清稗类钞》等

续　表

朝代	地域	家族	类型	成员及其作品		相关著录
清	浙江德清	俞氏家族	母女、祖孙型	姚文玉《含章集》		《国朝湖州词录》、《清闺秀艺文略》、《历代妇女著作考》等
				俞绣孙《慧福楼幸草》（存）		
				俞庆曾《绣墨轩词》（存）		
				许之雯《缃芸馆诗钞》（存）		
明清	浙江海宁	查氏家族	母女、姐妹、妯娌、婆媳型	朱氏《壶训集》		《美国哈佛大学哈佛燕京图书馆藏明清妇女著述汇刊》、《杭郡诗辑》、《全清词钞》、《两浙輶轩录》、《香咳集》、《历代妇女著作考》、《清闺秀艺文略》、《清代闺阁诗人征略》等
				蒋宜《蕊阁闲吟》、《悟真录》		
				钟韫《梅花园诗余》（存）、《长绣楼集》		
				陈素《花角楼吟钞》、《诗余》		
				查惜《南楼吟香集》（存）		
				钱复《桐花阁诗钞》、《拾瑶草》		
				查蕙缠、浦氏、虞瑶洁		
				查昌鹑《学绣楼名媛诗选》、《学绣楼吟稿》		
				查蕙芳《枕涛庄焚余草》		
				吴慎《琴腾轩诗》		
				查淑顺《览秀轩稿》		
				查映玉《梅花书屋诗稿》		
				查瑞杼《如是斋吟草》		
				张常熹《静宜楼吟稿》		
				查若筠《佩风阁焚余》（存）、《曼陀雨馆诗存》		
				李明《棠苑春吟诗草》		
				陆丰《芝佩阁诗存》		
清	浙江归安	叶氏家族	母女、婆媳、姐妹、姑嫂型	周映清《梅笑集》	《织云楼诗合刻》（存）	《历代妇女著作考》、《清代闺阁诗人征略》、《清闺秀艺文略》等
				李含章《繁香诗草》		
				叶令仪《花南吟谢草》		
				叶令嘉、叶令昭、周星薇		
				陈长生《绘声阁集》		
				何若琼《双烟阁诗草》		

朝代	地域	家族	类型	成员及其作品	相关著录
清	浙江乌程	戴氏家族	母女、姑侄型	沈芬 莫兆椿《兰芳阁淑姓编》 戴佩荃《苹南遗草》 戴佩蘅《戴佩蘅遗诗》	《撷芳集》、《清闺秀艺文略》等
清	江苏长洲	周氏家族	母女、姑嫂型	翁珠楼《珠楼余草》（存） 周月贞《联珠集》（与朱雪英姑嫂共创） 朱雪英《冰心集》（存）	《清闺秀艺文略》、《历代妇女著作考》等
明清	江苏长洲	许氏家族	母女、姐妹、姑嫂型	顾道喜《松影庵词》 许定需《锁香楼词》、《绿窗诗稿》 许心榛、许心碧、许心檀、许心澧 张蘩《衡栖集》	《小檀栾室汇刻闺秀词》、《众香词》、《林下词选》、《清代闺阁诗人征略》等
清	江苏吴江	吴氏家族	姐妹型	吴淑升《梦兰阁诗钞》 吴淑巽 吴淑随《来帆阁诗集》	《松陵女子诗徵》、《黎里续志》等
清	江苏吴江	宋氏家族	母女、姐妹型	戴素蟾《彤管汇编》、《清风泾杂咏》、《续闻川棹歌》 宋贞秀、宋贞佩、宋贞球、宋贞琬	《历代妇女著作考》、《盛湖志》等
清	江苏吴江	周氏家族	妯娌型	陈敏媛 王淑《竹韵楼诗钞》（存）、《琴趣词》（存） 陶馥《吉羊室遗诗》、《兰娟吟草》 蒯学诗	《历代妇女著作考》、《清闺秀艺文略》等
清	江苏长洲	曹氏家族	姐妹型	曹兰秀《静好楼诗》 曹芝秀 曹贞秀《写韵轩小稿》（存）	《江苏诗征》、《清代名媛文苑》等
清	江苏吴县	张氏家族	姐妹型	张允滋《潮生阁集》、《吴中女士诗钞》（存） 张芬《两面楼偶存稿》（存） 张蕴《别雁吟草》	《吴中女士诗钞》、《清闺秀艺文略》等

续　表

朝代	地域	家族	类型	成员及其作品	相关著录
明清	江苏吴江	沈氏、叶氏家族	母女、婆媳、姐妹、姑嫂、妯娌型	沈大荣、顾孺人、沈倩君、沈媛、叶小繁、沈关关、沈淑女、周兰秀、吴玉蕤、沈茝纫	《众香词》、《笠泽词征》、《林下词选》、《全明词》、《全清词钞》、《小檀栾室汇刻闺秀词》、《国朝湖州词录》、《清闺秀艺文略》、《历代妇女著作考》、《江苏艺文志》等
				沈宜修《鹂吹集》(存)、《伊人思》(存)、《绣垂馆遗稿》(存)、《梅花诗》(存)	
				张倩倩《寄外词》	
				李玉照《无垢吟》	
				沈静专《适适草》(存)、《颂古》、《郁华楼草》	
				沈智瑶《绣香阁集》	
				叶纨纨《愁言》(又名《芳雪轩遗集》,存)	
				叶小纨《鸳鸯梦传奇》(存)、《存余草》	
				叶小鸾《返生香》(又名《疏香阁遗集》,存)、《艳体联珠》(存)	
				沈静筠《橙香亭集》	
				沈宪英《惠思遗稿》	
				沈华鬘《端容遗稿》	
				沈蕙端《晞发集》、《幽芳遗稿》	
				沈少君《绣香阁集》	
				沈蕙玉《聊一轩诗存》	
				沈树荣《希谢词》、《月波词》	
				沈友琴《静闲居词》	
				沈御月《空翠轩词》	
				沈咏梅《学吟稿》	
				金法筵《惜春轩稿》	
				沈绮《环碧轩集》	
				叶琼华《小疏香阁稿》	

朝代	地域	家族	类型	成员及其作品	相关著录
清	江苏吴县	计氏家族	母女、祖孙、姐妹、婆媳型	金兑《栉节小草》 杨珊珊《佩声诗稿》 计捷庆、计趋庭、计小鸾、计瑞英、计七襄、计瘾、计瑞仪、计珠容 丁阮芝《白燕诗》 沈清涵《沈氏遗诗》 宋静仪《绿窗吟草》	《苏州府志》、《盛湖志》、《清闺秀艺文略》、《历代妇女著作考》、《清代闺阁诗人征略》等
清	江苏吴江	邱氏家族	母女、姐妹、妯娌型	吴德馨《遗诗》一卷 许琼思《宛怀韵语》 丁筠、周古云、邱碧云、邱慰陶、邱宝庆、邱丽仙、邱宝琳、邱宝龄、邱双庆、邱兰卿 周宝生《红山馆吟草》	《松陵女子诗征》、《国朝闺秀柳絮集》、《清闺秀艺文略》、《江苏艺文志》等
明清	江苏太仓	赵氏家族	婆媳、母女型	陆卿子《考槃集》(存)、《云卧阁集》、《玄芝集》、《寒岩剩草》 文俶 赵昭《侣云居》	《林下词选》、《尺牍新钞》、《续玉台文苑》、《古今女史》等
清	江苏太仓	毕氏家族	母女、姐妹、婆媳型	顾英《挹翠阁诗钞》 张藻《培远堂集》(存)、《一叶斋诗钞》(存) 周月尊、毕景桓 张绚霄《四福堂稿》、《绿云楼诗编》 毕汾《梅化绣佛斋草》(存) 毕慧《远香阁吟草》 毕湄《狄画阜堂稿》 毕还珠《绛雪斋诗稿》	《清稗类钞》、《清代学者象传》、《小檀栾室汇刻闺秀词》、《历代妇女著作考》等
明清	江苏太仓	王氏家族	母女、姐妹型	吴氏《遗香集》 王慧《凝翠楼集》(存) 王莹、王芳	《清代闺阁诗人征略》、《然脂余韵》等

续　表

朝代	地域	家族	类型	成员及其作品	相关著录
清	江苏常熟	李氏家族	姑嫂、母女、姐妹型	李心敬《小窗杂咏》、《蠹余草》(存)、母女合集《二余草》(存)	《全清词钞》、《清闺秀艺文略》、《历代名媛文苑简编》、《撷芳集》等
				归懋仪《绣余小草》(存)、《绣余续草》、《听雪词》(存)	
				杨萍香《鸿宝楼集》	
清	江苏常熟	宗氏家族	母女型	钱念生《绣余词》(存)	《美国哈佛大学哈佛燕京图书馆藏明清妇女著述汇刊》、《小檀栾室汇刻闺秀词》、《清闺秀艺文略》、《历代妇女著作考》、《江苏艺文志》等
				宗婉《梦湘楼诗稿》(存)、《梦湘楼词稿》、《梦湘楼梓余草》、《桐叶吟》、《蔗根词》(《梦湘楼诗稿》、《词稿》与妹宗粲《茧香馆吟草》、钱念生《绣余词》合刊为《湘茧合稿》)	
				宗粲《茧香馆吟草》(存)	
				宗秀松《彤管遗芬录》(存)、《词稿》	
				宗福慧《澹香吟稿》(存)	
清	江苏常熟	邵氏家族	母女、姐妹、妯娌、姑嫂型	邵齐芝《同心室小咏》	《全清词钞》、《清闺秀艺文略》、《历代妇女著作考》、《江苏艺文志》等
				邵广仁《吟秋阁吟稿》	
				鲍印《藏翰轩诗稿》、《绿筠亭草》	
				邵渊润《话月楼遗诗》	
				王谢《韵兰室遗稿》	
				赵同曜《停云楼稿》、《月桂轩存稿》	
				邵琬章	
清	江苏常熟	屈氏家族	母女、姐妹、姑嫂型	钱珍《小玉兰遗稿》	《墨林今话》、《全清词钞》、《清闺秀艺文略》、《历代妇女著作考》等
				叶婉仪	
				屈秉筠《韫玉楼集》(存)	
				屈敏《松风阁小草》(存)	
				屈凝《心闲馆小草》(存)	
				季兰韵《楚畹阁集》(存)、《墨花仙馆合刻》	
				屈静埶《留余书屋诗文集》	

朝代	地域	家族	类型	成员及其作品	相关著录
清	江苏常熟	姚氏家族	姐妹型	姚鸿玉《三多室集》 姚鸿慧《群玉山房集》 姚鸿倩《萝香室诗词集》 姚鸿慧、姚鸿倩、姚鸿茝《联珠集》 姚鸿倩、姚鸿茝《南湘室诗草》 姚鸿茝《纫芳集》 俞树蘩《丽红阁诗稿》	《清闺秀艺文略》、《历代妇女著作考》、《江苏艺文志》等
清	江苏常熟	苏氏家族	姐妹型	苏瑷《漱琼集》 苏瑛、苏瑶、苏琬 苏琇《河梁集》	《撷芳集》、《江苏诗征》等
清	江苏昆山	余氏家族	姐妹型	陈治筠 余希婴《昧梅吟草》、《余氏五稿》（又题《玉山连珠集》,存) 余希芬《朗仙吟稿》(存)	《历代妇女著作考》、《江苏艺文志》等
清	江苏阳湖	左氏家族	母女、姐妹型	左次芬、左婉洵、左锡蕙、左锡璇、左白玉 左锡璇《红蕉仙馆诗词》(存) 左锡嘉《冷吟仙馆诗稿》(存)、《诗余》(存)、《文存》(存)、《曾氏家训》(存) 曾懿《古欢室诗词集》(存)、《女学篇》(存) 曾彦《桐凤集》(存)、《虔共室遗集》(存) 袁毓卿《桐阴书屋词》	《小檀栾室汇刻闺秀词》、《美国哈佛大学哈佛燕京图书馆藏明清妇女著述汇刊》、《全清词钞》、《清闺秀艺文略》、《历代妇女著作考》等
清	江苏武进	钱氏家族	婆媳、姑侄型	钱孟钿《浣青诗草》(存)、《浣青诗余》、《鸣秋合籁集》 庄素馨《蒙楚阁集》 钱湘《绿梦轩遗词》(存) 毕素溪	《小檀栾室汇刻闺秀词》、《清闺秀艺文略》、《历代妇女著作考》等

续　表

朝代	地域	家族	类型	成员及其作品	相关著录
清	江苏阳湖	张氏家族	姑嫂、姐妹、母女型	汤瑶卿《蓬室偶吟》（存）	《美国哈佛大学哈佛燕京图书馆藏明清妇女著述汇刊》、《小檀栾室汇刻闺秀词》、《清闺秀艺文略》、《历代妇女著作考》、《江苏艺文志》、《国朝闺秀柳絮集》、《全清词钞》等
				张𬭊英《澹菊轩诗稿》（存）、《国朝列女诗录》	
				张𬙊英《纬青遗稿》（存）	
				张纶英《绿槐书屋诗》（存）	
				张𬙋英《餐枫馆文集》（存）、《邻云友月之居诗》（存）	
				包孟仪、张祥珍、李姿	
				王采苹《读选楼诗稿》（存）	
				王采藻《仪守斋诗存》	
				王采蓝《春晖草堂诗》	
				王采蘩《慕伏班之室讲诗集》	
				吴兰泽《职思居姑存稿》	
				吴兰畹《灌香草堂诗稿》、《沅茞词》	
				王采苹、王采蘩、王采藻、王采蓝、张祥珍、李姿《棣华馆诗课》（存）	
清	江苏武进	赵氏家族	母女、姐妹型	钱湘《绿梦轩遗词》（存）	《然脂余韵》、《小檀栾室汇刻闺秀词》、《历代妇女著作考》等
				方荫华《双清阁诗》	
				赵纯碧《微波阁诗词》（存）	
				赵纫珠	
				赵细琼《听雨轩诗词》	
清	江苏武进	刘氏家族	母女、妯娌型	虞友兰《树蕙轩诗集》（存）、《问月楼词集》	《燃脂余韵》、《历代妇女著作考》、《清闺秀艺文略》、《江苏艺文志》等
				刘琬怀《小问月楼诗草》、《补栏词》（存）	
				刘汝藻《筠心阁诗》（存）	
				虞叶蘩《藤花阁稿》	
				张曾慧《红芙仙馆诗钞》	
				杨寿榛《忆蓉室诗》	
				杨令莤《莪慕室诗集》	

朝代	地域	家族	类型	成员及其作品	相关著录
清	江苏武进	赵氏家族	姐妹型	赵云卿《寄愁轩诗钞、词钞》	《历代妇女著作考》、《清代闺阁诗人征略》
				赵书卿《澹音阁诗钞、词钞》	
				赵韵卿《寄云山馆诗钞、词钞》	
清	江苏阳湖	庄氏家族	母女、婆媳、姐妹、姑嫂、妯娌型	沈恭人《松石轩遗稿》	《历代名媛词选》、《小檀栾室汇刻闺秀词》、《常州府志》、《国朝闺秀柳絮集》、《全清词钞》、《清代毗陵名人小传》、《清代闺阁诗人征略》、《清闺秀艺文略》、《江苏诗征》、《江苏艺文志》等
				庄静芬《咏兰稿》	
				庄贲孙《玉照堂集句》(存)、《悟香阁诗草》	
				卓媛《琴友堂遗稿》	
				钱太夫人《有斐轩诗钞》	
				荆安人、庄玉珍、庄德芬《晚翠轩遗稿》(存)	
				庄氏《操缦室诗稿》	
				庄玉芝《兰荪阁遗稿》	
				庄环袂《深柳堂诗钞》	
				李摸人《永晖堂诗钞》	
				倪孺人《蕴玉轩诗钞》	
				庄玉嘉《联香集》、《翠香吟草》、《南还草》	
				庄芬秀《宛芬楼诗钞》	
				庄盘珠《莲佩诗钞》(存)、《秋水轩词钞》(存)、《紫薇轩集》	
				庄如珠《凝晖楼稿》	
				汪孺人《佩香斋诗稿》	
				庄素馨《蒙楚阁遗诗》	
				庄婉娴《笃怀小草》	
				夏孺人《诗词稿》	
				庄宝珠《翠环仙馆诗钞》	
				庄若韫《遗微集》	
				杨孺人《冷香阁诗钞》	

续　表

朝代	地域	家族	类型	成员及其作品	相关著录
清	江苏阳湖	恽氏家族	姑侄、姐妹型	恽冰《题画诗稿》	《历代妇女著作考》、《清闺秀艺文略》、《清代毗陵人物小传》、《江苏艺文志》等
				恽珠《红香馆诗词草》(存)、《国朝闺秀正始集》、《续集》(存)、《兰闺宝录》(存)	
				恽元篑《靖宇室诗草》	
				恽幼晖《篆香阁吟稿》(存)	
				恽毓湘《瘦篁吟馆诗稿》	
				恽毓留《絮吟楼诗稿》	
				恽怀娥、恽怀英	
				恽氏《集唐咏怀集》	
				戴青《洗蕉吟馆诗词钞》(存)、《云圃秋吟》(存)	
清	江苏阳湖	陆氏家族	母女、姐妹型	钱惠尊《五真阁吟稿》(存)	《清闺秀艺文略》、《历代妇女著作考》等
				陆采胜、陆兑贞	
清	江苏宜兴	汪氏家族	母女、姐妹型	汪文月《静好轩吟稿》	《历代妇女著作考》、《清闺秀艺文略》等
				汪彩书《双梧轩诗》、《联吟集》	
				戴佩金《槐荫轩诗草》	
				徐贞宜《同声吟草》	

参考文献

一、古籍

[1] 赵世杰:《古今女史》,崇祯元年刻本。

[2] 姜绍书:《无声诗史》,清乾隆五十九年嘉兴李氏观妙斋刻本。

[3] 汤漱玉:《玉台画史》,《丛书集成续编》第 38 册,上海:上海书店出版社,1994 年。

[4] 郑文昂:《古今名媛汇诗》,明泰昌元年刻本。

[5] 周铭:《林下词选》,清康熙十年周氏宁静堂刻本。

[6] 胡孝思:《本朝名媛诗钞》,清乾隆三十一年刻本。

[7] 沈初:《撷芳集》,清乾隆年间刻本。

[8] 许夔臣:《国朝闺秀雕华集》,清道光年间刻本。

[9] 王豫:《江苏诗征》,清道光元年焦山海西庵诗征阁刻本。

[10] 恽珠:《国朝闺秀正始集》,清道光十一年常州红香馆刻本。

[11] 黄秩模:《国朝闺秀诗柳絮集》,清咸丰三年刻本。

[12] 许夔臣:《国朝闺秀香咳集》,清光绪间上海申报馆铅印本。

[13] 钱谦益:《列朝诗集小传》,上海:上海古籍出版社,1983 年。

[14] 徐珂:《清稗类钞》,北京:中华书局,1986 年。

[15] 李光、顾诒禄等:《乾隆长洲县志》,清乾隆十八年刻本。

[16] 许治、沈德潜、顾诒禄:《乾隆元和县志》,清乾隆二十六年刻本。

[17] 冯桂芬:《同治苏州府志》,清光绪九年刻本。

[18] 庄毓铉、陆鼎翰:《光绪武阳志余》,清光绪十四年刻本。

［19］郑锺洋、张瀛、庞鸿文：《光绪常昭合志稿》，光绪三十年刻本。

［20］江峰青、顾福仁：《光绪重修嘉善县志》，民国七年刻本。

［21］王祖畬：《民国镇洋县志》，民国七年刻本。

［22］王祖畬：《宣统太仓州镇洋县志》，民国八年刻本。

［23］李圭、许传霈：《民国海宁州志稿》，民国十一年刻本。

［24］吴翯皋、王任化、程森：《民国德清县新志》，民国二十一年刻本。

［25］叶大锵：《华阳县志》，民国二十三年刻本。

［26］《江南通志》，《四库全书》第 507 册，上海：上海古籍出版社，1987 年。

［27］金友理：《太湖备考》，南京：江苏古籍出版社，1998 年。

［28］钟惺：《名媛诗归》，上海：上海有正书局，民国七年铅印本。

［29］雷瑨、雷瑊：《闺秀词话》，上海：扫叶山房，民国十一年石印本。

［30］袁枚：《随园诗话》，北京：人民文学出版社，1982 年。

［31］单学傅：《海虞诗话》，《续修四库全书》第 1706 册，上海：上海古籍出版社，1995—2002 年。

［32］沈善宝：《名媛诗话》，《续修四库全书》第 1706 册，上海：上海古籍出版社，1995—2002 年。

［33］丁绍仪：《听秋声馆词话》，《续修四库全书》第 1734 册，上海：上海古籍出版社，1995—2002 年。

［34］陆卿子：《考槃集》，明万历二十八年刻本。

［35］钱湘：《绿梦轩遗词》，清赵氏能静居钞本。

［36］王慧：《凝翠楼集》，清康熙四十七年常熟朱氏银槎阁刻本。

［37］钱孟钿：《浣青诗草·序》，清乾隆四十一年刻本。

［38］任兆麟：《吴中十子诗钞》，清乾隆五十四年刻本。

［39］庄德芬：《晚翠轩遗稿》，清嘉庆间刻本。

［40］骆绮兰：《听秋轩闺秀同人集》，清嘉庆二年句曲骆氏刻本。

［41］屈秉筠：《韫玉楼集》，清嘉庆十六年刻本。

［42］叶琴柯：《织云楼诗合刻》，清嘉庆二十二年刻本。

［43］屈凝：《心闲馆小草》，清道光十年刻本。

［44］屈敏：《松风阁小草》，清道光十年刻本。

［45］归懋仪：《绣余续草》，清道光十二年刻本。

［46］王淑：《竹韵楼诗钞》，清道光二十五年刻本。

［47］季兰韵：《楚畹阁集》，清道光二十七年刻本。

［48］张晋礼：《棣华馆诗课》，清道光三十年武昌棣华馆刻本。

［49］张曜孙：《阳湖张氏四女集》，清道光三十年宛邻书屋刻本。

［50］刘汝藻：《筠心阁集》，清咸丰六年刻本。

［51］余希婴：《余氏五稿》，清咸丰九年刻本。

［52］屈轶等：《临海屈氏世谱》，清光绪九年刻本。

［53］曾彦：《桐凤集》，清光绪十五年受经堂刻本。

［54］左元成：《常州左氏宗谱》，清光绪十六年左氏裕德堂木活字本。

［55］左锡嘉：《冷吟仙馆诗稿》，清光绪十七年曾光煦晋宁官署刻本。

［56］曾咏：《吟云仙馆诗稿》，清光绪十七年曾光煦晋宁官署刻本。

［57］曾彦：《虔共室遗集》，清光绪十七年受经堂刻本。

［58］王采苹：《读选楼诗稿》，清光绪二十年河东督署刻本。

［59］梁德绳：《古春轩诗钞》，清道光二十九年刻本。

［60］刘琬怀：《补栏词》，《小檀栾室汇刻闺秀词》第八集，清光绪二十二年南陵徐氏刻本。

［61］曾懿：《古欢室诗词集》，清光绪三十年刻本。

［62］吴伟业：《吴梅村全集》，李学颖集评标校，上海：上海古籍出版社，1990 年。

［63］叶绍袁：《午梦堂集》，北京：中华书局，1998 年。

［64］阮元：《揅经室二集》，《续修四库全书》第 1479 册，上海：上海古籍出版社，1995—2002 年。

［65］钱谦益：《钱牧斋全集》，钱曾笺注，钱仲联标校，上海：上海古籍出版社，2003 年。

［66］恽珠：《红香馆诗草》，《清代诗文集汇编》第 499 册，上海：上海古籍出版社，2009 年。

［67］孙原湘：《天真阁文集》，《清代诗文集汇编》第 464 册，上海：上海古籍出版社，2009 年。

［68］陈文述：《颐道堂诗选》，《清代诗文集汇编》第 504 册，上海：上海古籍出版社，2009 年。

［69］虞友兰：《树蕙轩诗钞·序》，《清代诗文集汇编》第 393 册，上海：上海古籍出版社，2009 年。

［70］钱惠尊：《五真阁吟稿》，《江南女性别集初编》，合肥：黄山书社，2010 年。

二、现代图书

［1］谢无量：《中国妇女文学史》，上海：中华书局，1916 年。

[2] 费善庆、薛凤鸣:《松陵女子诗征》,民国七年吴江费氏华萼堂铅印本。

[3] 梁乙真:《清代妇女文学史》,上海:中华书局,1927年。

[4] 谭正璧:《中国女性的文学生活》,上海:光明书局,1930年。

[5] 梁乙真:《中国妇女文学史纲》,上海:开明书店,1932年。

[6] 单士厘:《清闺秀艺文略》,民国年间抄本。

[7] 王秀琴、胡文楷:《历代名媛文苑简编》,上海:商务印书馆,1947年。

[8] 潘光旦:《明清两代嘉兴的望族》,上海:商务印书馆,1947年。

[9] 胡文楷:《历代妇女著作考》,北京:商务印书馆,1957年。

[10] 陈寅恪:《金明馆丛稿初编》,上海:上海古籍出版社,1980年。

[11] 施淑仪:《清代闺阁诗人征略》,《清代传记丛刊》,台北:明文书局,1985年。

[12] 张惟骧:《清代毗陵名人小传》,《清代传记丛刊》,台北:明文书局,1985年。

[13] 王蕴章:《然脂余韵》,《清诗话仿佚初编》,台北:新文丰版公司印行,1987年。

[14] 徐世昌:《晚晴簃诗汇》,《续修四库全书》第1633册,上海:上海古籍出版社,1995年。

[15] 邬国平、王镇远:《清代文学批评史》,上海:上海古籍出版社,1995年。

[16] 曹大为:《中国古代女子教育》,北京:北京师范大学出版社,1996年。

[17] 洪淑玲等:《古典文学与性别研究》,台北:里仁书局,1997年。

[18] 江庆柏:《明清苏南望族文化研究》,南京:南京师范大学出版社,1999年。

[19] 严明、樊琪:《中国女性文学的传统》,台北:洪叶文化事业有限公司,1999年。

[20] 钟慧玲:《清代女诗人研究》,台北:里仁书局,2000年。

[21] 严迪昌:《清词史》,南京:江苏古籍出版社,1999年。

[22] 吴仁安:《明清江南望族与社会经济文化》,上海:上海人民出版社,2001年。

[23] 孙康宜:《文学经典的挑战》,天津:百花文艺出版社,2002年。

[24] 何宗美:《明末清初文人结社研究》,天津:南开大学出版社,2003年。

[25] 梅新林:《中国古代文学地理形态与演变》,上海:复旦大学出版社,2006年。

[26] 洪水铿、贾文胜、赖燕波:《海宁查氏家族文化研究》,杭州:浙江大学出

版社,2006 年。

[27] 张秀民:《中国印刷史》,杭州:浙江古籍出版社,2006 年。

[28] 王力坚:《清代才媛文学之文化考察》,台北:文津出版社,2006 年。

[29] 谢玉娥:《女性文学研究与批评论著目录总汇(1978—2004)》,开封:河南大学出版社,2007 年。

[30] 聂付生:《晚明文人的文化传播研究》,北京:中国戏剧出版社,2007 年。

[31] 凌郁之:《苏州文化世家与清代文学》,济南:齐鲁书社,2008 年。

[32] 胡晓明、彭国忠:《江南女性别集》初编,合肥:黄山书社,2008 年。

[33] 董璐:《传播学核心理论与概念》,北京:北京大学出版社,2008 年。

[34] 王小健:《中国古代性别结构的文化学分析》,北京:社会科学出版社,2008 年。

[35] 郝丽霞:《吴江沈氏文学世家研究》,上海:复旦大学出版社,2009 年。

[36] 蒋寅:《清代文学论稿》,南京:凤凰出版社,2009 年。

[37] 张丽杰:《明代女性散文研究》,北京:中国社会科学出版社,2009 年。

[38] 王萌:《禁锢的灵魂与挣扎的慧心——晚明至民国女性创作主体意识研究》,开封:河南大学出版社,2009 年。

[39] 李汇群:《闺阁与画舫——清代嘉庆道光年间的江南文人和女性研究》,北京:中国传媒大学出版社,2009 年。

[40] 周晓琳、刘玉平:《空间与审美:文化地理视域中的中国古代文学》,北京:人民出版社,2009 年。

[41] 钟慧玲:《女性主义与中国文学》,台北:里仁书局,2000 年。

[42] 刘士林:《江南文化理论》,上海:上海人民出版社,2010 年。

[43] 徐雁平:《清代文学世家姻亲谱系》,南京:凤凰出版社,2010 年。

[44] 胡晓明、彭国忠:《江南女性别集》二编,合肥:黄山书社,2010 年。

[45] 罗时进:《地域家族文学——清代江南诗文研究》,上海:上海古籍出版社,2010 年。

[46] 付建舟:《两浙女性文学:由传统而现代》,北京:中国社会科学出版社,2011 年。

[47] 徐茂明等:《明清以来苏州文化世族与社会变迁》,北京:中国社会科学出版社,2011 年。

[48] 童强:《空间哲学》,北京:北京大学出版社,2011 年。

[49] 徐雁平:《清代世家与文学传承》,北京:三联出版社,2012 年。

[50] 胡晓明、彭国忠:《江南女性别集》三编,合肥:黄山书社,2012 年。

［51］王秋文:《明代女词人群体关系研究》,台北:花木兰文化出版社,2012 年。

［52］聂欣晗:《清嘉道年间女性的诗学研究》,广州:世界图书出版广东有限公司,2013 年。

［53］许菁频:《明清常州恽氏文学世家研究》,北京:中国社会科学出版社,2014 年。

［54］王晓燕:《清代女性诗学思想研究》,成都:四川大学出版社,2014 年。

［55］李国彤:《女子之不朽:明清时期的女教观念》,桂林:广西师范大学出版社,2014 年。

［56］李真瑜:《明清吴江沈氏世家百位诗人考略》,合肥:安徽教育出版社,2014 年。

［57］胡晓明、彭国忠:《江南女性别集》四编,合肥:黄山书社,2014 年。

［58］陈修颖:《江南文化:空间分异及区域特征》,北京:中国社会科学出版社,2014 年。

［59］徐雁平、张剑:《清代家集丛刊》,北京:北京图书馆出版社,2015 年。

［60］宋清秀:《清代江南女性文学史论》,上海:上海古籍出版社,2015 年。

［61］曼素恩:《缀珍录——十八世纪及及其前后的中国妇女》,定宜庄、颜宜葳译,南京:江苏人民出版社,2004 年。

［62］高彦颐:《闺塾师——明末清初的江南的才女文化》,李志生译,南京:江苏人民出版社,2005 年。

［63］方秀洁、魏爱莲:《跨越闺门:明清女性作家论》,北京:北京大学出版社,2014 年。

［64］Henri Lefebvre, The Production of Space, Oxford: Blackwell, 1991.

三、学位与期刊论文

［1］李小江:《中国妇女文学的历史踪迹》,《文艺评论》,1986 年第 5 期,62—66 页。

［2］乔以钢:《中国古代女性文学创作的文化反思》,《天津社会科学》,1988 年第 1 期,72—75 页。

［3］陆草:《论清代女诗人的群体性特征》,《中州学刊》,1993 年第 3 期,77—81 页。

［4］卿家康:《选择:文献传播的普遍属性和重要法则》,《图书馆》,1993 年第 3 期,16—18 页。

［5］孙康宜：《明清女诗人选集及其采辑策略》，《中外文学》，1994 年 7 月，30—46 页。

［6］胡明：《关于中国古代的妇女文学》，《文学评论》，1995 年第 3 期，95—108 页。

［7］王宏生：《清代妇女词的繁荣及其成就》，《江苏社会科学》，1995 年第 6 期，120—125 页。

［8］戴庆钰：《明清苏州名门才女群的崛起》，《苏州大学学报（哲学社会科学版）》，1996 年第 1 期，130—133 页。

［9］郭延礼：《明清女性文学的繁荣及其主要特征》，《文学遗产》，2002 年第 6 期，68—78 页。

［10］陈友冰：《台湾古典文学中的女性文学研究》，《安徽大学学报》，2002 年第 6 期，84—89 页。

［11］许丽芳：《诗教典范之诠释与维护——试析明清诗集序跋中对女性书写合理化之论述》，《国文学志》，2002 年第 12 期，175—198 页。

［12］史梅：《地域文化、家族文化与清代江苏女学的繁荣》，《古典文献研究》，2003 年第 1 期，417—439 页。

［13］张雁：《选集与作品的经典化——晚明女性文学之接受研究初探》，《古典文献研究》，2004 年第 1 期，322—339 页。

［14］刘怀玉：《历史唯物主义的空间化解释：以列斐伏尔为个案》，《河北学科》，2005 年第 3 期，115—119 页。

［15］王萌：《明清女性创作群体的地理分布及其成因》，《中州学刊》，2005 年第 6 期，216—220 页。

［16］林玫仪：《左锡璇诗词集辑校》，《中国文哲研究通讯》，2007 年第 3 期，255—308 页；2007 年第 4 期，187—232 页；2008 年第 1 期，175 204 页。

［17］王力坚：《清代才媛的山水意识——以〈名媛诗话〉为考察中心》，《中国文学研究》，2008 年第 1 期，224—258 页。

［18］刘咏聪：《清代女性课子书举要》，《东海中文学报》，2008 年第 7 期，187—216 页。

［19］罗时进：《清代江南文化家族雅集与文学创作》，《文学遗产》，2009 年第 2 期，86—95 页。

［20］梅新林：《文学世家的历史还原》，《中国社会科学》，2011 年第 1 期，177—191 页。

［21］蒋明宏：《清代苏南女性在家族教育中的作用探析》，《河北师范大学学报（教育科学版）》，2011 年第 1 期，33—38 页。

［22］付优：《明清女性结社综论》，《北京化工大学学报（社会科学版）》，2011 年第 2 期，56—63 页。

［23］梅新林：《江南文化世家的发展历程与研究趋势》，《华南师范大学学报（社会科学版）》，2011 年第 3 期，6—10 页。

［24］段继红、高剑华：《清代才女结社拜师风气及女性意识的觉醒》，《天津师范大学学报（社会科学版）》，2011 年第 3 期，35—38 页。

［25］徐雁平：《清代文学世家联姻与地域文化传统的形成》，《华南师范大学学报（社会科学版）》，2011 年第 3 期，25—31 页。

［26］李贵连：《试论明清女性文学创作主体的家族化及其根本原因》，《内蒙古大学学报（哲学社会科学版）》，2011 年第 4 期，88—93 页。

［27］罗时进：《太湖环境对江南文学家族演变及其创作的影响》，《社会科学》，2011 年第 5 期，176—182 页。

［28］穆薇：《论清代中叶妇女诗话繁荣的特征及成因》，《齐鲁学刊》，2011 年第 6 期，126—130 页。

［29］罗时进：《家族文学研究的逻辑起点与问题视阈》，《中国社会科学》，2012 年第 1 期，163—182 页。

［30］张聆雨：《清代女性著述出版途径考》，《古典文学研究》，2012 年第 1 期，146—167 页。

［31］徐鹏：《典范女性的重构——明清浙江地方志中的才女书写》，《江苏地方志》，2013 年第 2 期，63—71 页。

［32］梅新林、崔小敬：《论文学世家的生命周期》，《苏州大学学报（哲学社会科学版）》，2014 年第 1 期，149—156 页。

［33］丁小明：《清代榕皋女弟子与"娑罗花"雅集》，《苏州大学学报（哲学社会科学版）》，2014 年第 1 期，142—148 页。

［34］曾礼军：《清代女性戒子诗的母教特征与文学意义》，《文学遗产》，2015 年第 2 期，68—79 页。

［35］刘涛：《社会化媒体与空间的社会化生产——列斐伏尔和福柯"空间思想"的批评与对话机制研究》，《新闻与传播研究》，2015 年第 5 期，73—92 页。

［36］高彦颐：《"空间"与"家"——论明末清初妇女的生活空间》，《近代中国妇女史研究》，1995 年第 3 期，21—50 页。

［37］魏爱莲、云妍:《十九世纪中国女性的文学关系网络》,《清华大学学报
（哲学社会科学版)》,2003 年第 3 期,106—116 页。

［38］蔡静平:《明清之际汾湖叶氏文学世家研究》,复旦大学 2003 年博士学
位论文。

［39］虞蓉:《中国古代妇女的文学批评》,四川大学 2003 年博士学位论文。

［40］崔琇景:《清后期女性的文学生活研究》,复旦大学 2010 年博士学位
论文。

［41］康维娜:《清代浙江闺秀文章研究》,南开大学 2010 年博士学位论文。

［42］陈启明:《清代女性诗歌总集研究》,复旦大学 2012 年博士学位论文。

［43］常娟:《明清之际的才女群及其家族化》,西南大学 2012 年硕士学位
论文。

［44］祁高飞:《清代杭嘉湖地区文学社群研究》,苏州大学 2013 年博士学位
论文。

［45］路程:《列斐伏尔的空间理论研究》,复旦大学 2014 年博士学位论文。

后　记

　　这部书稿是我在攻读博士期间开始构思撰写的。博二时有幸至台湾东吴大学交换学习，接触到很多关于明清女性文学的研究成果，这不仅开拓了我的研究视野，也为书稿的写作提供了诸多值得深入思考与探究的视角与问题。回想起那时电脑屏幕上数不尽的修改稿，不禁感叹，读书才是人生最幸福的事。

　　博士毕业后，我顺利入职台州学院，从一位懵懂的青年教师，慢慢成长为所在教师团队的中坚力量。在这四年中，尽管日常教学工作以及行政事务占据了我的大部分时间，但是科研仍然是重中之重。2018年9月进入浙江大学人文学院中国语言文学博士后流动站进修，在博士后合作导师徐永明教授的指导下，反复修改完善书稿。都说"三年磨一剑"，工作后的第三年，我才拿到教育部人文社会科学青年基金项目，也获得了学校出版专著的资助，书稿才得以付梓。

　　一步步走来，最要感谢的是赐予我生命的父母。我的父母虽然学历不高，但他们一直秉承"读书有用论"，督促我不断提升学历以成为"有用"的人，在怎么读书、读什么书上给了我极大的自由。他们的关怀给了我无所畏惧的勇气，他们的鼓励给了我孜孜不倦的动力，他们的爱成就了现在的我。

　　其次，感谢赋予我学术生命的恩师俞樟华先生、梅新林先生与罗时进先生。俞老师是我的硕士导师，梅老师与罗老师是我的博士导师。三位先生学识渊博、儒雅谦和，教导我应该如何做人、如何读书、如何做学问。恩师严谨的学术态度以及磊落的人格风范更是激励着我不断前行。

　　最后，感谢给与我无私指导与帮助的师友们，特别是台州学院的领导与同事。步入工作岗位后所面临的来自教学与科研的双重压力，是我从未经历过的。既要站稳讲台，又要兼顾科研，尽可能在两方面都得到快速提升，是我对自己的要求。回首这近四年的工作经历，离不开领导的耐心指导，也离不开同事的细心指点，这些都是我人生的又一笔宝贵财富。

"路漫漫其修远兮，吾将上下而求索"，以此拉开人生新的篇章。

娄欣星
2020 年 5 月于临海